本书系2019年度山东省基础教育教学改革重点项目"构建基于学生感受、质疑、发现的语文新课堂"（项目号：3700012）、2020年度济南市基础教育教学改革项目"指向思维发展的初中学生自主讲评式作文教学研究"（项目号：150）、2021年度山东省教育教学一般课题"指向思维发展的农村初中学生'自主讲评式'作文教学实践研究"（课题批准号：2021JXY286）阶段成果

初中语文写作教学实证研究

王孝珍 著

吉林大学出版社

·长春·

图书在版编目(CIP)数据

初中语文写作教学实证研究 / 王孝珍著. --长春：吉林大学出版社, 2022.10
ISBN 978-7-5768-1153-7

Ⅰ.①初… Ⅱ.①王… Ⅲ.①作文课-教学研究-初中 Ⅳ.①G633.342

中国版本图书馆 CIP 数据核字(2022)第 226356 号

书　　名：	初中语文写作教学实证研究
	CHUZHONG YUWEN XIEZUO JIAOXUE SHIZHENG YANJIU

作　　者：	王孝珍
策划编辑：	黄国彬
责任编辑：	闫竞文
责任校对：	米司琪
装帧设计：	姜　文
出版发行：	吉林大学出版社
社　　址：	长春市人民大街 4059 号
邮政编码：	130021
发行电话：	0431-89580028/29/21
网　　址：	http://www.jlup.com.cn
电子邮箱：	jdcbs@jlu.edu.cn
印　　刷：	天津和萱印刷有限公司
开　　本：	787mm×1092mm　1/16
印　　张：	18.25
字　　数：	290 千字
版　　次：	2023 年 5 月　第 1 版
印　　次：	2023 年 5 月　第 1 次
书　　号：	ISBN 978-5768-1153-7
定　　价：	98.00 元

版权所有　翻印必究

目 录

绪　论 …………………………………………………………………（1）

第一章　指向思维发展的"学生自主讲评式"作文策略研究 ……（7）

　　一、理论依据 ………………………………………………………（7）

　　　　（一）新课程标准 ………………………………………………（7）

　　　　（二）马斯洛的需要层次理论 …………………………………（7）

　　　　（三）建构主义理论 ……………………………………………（8）

　　　　（四）思维理论 …………………………………………………（8）

　　二、策略分类 ………………………………………………………（8）

　　　　（一）指导策略 …………………………………………………（8）

　　　　（二）"思维发展与提升"目标实现的策略 ……………………（9）

　　　　（三）小组合作策略 ……………………………………………（9）

　　　　（四）兴趣激发策略 …………………………………………（10）

　　　　（五）集体评改、互批互改、自批自改督促策略 ……………（10）

　　　　（六）评价激励策略 …………………………………………（11）

　　三、具体实施 ……………………………………………………（11）

　　　　（一）指导策略的实施 ………………………………………（11）

　　　　（二）"思维发展与提升"策略的实施 ………………………（15）

(三)小组合作策略的实施 …………………………………（18）
　　(四)兴趣激发策略的实施 …………………………………（23）
　　(五)集体评改、互批互改、自批自改督促策略的实施 …（26）
　　(六)激励策略的实施 ………………………………………（27）

第二章　"学生自主讲评式"作文教学范式 …………………（34）

　一、传统的作文讲评模式 …………………………………………（34）
　　(一)模式阐述 ………………………………………………（34）
　　(二)常见的教师讲评作文方式 ……………………………（34）
　　(三)传统作文讲评模式的弊端 ……………………………（35）
　二、作文讲评的发展趋势 …………………………………………（36）
　　(一)作文讲评的理论支撑 …………………………………（36）
　　(二)作文讲评改革者的理念阐述 …………………………（39）
　　(三)作文讲评现状 …………………………………………（40）
　三、"学生自主讲评式"作文模式的研究 ………………………（41）
　　(一)模式阐述 ………………………………………………（41）
　　(二)相关研究 ………………………………………………（42）
　　(三)研究的理论依据 ………………………………………（43）
　　(四)发展现状 ………………………………………………（44）
　　(五)研究意义 ………………………………………………（45）
　四、"学生自主讲评式"作文模式阐述 …………………………（45）
　　(一)基本操作模式概述 ……………………………………（45）
　　(二)"学生自主讲评式"作文教学模式具体操作过程 …（46）
　　(三)教学模式在应用过程中需注意的问题 ………………（60）
　五、"学生自主讲评式"作文实施后带来的变化 ………………（63）
　　(一)学生方面 ………………………………………………（63）
　　(二)教师方面 ………………………………………………（64）

（三）课堂方面 …………………………………………………（65）

第三章　"学生自主讲评式"作文教学中教师的作用 ……（66）

　一、教师在传统的作文讲评课中的定位及作用 …………………（66）

　二、教师在"学生自主讲评式"作文中的定位 …………………（69）

　　（一）教师是导演和制片人 ………………………………………（70）

　　（二）教师是搭台人 ………………………………………………（71）

　　（三）教师是倾听人 ………………………………………………（72）

　　（四）教师是智慧投资人 …………………………………………（74）

　　（五）教师是自信心的培养人 ……………………………………（74）

　　（六）教师是主体的促进人 ………………………………………（76）

　　（七）教师是思维训练的诱发人 …………………………………（77）

　三、教师在"学生自主讲评式"作文中的关键作用 ……………（78）

　　（一）发挥主导作用 ………………………………………………（79）

　　（二）进行流程的设定、优化 ……………………………………（80）

　　（三）形成"讲评"专题 …………………………………………（82）

　　（四）对学生起到引导、点拨作用 ………………………………（86）

　　（五）激发学生兴趣，营造积极的氛围 …………………………（89）

　　（六）构建和谐课堂，维护课堂秩序 ……………………………（93）

　　（七）承担总结、反馈、改进的功能 ……………………………（96）

　　（八）担负课堂讲评主持人和替补培养的责任 …………………（99）

　　（九）发挥诊断、评价作用 ……………………………………（102）

第四章　"学生自主讲评式"作文教学中学生的学习方式 ……（105）

　一、"学生自主讲评式"作文教学中学生学习方式的现状及探索 …（105）

　　（一）传统作文教学中学生学习方式的现状 …………………（105）

　　（二）"学生自主讲评式"作文教学中学生学习方式的探索 ……（108）

二、"学生自主讲评式"作文教学中学生学习方式的分类与实践 …（110）
（一）学生在"自主讲评式"作文教学中的地位…………（110）
（二）"学生自主讲评式"作文教学中学生学习方式的实践…（114）

三、"学生自主讲评式"作文教学中学生学习方式的策略指导 …（133）
（一）合理确定学习目标………………………………（133）
（二）规范使用小组合作………………………………（136）
（三）精选小主持人……………………………………（139）

四、"学生自主讲评式"作文教学中学生学习方式的评价 …（140）
（一）参与度评价………………………………………（141）
（二）学习效果评价……………………………………（141）
（三）优秀小组学习方式展评…………………………（142）

第五章 "学生自主讲评式"作文教学中评价量表的使用 ……（148）

一、作文评价量表的设计原则……………………………（148）
（一）评价内容明确、有层次…………………………（148）
（二）突出写作训练重点………………………………（149）
（三）配合文体要求……………………………………（151）
（四）注意多元评价……………………………………（151）
（五）留下文字评论空间………………………………（151）
（六）分数比例有轻重…………………………………（151）

二、作文评价量表的开发应用（一）……………………（151）
（一）作文评价量表1.0版……………………………（152）
（二）作文评价量表2.0版……………………………（155）
（三）作文评价量表3.0版……………………………（158）

三、作文评价量表的开发应用（二）……………………（161）
（一）部编初中语文单元作文训练评价量表1.0版……（163）
（二）部编初中语文单元作文训练评价量表2.0版……（199）

四、作文评价量表课堂教学应用案例……………………(236)
　　(一)《我努力,我快乐》作文讲评课教学实录………(236)
　　(二)教学反思………………………………………(244)
　　(三)专家点评………………………………………(246)

第六章 "学生自主讲评式"作文高阶思维的训练与提升研究……………………………………………………(247)

一、高阶思维及分类…………………………………………(247)
二、"学生自主讲评式"作文中如何进行高阶思维训练……(248)
　　(一)初中生写作应具备的思维品质…………………(248)
　　(二)写作的思维过程…………………………………(249)
三、高阶思维训练与提升的途径与策略……………………(250)
　　(一)中学生高阶思维能力的培养策略………………(250)
　　(二)"学生自主讲评式"作文高阶思维训练策略……(258)
四、"学生自主讲评式"作文高阶思维训练的具体实施……(261)
　　(一)形象思维的训练及策略…………………………(262)
　　(二)逻辑思维的训练及策略…………………………(264)
　　(三)创造性思维的训练及策略………………………(265)
　　(四)评价性思维的训练及策略………………………(267)
五、"学生自主讲评式"作文高阶思维培养应注意避免的倾向……(270)
　　(一)重视引导,切忌为评而评…………………………(270)
　　(二)形式多样,避免粗放单一…………………………(270)
　　(三)宜张扬个性色彩,忌苛求千篇一律………………(271)
　　(四)强化层次意识,避免不同层次同等对待…………(271)
　　(五)肯定鼓励为主,不要动辄批评训斥………………(271)
　　(六)宜发扬民主,忌大包大揽…………………………(271)
　　(七)系统指导、分步推进,切忌零敲碎打、杂乱无章……(272)

（八）开放吸收、博采众长，不自我欣赏、故步自封 …………（272）
六、"学生自主讲评式"作文高阶思维培养教学案例及反思 ………（272）

参考文献……………………………………………………………（282）

绪　论

　　任何一门学科的教学，如果不能帮助学生摆脱对老师的依赖，如果学生一离开老师在学习上就寸步难行，那么，即使学生考得很好，也算不得教学的成功。

——钱梦龙

　　学习，是依赖性的降低。

——《平凡中的神奇》(伯努瓦·比尼多)

　　作文教学，被誉为语文教学的"半壁江山"，担负着培养学生作文能力、提高学生语文素养的重要使命。

　　作文评改，作为作文教学中至关重要的环节，它的优劣直接影响着作文教学的效果，从而影响学生作文能力的发展、语文素养的提高和个性的张扬。

　　但是长期以来，作文评改的主客体定位不清，学生主体间交往活动缺失，作文评改模式单一，缺乏开放、民主的作文评改氛围。广大老师作文评得辛苦，而学生却漠不关心。结果老师徒劳无功，苦不堪言；作文评改事倍功半，收效甚微。我们立足初中日常作文评改训练现状，试图优化初中日常作文评改，为作文评改探索一个行之有效的途径。

　　《义务教育语文课程标准(2022年版)》对第四学段(7~9年级)写作的要求：

　　①多角度观察生活，发现生活的丰富多彩，能抓住事物的特征，为写作奠定基础。写作要有真情实感，表达自己对自然、社会、人生的感受、体验和思考，力求有创意。

②写作时考虑不同的目的和对象。根据表达的需要，围绕表达中心，选择恰当的表达方式。合理安排内容的先后顺序和详略，条理清楚地表达自己的意思。运用联想和想象，丰富表达的内容。正确使用常用的标点符号。

③写记叙性文章，表达意图明确，内容具体充实；写简单的说明性文章，做到明白清楚；写简单的议论性文章，做到观点明确，有理有据；能根据生活需要，写常见应用文。能从文章中提取主要信息，进行缩写；能根据文章的基本内容和自己的合理想象，进行扩写；能变换文章的文体或表达方式等，进行改写。尝试诗歌、小小说的写作。

④注重写作过程中搜集素材、构思立意、列纲起草、修改加工等环节，提高独立写作的能力。根据表达的需要，借助语感和语文常识修改自己的作文，做到文从字顺。能与他人交流写作心得，互相评改作文，以分享感受，沟通见解。作文每学年一般不少于14次，其他练笔不少于1万字，45分钟能完成不少于500字的习作。

一、指向思维发展的初中"学生自主讲评式"作文教学实践研究核心概念

通过开展以学生自主讲评为主的作文教学实践活动，让学生走向台前，成为作文批改和讲评的主人，通过学生批改并讲评同伴习作的选材、构思、立意、表达等，培养学生的思维能力、表达能力，提高学生的作文水平、思维能力，从而提高语文素养。

其研究背景和实践意义包括：

（1）教学方式角度：改变传统的以教师为中心、教师绝对权威、学生被动边缘的作文讲评模式，由学生自主讲评作文，学生由被动的配角变为主角，由边缘走向中心，让学生成为真正的学习者，真正成为课堂的主人，成为学习的主人，实现以学为主、以生为本。

（2）教师角度：解放教师，将教师从繁重的作文批阅中解脱出来，使教师能够有精力去研究、去思考、去指导。

（3）教学效果角度：改变作文批阅及讲评费时、低效（甚至无效）的现状。改革之前的作文评改思路是：教师批阅讲评、学生修改、反复升格、形

成佳作。

教师从卷面整洁度和写作质量两方面进行综合评价。对于作文批语，既着眼于对文章的立意、选材、结构的总体评价，又字斟句酌、立足于学生的语言表达；既表扬优点，又指出不足；既进行写法指导，又不乏情感交流。同时抓住主要问题，提出建设性修改建议。学生根据教师的建议进行修改提升、二次升格，然后教师再次复批，实行加分制，复批后指导学生再次誊抄作文，教师再次批阅，直到形成精品作文。

(4) 学生发展角度：引导学生从"得意忘言"到"得意赏言""得意讲言"。从"能赏"到"会评""会讲""会写"，提高学生的鉴赏能力、口语交际水平、写作水平。

(5) 发展学生的高阶思维能力，提高学生的语文素养。

写作才能思维。

——当代著名心理学家、教育家皮亚杰

学习写作的人应该记住，学习写作不单是在空白的纸上涂上一些字句，重要的还要在于学习思想。

——叶圣陶

启动思维操作，是牵住了作文训练的牛鼻子。

——语文教育家顾振彪

指向高阶思维：高阶思维，是指发生在较高认知水平层次上的心智活动或认知能力。它在教学目标分类中表现为分析、综合、评价和创造。高阶思维是高阶能力的核心，主要指创新能力、问题求解能力、决策能力和批判性思维能力。

(6) 指向深度学习，提高学生的学习力。

深度学习是当代学习科学提出的重要概念。黎加厚教授认为，所谓深度学习是指在理解学习的基础上，学习者能够批判性地学习新的知识和思想，将新的知识和思想融入已有认知结构中，并在众多思想间进行联系，能将已有知识迁移到新的情境中，作为决策和解决问题的一种学习方式。

①让教室变成学室

既然深度学习关注的是学习者学习的过程与状态，学习者对知识核心概念和原理的深层次理解，学习者自身对学习意义和知识的协同建构，那么，就要在课堂上充分让学生展开学的过程，提供新的学习载体，建立新的学习制度，形成新的学习组织。

②让学习在不同场景下发生。

把教室变成学室，转变教室的功能，仅仅这样还不够，应该让学习不仅在教室中发生，还在不同的场景下发生。学习时空的双向平移、学习内容的多维植入、学习方式的多种叠加。

③指向学习方式的转变。

学习方式转型的四种方式：基于学习资源拓展的学习方式转型、基于学习目标分层的学习方式转型、基于学习结构调整的学习方式转型、基于学习评价改革的学习方式转型。

二、指向思维发展的初中"学生自主讲评式"作文教学实践研究核心思路

立足于语文学科的核心素养：文化自信、语言运用、思维能力、审美创造。

思路为由"扶"到"放"：先扶着学生走路，学生自己学会走路后，放手让学生自己走路。

①通过"案例—实证"的教研模式助推作文教学的改革。

将生本教育理论与"学生自主讲评式"作文教学研究相结合。

生本教育理论运用在作文教学中，即是把教师的灌输式的讲评转化为学生自主讲评实践的新型课堂教学方式。

②在建构主义学习理论指导下进行教学设计。

在建构主义学习理论指导下进行教学设计，通过学生作文修改中的主动探究、合作交流，改变以往单一的被动接受的学习方式，并形成新的学习方式。

③将思维理论渗透到指导学生自主讲评作文中去。

将1956年苏联出版的《心理学》对思维品质的阐述、北京师范大学朱智贤教授和林崇德教授所著《思维发展心理学》阐述的思维发展的差异理论、山西

师范大学卫灿金教授出版的《语文思维培育学》的理论渗透到作文教学实践中。

三、指向思维发展的初中"学生自主讲评式"作文教学实践成效

①改变了传统作文教学被动接受的形式,走出一条以评促学、以评助写的学生自主讲评新写作道路。

通过开展以学生自主讲评为主的作文教学实践活动,让学生成为作文批改和讲评的主人,发展学生的高阶思维能力,提高学生的作文水平和语文素养,优化初中日常作文评改,为作文评改探索新途径。

②为农村学校"以学为主"的作文教学改革提供典型案例。

研究形成的学生优秀作文集锦、课堂教学优秀案例集、录像课、光盘等音像资料、经验总结文集、教学论文、研究报告、教改方案等成果具有重要价值:为广大教师观察、分析、实践、反思作文课堂教学提供了一种可行性较强的参照;为学生如何提高习作水平提供了优秀范文;为学校改变传统作文教学模式,提供了可借鉴、可复制、可运用的典型案例。

③解放教师,将教师从繁重的作文批阅中解脱出来,助力初中语文教师专业成长。

传统的作文教学方式中,语文教师常常为批阅作文而花费很多的时间,而对于发放下来的作文本,大部分学生只是看看分数,与教师的付出不成正比,出现了"高付低效"的现象。我们重在探索更有效的讲评方式,引导学生互评、自评、互改、自改,将讲评、批阅的自主权放给学生,从而将教师从繁重的作文批阅中解脱出来,使教师有更多的时间尽心研究作文教学。

④制定了适合学生思维发展的讲评式作文教学评价量表,建立了科学合理的作文教学评价机制。

通过制定合理的作文教学评价量表,可以使学生确立明确的写作标准,提高学生判断作文优劣、调整作文策略、修改自己习作的能力,提出评价和修改的意见,建立科学合理的作文教学评价机制。

⑤促进了初中学生高阶思维能力与思维品质的提升。

审题涉及思维的深刻性。立意既涉及思维的深刻性品质,又反映了思维的独创性品质。构思既涉及思维的灵活性,也可反映思维的独创性。修改则

集中体现了思维的批判性品质。通过作文教学，在学生思维能力的提升上做出有益的探索。

⑥提高了初中学生的语文素养，满足了学生终身发展的需要。

改变传统的写作指导与讲评模式，在写作教学中引导学生学会学习、学会合作、学会生存，在写作中培养学生具有社会责任感、创新精神和实践能力，满足学生终身发展的需要。

"教，是为了不教"，"学，是为了会学"！通过实证研究，我们努力探索"生本理念"关照下学生自主评改作文的新路径，为教师的专业成长提供发展平台，为学生写作素养的提升提供广阔舞台，为全面提高初中语文学科的育人质量奠定良好的基础。

第一章 指向思维发展的"学生自主讲评式"作文策略研究

一、理论依据

(一) 新课程标准

《义务教育语文课程标准(2022年版)》指出:"注重写作过程中搜集素材、构思立意、列纲起草、修改加工等环节,提高独立写作的能力。根据表达的需要,借助语感和语文常识修改自己的作文,做到文从字顺。能与他人交流写作心得,互相评改作文,以分享感受,沟通见解。"课堂教学评价是过程性评价的主渠道。教师应树立"教—学—评"一体化的意识,科学选择评价方式,合理使用评价工具。在小组合作、汇报展示过程中,教师应提前设计评价量表、告知评价标准,引导学生合理使用评价工具,形成评价结果;要注意观察小组成员的分工方式、讨论程序和对不同意见的处理,关注学生在发言和倾听发言时的规则意识和交际修养,借助评价引导学生反思学习过程。组织学生互相评价时,教师要对同伴评价进行再评价,提出指导意见,引导学生内化评价标准、把握评价尺度,在评价中学会评价。

(二) 马斯洛的需要层次理论

马斯洛的需要层次理论认为,每个人到了一定阶段,一般都有自我实现的需要,对学生而言,它体现为学生在作文中对成功的需要。《义务教育语文课程标准(2022年版)》中也指出:"学生是语文学习的主人。语文教学应激发学生的学习兴趣,注重培养学生自主学习的意识和习惯,为学生创设良好的自主学习情境,尊重学生的个体差异,鼓励学生选择适合自己的学习方式。"

作文教学过程中应激发学生的探求欲、表达欲，让学生尽早地体验到成功的愉悦。这愉悦反过来又可以增强学生的写作动机，激发其产生更强的成功欲，使其不断探索、不断创新，向更高目标迈进。

(三) 建构主义理论

建构主义认为，学习者要真正获得知识，主要不是通过教师的传授得到的，而是学习者在一定的社会文化背景和情境下，利用必要的学习资源，通过与其他人的协商、交流、合作以及本人进行意义建构而获得。这为指向思维发展的"学生自主讲评式"作文研究提供了理论依据。指向思维发展的"学生自主讲评式"作文研究在建构主义学习理论指导下进行教学设计，通过学生作文修改中的主动探究、合作交流，改变以往单一的被动接受的学习方式，并形成新的学习方式。

(四) 思维理论

1956年苏联出版的《心理学》开始对思维品质进行专门阐述。北京师范大学朱智贤教授和林崇德教授所著《思维发展心理学》一书有专门章节阐述思维发展的差异。该书详尽介绍了国内外心理学界关于思维品质培养与发展的有关研究，分别阐明了思维敏捷性、灵活性、深刻性、独创性和批判性品质的含义、特点及实质，还阐述了培养思维品质对于发展思维能力，提高教育质量的重要意义。1994年山西师范大学卫灿金教授所著的《语文思维培育学》一书，对在语文课中为什么和怎样进行思维培育做了比较全面又比较系统的说明。

二、策略分类

针对理论依据，提炼出"学生自主讲评式"作文教学六大策略。

(一) 指导策略

指导策略是指利用作文评价量表，制定作文评改模式，通过评改示范来引导学生学会自评和互评的策略。评改示范就是在"学生自主讲评式"作文教学实践的过程中，教师选取一篇学生的典型例文，根据评改的各项要求进行评改示范，并将示范评改后的学生作文打印后分发给学生，以模仿学习。指导策略是使认识转化为实践的有效保证。在具体实施过程中，教师在讲评课之前进行充分的指导，使讲评课更具实效性，避免盲目性和随意性。

（二）"思维发展与提升"目标实现的策略

学科核心素养要求实现学生思维能力发展与思维品质提升。阅读教学思维发展与提升目标实现的策略，既指阅读写作过程中运用直觉思维、形象思维、逻辑思维、辩证思维和创造思维去准确、深刻解读文本，更指通过阅读写作过程使学生获得直觉思维、形象思维、逻辑思维、辩证思维和创造思维的发展，促进深刻性、敏捷性、灵活性、批判性和独创性等思维品质的提升。

作文讲评课如果仅停留在教师泛泛而谈，讲解该如何审题，该写什么内容，该怎样写，该如何修改等等，学生只能被填鸭，被动接受与自己的习作或有关或无关的理论，而对其他诸如自己习作或他人习作中的语言形式与人物情感之缥渺，结构与人物思绪之纷杂的关系等需要用深度思维去把握，能够发展和提升思维品质的问题，他们是无法感受、体验和理解、体悟的。

文字是语言的符号和思维的凭借，文章是形象的表达和心理的事实。以学生为主体的"学生自主讲评式"作文教学思维发展与提升目标实现的策略主要通过在"对习作文本自身的直觉体验和形象感受以及自评自改、互评互改中来发展和提升语文性直觉体验和形象思维能力；对文本整体和部分的理解分析中来发展和提升语文性逻辑和批判思维能力；对文本主观和客观统一的辨析理解中来发展和提升语文性思维品质"等三个方面来实现。启发、引导学生思维，激活学生思维的火花。做到引而不发，让学生处于"愤""悱"的心理状态，通过思维策略的运用引导学生去发现问题、解决问题。

（三）小组合作策略

"合作"是新课程积极倡导的新的学习方式，指向思维发展的"学生自主讲评式"作文也需要合作。这里结合马斯洛的需要层次理论、建构主义理论等来制定小组合作策略。"学生自主讲评式"作文教学中的小组合作充分尊重学生，为学生创设了一个广阔的互动交流平台。

指向思维发展的"学生自主讲评式"作文，通过小组合作，将作文讲评的主动权还给了学生，极大地激发了他们的兴趣，调动了学生积极参与的兴致，激发了他们的自主精神。在小组作文中，孩子们对自己习作的选材、构思等各个方面具有充分的话语权，可以对自己的习作进行点评，可以对别人的习作"说三道四",可以为自己的小组作文集取一个响亮的名字,还可以和老师"据理力争",从始至终参与作文的全过程。小组作文过程中,老师和孩子的关系由师生变成了指导—参与的关系,学生成了作文的主人。"学生自主讲评式"作文中采用合作的方式可以很好地调动学生的积极性。在这里,让学生敞开心扉,大胆地说,自由地说,生与师、生与生的交流,让信息和情感在交流中产生思维的碰撞,从而使学生既有自己的主见,有自己的选择,保留自己的个性,又不闭门造车,实现了优势互补,使他们在合作中竞争,使学生的思维自由地遨游,从而激发创新潜能,写出高质量的作文。

通过这样的方式,学生在作文课上,以小组为单位全部动起来,全身心积极投入,每位同学至少读了三篇同类的作文,又听取了别人对这三篇文章的不同意见,能够获得很大的收获。相对以往单一、枯燥的形式,学生的积极性大大提高,小组之间的凝聚力、向心力增强。

(四)兴趣激发策略

古人云:"水不激不跃,人不激不奋。"兴趣是最好的老师,是激活语言思维、逻辑思维等各种思维的良药,是实现目标的动力。苏联教育家赞可夫说:"只有在学生情绪高涨、不断要求向上、想把自己独有的想法表达出来的气氛下,才能产生使儿童的作文丰富多彩的那些思想、感情和词语。"[①]当学生对"自主讲评式"作文产生兴趣时,就会把这种创造性极强的精神劳动当作一种乐趣,当作一种享受,当作一种需要,进而去积极主动地练习,坚持不懈地追求,逐渐提高自己的写作水平。可见,兴趣是提高学生能力的内动力。因此,在"学生自主讲评式"作文教学中要把培养兴趣和激发情感作为写作训练的主旋律,寓写于活动之中,使学生视写作评改为乐事。

(五)集体评改、互批互改、自批自改督促策略

集体评改、互批互改、自批自改督促策略是指利用作文评价量表,通过集体评价、学生自我评价、组内互评、小组评价、"自主+互改"等修改方式督促学生进行作文评改的策略。自评、互评督促策略的实施可以让学生从心理上重视对自己习作的修改,主动评改、乐于评改,更会以严肃认真、高度负

---

① 冯朝云. 解放心灵,展示个性——低年级学生写作兴趣的培养[J]. 新课程,2013(10).

责的态度来评改，自然能从中虚心学习，取长补短。在"学生自主讲评式"作文教学实践中采用"自我评价+小组互评+班级讲评+佳作展示"的模式，能够达到自我督促和互相督促的作用，使作文讲评更具实效性。

(六) 评价激励策略

评价激励策略是指通过客观评估(作文评价量表)，用激励性的语言和行动来提高学生自评互评能力的策略。马斯洛的需要层次理论认为，每个人到了一定阶段，一般都有自我实现的需要，对学生而言，它体现在学生在作文中对成功的需要。《义务教育语文课程标准》中也指出："学生是语文学习的主人。语文教学应激发学生的学习兴趣，注重培养学生自主学习的意识和习惯，为学生创设良好的自主学习情境，尊重学生的个体差异，鼓励学生选择适合自己的学习方式。"作文教学中以鼓励、表扬、评价等教育手段和方法为刺激诱因，满足学生对成功的需求。

三、具体实施

(一) 指导策略的实施

1. 让学生清楚作文的要求，明确修改的方向

在作文讲评课中，经常会发现这样一个问题，老师已经把习作的要求、写作方法，通过多种形式传授给了学生，可是学生写出来的作文就是不符合作文的要求。究其原因，学生掌握的写作要求比较笼统，写作的目标就不是很明确，那么写出来的文章当然就不符合写作的意图了，他们在修改自己的作文的时候，也就不知道如何下手。所以在上作文指导课的时候，一定要把写作要求具体化、细致化。在讲评《猜猜你是谁》这篇作文时，老师就可以通过多种形式、多种方法，把写作的要求具体化、细致化，并且对作文的各项评价指标赋予一定的分值。

2. 依据评价量表进行有针对性的作文批改

有了评价量表，我们就可以依据评价量表里面的内容，进行有针对性的作文批改。批改的时候，把全班同学的作文全部浏览一遍，然后针对量表里的每一个要求，找出全班有多少个同学在哪一点上做得比较好，在哪一点上存在的问题比较多。作文讲评时我们就有了明确的目标，有了攻克的方向。

比如在写《猜猜他是谁》这篇作文的时候，我们班49个学生中，就有12个写外貌时不注意按照顺序来写。有的同学写了头发，马上又写嘴巴；写了嘴巴，接着写眼眉；写了眼眉，接着写鼻子……外貌描写跳上跳下，把看作文的人搞得晕头转向。存在问题比较多的是，不会把完整的一件事写具体，三言两语就把这件事情写完了。把全班学生的作文分好类后，笔者采取"差中找优，优中找差"的方法进行批改。所谓"差中找优"，也就是在写得不好的作文中寻找其中的闪光点，哪怕是最差的作文也会有它的优点。如外貌描写中的四点要求，只要有一点写得好，笔者就给予充分的肯定，把有相同优点的学生进行统一归类，然后按照优点进行设计讲评时的奖项。作文顺序写得好的，我们就设"最佳顺序奖"；外貌特征写得好的，我们就设"外貌最有特征奖"；如果能够凸显人物的性格特点的，我们就设"最有性格特点奖"。像这样的奖项还有"最佳作文奖""最有创意奖""层次分明奖"等等。所谓"优中找差"，指对于写得很好的作文，我们也不要让学生滋生骄傲的心理，一般情况下，笔者不会给学生的作文打满分，笔者寻找学生写的不足的地方，告诉学生如果再弥补这些不足，作文就很完美了，激励学生自觉主动地修改作文。

【案例片段】

第一活动环节：教学内容简单导入后，进入第一个活动环节：榜上有名。老师在多媒体上公布课前批改时挑选出来的相对优秀的习作，把它们分发给各个学生小组，对照老师专门设计的《"写出人物个性"作文评价量表》，让大家各自讨论评价，并做好相关记录。

第二活动环节：佳作赏析。各小组依次讨论分析发到手上的习作哪些地方写得好，用简洁的语言做以评价，并谈谈在进行人物个性描写方面得到的启示。

第一小组：灵活而综合地运用语言、动作、神态等人物描写方法，展现了一位外冷内热的父亲形象。

第二小组：很好地运用了自然环境的描写，衬托出了爷爷当时的心理活动。

第三小组：运用比喻、夸张的修辞方法，把"我"讲空话被班主任发现时，班主任生气的情形和"我"内心的害怕、担心写得生动形象。

第四小组：用"咬""闭""张""缩""皱""吊""窜""倒"等一连串传神的动作细节，把同桌很怕吃辣椒的特点描写得惟妙惟肖。

老师运用多媒体归纳人物描写的四种主要方法：

（1）用好描写方法：外貌描写用好形容词，动作描写用好动词，语言描写符合身份特征。

（2）巧妙使用修辞：注意抓住人物某方面的特征，灵活运用比喻、夸张、拟物、借代等修辞方法，使人物生动形象。

（3）环境描写烘托：从正反两个方面来衬托人物的心理活动，所描写的环境色调与人物心理相一致。

（4）选择典型细节：语言精练、抓住特征、合情合理、符合身份、细致传神。

第三活动环节：缺点互评。各小组依次指出手头习作存在的问题，并进行具体修改指正，力求精要合理，对作者有启示作用。

第一小组：表现角度、表现手法单一，可以借他人感受衬托人物性格。

第二小组：人物描写不生动，不细致，表现力不强。

第三小组：所选事例不够典型，不利于突出人物个性。

第四小组：环境描写跟人物形象塑造之间的关系不太明显。

老师运用多媒体进行小结，归纳写作中存在的问题：

（1）人物主动表现的机会太少；

（2）缺少经典传神的细节；

（3）忽视烘托渲染，未注意多角度凸显人物个性。

第四活动环节：范文鉴赏。老师根据课前批改作文的情况，针对学生在作文中出现的共性问题，事先撰写一个如何生动地进行人物描写的矫正式范文片段，让学生学习模仿。

【案例分析】

对于作文讲评而言，学生作文评价结果的呈现方式是多种多样的，可以是书面的，也可以是口头的；可以用等级表示，也可以用评语表示。这种开放的作文评价理念，无疑是在引导教师改变传统的作文教学方式，注意在作文讲评过程中采取"引导策略"，让学生自己去思考作文应该如何修改、如何提升。

引导策略之一：教师示范策略。

这种策略反对教师在评改习作时漫不经心地随意写上几句无关痛痒、令学生摸不着头脑的批语，或写上一个分数。细节评点、技艺点拨、思想彰显、字眼评析、生活谈心等都是示范评改的切入点。教师在进行示范作文批改时，一定要全情投入地去细心读、精心批、耐心改，给学生以思维的、言语的、思想情感的、生活与创作态度的示范。这堂课上，教师课前对习作的批改挑选、课堂讲评时对于"写出人物个性"的具体方法、习作中存在主要问题的归纳指导都为学生自己评改作文起了表率作用，让学生从教师的示范中得到启示，学会自己评改作文。

引导策略之二：小组活动策略。

这种策略体现了作文训练的人文性和主体性，其过程是教师、学生、习作内容三者之间的一个动态平衡的过程。学生在这个过程中是参与活动认识的主体。只有学生的这种主体作用得到充分发挥，才会真正从根本上提高学生的作文水平。课堂上，教师先后设计了"榜上有名""亮点同赏""缺点互评"等活动环节，即先由学生进行小组讨论，对习作进行评改，评选出不同等级的习作并给出书面评价。然后再由教师进一步给出建议性评价，下发后再由各学生小组继续讨论，进行小组发言与全班同学共同分享。这种策略的实施，对于促进学生语言能力和知、情、意、行等的全面发展具有一定的效果。

引导策略之三：表格导评策略。

这种策略适合于特定切入点的小而具体的专题作文。课前制定统一的评价标准和评分标准，设计成统一的表格，作为学生开展自主性作文讲评的指导提纲。表格具体的内容可以由教师制定，也可以与学生共同讨论制定。表格的具体填写和评分可由评价人单独完成，也可由师生或者评价人与作者在讨论交流的基础上共同完成。如"写人要凸显个性"这个作文主题，执教者根据设计的评价表，具体包括书面书写情况、错别字情况、是否运用了多种人物描写方法塑造个性化的人物形象、是否有典型环境的营造、文章语言是否具有表现力和感染力等，帮助学生按具体条目逐一评改别人习作的同时，还可以根据自己的独特体会提出自己的评改建议，让学生在评改之余明确自己今后写作同类型作文的方向。

引导策略之四：范文引路策略。

这里所说的"范文"是指老师用于指导学生写作而亲自撰写的下水文。这种策略一般有以下三种形式：一是"矫正式范文"。老师在批改学生作文的过程中，一定会发现学生作文的共性问题，针对这些问题写范文，让学生体悟，让学生模仿，帮助他们发现自己作文的问题，找到矫正的思路和方法。二是"片段式范文"。这种范文是根据学生作文最需要突破的点，写几个片段给学生做示范，以解决学生作文的局部问题。三是"提纲式范文"。顾名思义，这种范文就是老师列几个作文的提纲给学生，以便让学生打开思路、有所启发。老师可以根据学生作文的实际状况，把"矫正式范文"和"片段式范文"合二为一，重点针对人物描写方法、环境描写烘托、典型细节描写、修辞手法运用这四个方面准备四份范文。这些范文可以读给学生听，也可以发给学生看。学生听或看之后，再结合自己的写作经验，对范文的优点和不足给出评价。"取其精华，去其糟粕。"在这样无数次的评价与修改的过程中，学生也就掌握了一些必要的写作技巧，能觉察到自己作文的一些毛病，并且会尝试着去纠正它。这样的过程，也就是学生写作能力逐步提高的过程。

当然，教无定法，作文讲评课也应体现出教学的复杂性和灵活性，其策略也应该因"人"、因"文"、因"课"而异。但只要一切从学生实际出发，以提高学生作文的积极性为核心，让学生的思维能力得到发展，学生就会感到作文绝非"自古华山一条路"，而是"条条大道通罗马"。

(二)"思维发展与提升"策略的实施

"学生自主讲评式"作文课，与写作指导课、教师作文讲评课有所不同。要让学生在对文章进行分析与评价的基础上，还能对自己的作文进行修改，形成升格作文。作文讲评遵循"认识—实践—再认识—再实践"的思维规律。在这个过程中让学生作为作文讲评修改提升的主体，在讲评过程中通过各种方式让学生进行分析、比较、归纳、综合等一系列活动，对同学的习作进行点评的同时也进行修改，进行作文升格训练。每次作文讲评之前都要复习巩固上次作文教学中学习到的技巧与方法，考查学生在本次作文中的方法运用情况。在议论文作文讲评中重视逻辑推理方面的考究，将归纳论证和演绎论证等逻辑思维方法运用到写作中。在对文本的直觉体验和形象感受中发展以及提升语文直觉体验和形象思维能力。

《义务教育语文课程标准》对于"思维能力"这一核心素养进行了特别强调："要增强形象思维能力，获得对语言和文学形象的直觉体验；丰富自己对现实生活和文学形象的感受与理解，丰富自己的经验与语言表达。"形象，在文学理论中指以语言为手段形成的具有思想内容和艺术感染力的形象性表现、形象体系、生活图景等。形象思维是指以具体的形象或图像为思维内容和以直观形象与表象为支柱开展思维过程的直觉性思维形态。形象具有可感性，即具有通过形象思维所能把握的生动可感的属性。以学生为主体的"自主讲评式"作文教学培养学生的直觉性形象思维能力，是指直觉聚精会神于文章创造的形象上面，运用直觉对形象进行声觉的、视觉的、味觉的、触觉的、想象的等相对明了的器官性适应和感应运动，从而从感官感性方面打动理性和审美情趣，产生情绪的激动和共鸣，进而窥透作品形象自身的脉搏气息，寻出其内在价值意义的过程。

例如，在八年级上册第三单元"学习景物描写"的作文讲评课上，教师引导学生归纳雨景描写技巧时，如雨的特征、背景、修辞运用、多方面、多角度等，所得的方法规律都是由学生自己从习作里面归纳的，老师做的事情不是直接告诉或者灌输给学生这些方法技巧，而是引导学生从无意识到有意识地归纳自己习作里面本来就存在的方法规律，而这种思维过程所掌握的知识技能将会伴随学生终身，这也是衡量作文过程指导是不是有效学习的主要标准。学生运用这种方式习得方法规律，去修改自己的习作时，就会取得事半功倍的效果。

【案例片段】

（PPT显示）

关于亲情的文章怎么写才能更打动人？

上节课我们一起反思到：我们的作文，同学们最经常写到的就是我的眼泪不自觉地流了下来，妈妈的眼泪流了下来，等等，会让读者感觉怎么样？让读者感觉笔者未免过于多愁善感了，所以我们提出了以上问题，关于亲情的文章到底怎么写才能更打动人？大家有思路吗？

第一章 指向思维发展的"学生自主讲评式"作文策略研究

写作要求中提示我们可以模仿《背影》《秋天的怀念》这两篇课文的写法，下面我们一起来回顾一下朱自清的《背影》中的片段。

（PPT显示）

A：我看见他戴着黑布小帽，穿着黑布大马褂，深青布棉袍，蹒跚地走到铁道边，慢慢探身下去，尚不大难。可是他穿过铁道，要爬上那边月台，就不容易了。他用两手攀着上面，两脚再向上缩；他肥胖的身子向左微倾，显出努力的样子。这时我看见他的背影，我的泪很快地流下来了。

——摘自朱自清的《背影》

朱自清在《背影》中对父亲吃力地爬月台时的动作描写，让每个读者都感动不已，那如果我把这些动作描写都删了，变成这样：

（PPT显示）

B：我看见他戴着黑布小帽，穿着黑布大马褂，深青布棉袍，艰难地穿过铁道。

大家觉得好不好？还记得什么是细节描写吗？我们一起来回顾一下：

（PPT显示）

细节描写是指抓住生活中的细微而又具体的典型情节，加以生动细致的描绘，它具体渗透在对人物、景物或场面的描写之中。细节，指人物、景物、事件等表现对象的富有特色的细枝末节，它是小说、记叙文情节的基本构成单位。没有细节就没有艺术，同样，没有细节描写，就没有活生生的、有血有肉、有个性的人物形象，成功的细节描写会让读者印象深刻，提高文章的可读性。

细节描写主要包括：外貌描写、神态描写、动作描写、心理描写、语言描写、环境描写等。

【案例分析】

在对文本整体和部分的评价分析中发展和提升语文逻辑和批判思维能力。

课标指出要发展逻辑思维能力，能够辨识、分析、比较、归纳和概括基本的语言现象和文学现象，运用批判性思维审视语言文字作品，探究和发现语言现象和文学现象，形成自己对语言和文学的认识。文章的精彩全部体现在作品的完整性和综合性上。但凡是欣赏文章都先要注意到整体，不可离开整体而细论枝节。通过拆开文章来论定整个作品的好坏，无异于从斩碎的肢体中寻求活人的生命。对文章进行割裂式理解是愚蠢的，但就像对人体的解剖一样，要真正了解人体的关节构造，就要深入细察整体内部的各个部分。因此，对人体的解剖和对作品内部的细致体察又是必不可少的。在对文本整体和部分的理解分析中发展逻辑和批判思维能力，指对文章整体和部分进行观察、比较、分析、综合、抽象、概括、判断、推理的能力。

（三）小组合作策略的实施

学生的写作过程是一个独创性的劳动过程，在此过程中注重提倡"自主"。作文的批改与评价，不仅涉及学生个体，也涉及学生与学生、学生与教师之间的关系。因此在进行作文评改的过程中应注重提倡"合作与探究"。本着这种理念，我尝试了小组合作互评作文的方式。我认为小组合作批改作文和教师批改相比，有着不可估量的优势。

这种以学生为主体的作文评改方法，充分发挥了学生集体合作的优势。让学生在平等、融洽、自由的气氛中讨论、修改、评价同龄人的习作，有利于学生取长补短，促进相互了解和合作，共同提高写作水平。这种由教师组织、指导，由学生既写作又参与批改的"双向实践"活动，是对新教学观"活动化教学"基本理念的大胆尝试，促使每个学生都参与到互评互改的实践活动中来，激发学生作文批改的兴趣，让大多数学生初步掌握了作文批改的方法。在小组合作评改作文中，每个学生都可以把自己作文中的闪光点读给其他学生听，让大家分享成功的喜悦，也可以提出疑问，征求大家的意见，寻找最佳的方案。学生在主动积极的思维和情感活动中探索，积极体验，相互交流，相互评价，相互影响，相互赏识，从而启迪学生思维的灵感，真正实现了共识、共享、共进。这种师生共同批改作文的方法，不仅减轻了老师的负担，全面培养了学生的听、说、读、写的能力，还在民主的氛围中培养了学生的自信、自强、自主的人格，可起到一举多得、互动双赢的作用。

1. 小组合作策略的具体应用

（1）合理分组。小组合作评改作文运用的首要前提是合理分组。为保证作文评改的有效开展，一般采用4~6人的混合编组形式。本着异质、自愿、动态组合的原则，使小组成员在性别、兴趣、语言水平、合作能力等方面均显

第一章 指向思维发展的"学生自主讲评式"作文策略研究

现显著差异,以便实现学习互动互补。针对初中学生的特点,划分每组成员时,首先要求学生在选择组员前考虑到本组成员的互补性,要求成员尽可能包括善于表达的、写作上有些心得的,以及总结能力较强的组员(这是每小组组长的最佳人选),然后再遵循自愿的原则编组。小组成员经常灵活变换,以期达到更好的效果。

(2)培训小组长。通过培训小组长,使之公正且有能力,以便小组内民主、平等,人人得到锻炼,并按教师的指导落实作文评改步骤,完成作文评改任务。

(3)明确评改细则、分数等级。一般情况下在写作评改的开始,学生往往不知道如何批判地对同伴的文章进行信息反馈。因此,首先老师要明确评改细则、分数等级,指导学生如何批判地阅读他人文章,为学生合作评改做好准备。老师可以选一篇学生的习作作为范例,集体共同评阅,采用分步提问式,逐步分析。老师在此阶段主要起着引领作用,通过言简意赅的讲述及引导,为学生下一步的互评打下基础并定好框架,使学生的互评有的放矢。

(4)小组合作评改。在总的指导之后,分组活动开始。各小组先选取1~2篇作文组内集中评改,组员各自发表意见,斟酌得失及分数进行评改,组长执笔。(注:评语要与作文书写要求一样,一字一格,整洁美观)然后学生再按要求各自批改自己拿到的习作,在组内交流批改情况,互谈体会,在文本相应位置写好评语,给定等级或分数,并签好评改者姓名。

其间,老师要巡回把关,点拨指导,摸清情况,积累材料,为相关指导做必要准备。

这一环节要求学生尽量在每篇文章中都找到闪光点。每一个人都喜欢被肯定和认可。即使写得不怎么样的文章,哪怕只是一个生动的词语,一个优美的句子,我们也要用善于发现的眼光去赏识,即使是一句赞赏,都能给学生以动力。

(5)互推佳作。全部完成后,组长汇总,填好评价量表,同时推荐优秀习作,每组派一位代表读优秀作文,一位读点评,全班进行交流。

(6)修正改进。好的文章是改出来的,但是许多学生都不肯在修改上下功夫。如果学生不自己动手修改文章,其写作能力是难以提高的。只有坚持认真修改，才能摸到写作的门道，写出优秀的作文。所以在进行小组交流之后，老师要引导每一位学生根据同伴们提供的修改意见对自己的草稿进行修改完善。只有这样，学生的作文水平才能得到真正的提高。

（7）收齐评改报告单，反馈修改情况。各小组评改完后由组长汇总填好评改报告单并上交，习作返回各位学生手中进行修改，这时老师可仔细审阅各小组的评改情况，及时公布表扬评改认真的小组及个人，对评改不认真、批改重点把握不准的学生及时给予个别指导，帮其及时改正。

2. 在小组合作评改作文过程中需要注意的问题

（1）合作学习是一个循序渐进的过程，需要对学生的合作态度和合作技能进行培训。这样能够逐渐培养学生的合作习惯，同时也能够加深老师对这一策略的认识理解。

（2）评前指导，指导学生要结合学生的实际，多引导学生发掘其优点，尊重原意，多就少改，提出恰当的建设性意见，评语要精当，有启发性和导向性，适当保护学生的积极性和自尊心。

（3）科学设计课堂结构，注意作文评改时间的安排，一般来讲，合作评改时间以 30 分钟为宜。

（4）由于有的学生写作水平相对较低，在单独评改别人的作文时，对一些用词、句子不理解，而认为是用词不当或认为是病句。特别是文学性比较强的文章，有少部分学生提出看不懂，也就无从对某些方面进行评改。老师可适当点拨，或由同学来帮助，或与另一同学互换评改。

（5）合作学习评改作文并不是万能的，老师必须有自己的见解，学生也必须能够解释和讨论不同的观点，并整合他们的发现。

（6）收齐学生修改后的习作，老师检查落实评改情况，必要时对个别学生给予进一步指导。

总之，经过尝试，笔者体会到在"学生自主讲评式"作文中小组合作策略的运用，能为学生创设一个互相尊重、互相理解、和谐合作的学习氛围，为学生提供更多的相互探讨、相互启发的机会，能让每一个学生进一步发现自我、认识自我、促进个性的发展，共享成功的快乐，更重要的是在此过程中，让学生学会欣赏、赞扬别人，学会从别人身上汲取优点，学会倾听别人的意见或建议，培养团结协作的精神。总之，一篇好的作文是修改出来的，老师的主要作用不是包办，而是激发和指导，激发学生自己产生浓厚兴趣，指导学生将作文反复修改成佳作。

【案例片段】

细处显情，微处现妙

——作文讲评之细节描写

【活动二】七嘴八舌谈作文

听完宗瑞婕的作文，大家感觉怎么样？有什么想说或者是想问的吗？大家畅所欲言。

生1：感觉题记不够精彩。

生2：第三段过渡很自然。

生3：和父亲吃早饭这件事，第四段语言不够简练，感觉可以再精简一下，第五段结束的感觉有点突兀，"坐在肩上，觉得温暖，进入梦乡"，这句话感觉描述不符，还需要再修改一下。

生4：第六段记录的这件事很感人，但总感觉缺少点什么。父亲先前的表现是什么？和你说话时的表情、动作是什么？你扑到父亲怀里的感觉是什么……我很好奇，能不能详细地给我们说说呢？

师：好，作者能回忆一下，满足同学们的好奇心吗？

学生回忆，其他同学听。

师：补充的这些，实际上是什么？

生：细节描写！

师：反应很迅速！你们组在批作文的时候，看到过哪些印象深刻的好的描写方法或是其他写作技巧吗？和大家分享一下。

（学生读相关精彩片段）

高漫雨：题记棒；环境描写很多（作用）细节描写很生动（具体，谈感受）。

杨佳颖：语言优美，时时点题。

张祺：环境描写，渲染出一种……气氛。

师：老师把刚刚同学们的发言，整理为以下三步：

板书：删——精简语言、情节

板书：增——增加细节描写

板书：学——借鉴优秀写法

【活动三】集思广益改作文

师：现在请同学们根据刚才的发言，分小组帮助宗瑞婕同学改作文，一组：题记、第一段；二组、三组：吃早饭；四组、五组：爸爸和我在沙发上的对话；六组：结尾段。

现在，请大家根据作者的补充以及刚刚我们的集思广益，帮着杨佳颖把作文改一下，改完后，我们请小组代表起来读自己组修改的相关段落。

（PPT显示）

要求：

请你至少运用一种细节描写，最好可以综合描写，把这段话写得厚重感人。

提示：

①细化动作、语言、心理、神态、环境、场景等描写；

②巧用修辞，美化语言。

（学生读改后的作文）

师：老师刚刚在下面转了转，感觉这几组的描写，连起来简直就是一篇美文呀！请他们起来读一下！

师：感觉怎么样？看来还是众人拾柴火焰高呀！最主要的还是同学们学得快，有天赋！优秀！

我们来齐读一下将叙事类作文写得感人的秘诀：

（PPT显示）

想象延伸+局部细写=感人形象

师：希望同学们牢记！

【活动四】自我反思修作文

师：下面，请同学们结合刚才小组共改时学习的方法，修改自己的作文片段，修改之前回顾一下我们刚刚总结的秘诀：想象延伸+局部细写=感人形象。

(找两个同学起来读自己修改前后的片段,学生评论)

【案例分析】

老师采用小组交流的方式,让学生互相批改、互相学习,在此基础上,老师再总结、评价学生的文章,这样的学习方式,会大大增进学生对写作方法的理解,增加学生之间的交流,最终达到教学目的。除此之外,老师还可以采用小组作文竞赛的方式,让不同小组之间交换作文,让学生互相了解各自的写作水平,及时找到自己和别人的差距,意识到自己的不足,这样才能更好地发展。

通过在小组内讨论写作问题、交流写作方法,促进学生之间、师生之间的互动,培养学生的写作思维。

(四)兴趣激发策略的实施

以学生为主体的作文讲评要在活动中激发学生的写作兴趣。

我国古代教育家孔子曾有言:"知之者不如好之者,好之者不如乐之者。"学生如果热爱写作,那么他就会关注并思考生活,会将他的关注与思考形成文字,并渴望有人能够与之分享。作文讲评要让学生的心理从"无趣"变为"有趣",调动写作者的积极性,同时也通过评的过程调动参与评改者的写作积极性。只有激发了他们的写作兴趣,使之从中感受到成就感,才能让他们体悟到其中的乐趣,全身心地投入其中,真正做到用"心"写作,用"心"评作,用"心"改作。作文讲评者要像根雕艺术家一样用"因势象形"的智慧对学生的作文"多就少改",点到为止,切不可对学生的作文求全责备,全盘否定。在作文讲评过程中要给予学生恰当的鼓励,通过情感交流,融洽师生关系和生生关系,激发学生对写作及语文学习的热爱。对于优秀作文,要表扬作者;对于部分内容写得精彩的文章,也要表扬作者,帮助学生树立写作自信心。必要时,也可以站在作者的角度做些"补救",在进行适当的指导后,让他们重新写一个段落或结尾,作文分再加上附加分,定能收到"四两拨千斤"的效果。

教育专家黄全愈先生说:"教育不是往货车上装货,而是往油箱里加油。"[①]指导学生进行作文讲评时,要引导讲评者更多地发现作者作文中的闪光

---

① 谭学美. 浅谈作文教学中的讲评方式[J]. 语数外学习,2013(12).

点,用赞赏的目光去欣赏同伴"不怎么完美的作品",敢于放大同伴作文中的亮点,哪怕只有一个好词语、一个好句子、一个好段落……一方面,应该重在表扬优点,慎用"不",诸如"中心不明确""内容不具体""选材不恰当""结构不合理""书写不规范"等评价都会伤及学生的写作积极性。同时,在评价时应该少下断语,多些探讨。毕竟老师的评语只能代表一家之言,同一篇作文,不同的老师可能会给出不同的甚至截然相反的评价。因此,除非存在很明显的问题,笔者一般很少轻易下断语,而是多站在平等的立场上进行探讨。另一方面,老师应指导学生敢于打高分,这是对学生自身无声的激励;在课堂上对学生作文的评价也应以表扬鼓励为主,肯定他们的优点,学生写作的热情、兴趣也就被激发出来了;对于写得不怎么好的作文,学生自主讲评时最好不要当众拿出来点评,更不能指责,要小心翼翼地保护学生写作的积极性,不能挫伤他们的自信心。

教无定法,贵在得法。作为一个语文老师,应该变换着花样,让学生在各种活动中感受语文的魅力,体验作文的快乐。

例如,开辟优秀作文展示专栏。把学生作文中优美的句子或段落展示出来,让学生在激励中感受成功的喜悦。或者在讲评活动中,设置"我写我秀""片段欣赏""佳作(句)亮相"等环节,尽量关注不同层次的学生,让学生声情并茂地朗读自己的作文,借此来唤醒和激发学生的写作欲望。培养学生的作文兴趣,让他们乐于表达,善于表达。帮助学生积累写作素材,让学生学会观察、搜集、摘录、整理。可拓宽视野,培养兴趣;可组织活动,启迪兴趣;可表扬激励,诱发兴趣;可进行行为示范,引导兴趣。

作文讲评是老师作文指导中不可缺少的一个重要程序,也是提高学生作文水平的一个极其重要的环节,作文讲评的过程应该是能够使学生的积极性不断得到调动,作文心理素养不断提高,语言的知识性不断得到发展,写作的效率不断提升,学生的兴趣不断得到提高的过程。那么,下面笔者就来谈谈,通过作文评改来提高学生作文兴趣的教学策略。

【案例片段】

《我的心爱之物》作文讲评课

把习作讲评课,变成颁奖课,激发学生的习作兴趣。

第一章 指向思维发展的"学生自主讲评式"作文策略研究

这篇作文要求的是写自己最心爱物品的外形特点、来历以及你觉得"心爱"的理由。

设计了三个环节：

第一个环节："广泛表扬，提升兴趣"。这个环节我首先对全班学生的习作进行整体点评，用极其夸张的语气表扬了写得好的10名同学。在宣读学生名字过程中配上了颁奖音乐，渲染了当时的课堂气氛，被表扬的学生会非常自豪。为了让更多的学生对习作树立信心和充满兴趣，我的奖项分为如下几种：金牌小作家奖，顺序通畅奖，最佳特点奖，醉人抒情奖，合理结构奖。这个环节，90%的学生都能上表扬榜。这样做的目的就是为了增强学生的习作信心，自信心有了兴趣也就有了。正如伟大的科学家爱因斯坦曾经说过的："兴趣是最好的老师。"

第二个环节："赏佳作，对标准，找优点"。我出示一篇优秀的习作，完整地用课件展示出来，并完整地读给学生听。新课标倡导"自主—合作—探究"的学习方式，我让学生分组讨论：这篇文章为何能够让老师打高分呢？在学生汇报的过程中，我相机出示指导课的评价要求：一是抓住这个物品的外形特点；二是写清心爱之物的来历；三是写明心爱的理由；四是情感的流露到位；五是采用合理的修辞手法。并引导学生用这几点要求来评价这篇作文。俗话说没有规矩不成方圆，这个环节的设计，目的是训练学生首先学会按一定的要求来写作文，同时也使学生明确修改习作的方向。学生明确了修改的方向，就会乐意去修改，改好了，作文的分数就高了，作文的水平也就提高了，那么兴趣就激发了起来，写作文将是一件快乐的事情。

第三个环节："对比展示，学生探讨"。这个环节，我把本次的习作普遍存在的五个缺点，都通过"对比展示，学生探讨"的方法来进行讲解。我出示一段错误的范本，再出示一段正确的范本，通过对比展示，让学生了解好的习作和不成功的习作的差别在哪里，并引导他们探讨好的文段到底是如何写出对心爱之物的喜爱之情的，这样学生不仅能够清楚地知道自己的习作的不足之处在哪里，还能让他们知道针对不足之处应该如何修改。

【案例分析】

总的来说，习作从来就不是一件容易的事情，学生的作文更需要热情而真切的赞美。这节作文讲评课,笔者在短短的 45 分钟内,大面积地欣赏学生的作品。叶圣陶先生说:"作文教学的目的是使学生自能作文。不待老师改。"①这是我们为师者不断探索、不断努力的方向,在此次作文讲评课中,笔者注重培养学生的修改能力,切实提高了学生的写作水平,大大激发了他们的写作兴趣。

(五)集体评改、互批互改、自批自改督促策略的实施

1. 学生集体评改

其具体做法是:根据全班学生日常习作中能力的强弱划分评改小组,并选举写作较好的学生为小组长,老师选择本班有代表性的三至五篇"典型文"印发给每位学生,让学生在认真阅读的基础进行修改,老师加强指导。待学生批完之后,每个小组进行合作讨论,小组长进行总结陈述,最后由老师根据小组发言的情况适当进行点评,及时为每组写出不同的评改意见。

2. 学生互批互改

生生互评,取长补短。互评作文一定要注意做好批阅前的指导工作,例如引导学生尊重作者,客观评价,有理有据,鼓励为主。学生互评往往更加细致,给出的评语同伴也更容易接受,学生互评结束后,老师要及时再评作文,纠正不合理评价,肯定评价者的评语。学生既是作者同时又是评改者,既接受同学、老师对自己习作的评改,又同时评改、学习同学的习作,接受老师的评改指导。互评作文能让学生明确作文的不足,增强作文评改的时效性,找到和同学的差距和不足,是一举多得的作文评阅好方法。在此过程中针对学生不容易发现问题这一缺点,老师随时把一些修改的技巧传授给他们,允许他们发表不同的看法,给每个人一个辩论的机会,使学生逐步树立主体地位意识。

3. 学生自批自改

通过互改,学生具备了一定的修改作文的能力,老师应该抓住这一极好的时机,让学生进行自批自改。笔者会鼓励学生多改,改好,评出作文修改"小明星"并给予奖励。同时教育学生要细心、认真、说真话,公正合理地进

---

① 徐新颖. 初中语文自能作文教学的实践研究[D]. 苏州:苏州大学, 2017.

行自我评价，并养成自改自查的良好习惯。

【案例片段】

执教学生自主讲评式作文"细节描写"专题时，整堂课围绕"讲评与修改"展开。老师首先带领同学们复习了作文指导课上细节描写的四种方法：综合描写、调动感官、巧用修辞以及景物渲染，接着利用作文评价量表，实施自评互评督促策略，通过互评——"当局者迷，旁观者清"，自评——"不畏浮云遮望眼，自缘身在最高层"，修改——"集思广益改文章"，展示——"数风流人物，还看今朝"四个环节，充分调动学生讲评作文的积极性、主动性，使每个学生参与到作文评改的每个过程中，让每个学生有事做、有话说、有评价、有督促，学生在紧张有序的作文评改节奏中将细节描写运用到了作文中，整节课学生思维活跃，收到了良好的效果。

【案例评价】

语文课程标准对于写作教学特别强调："写作教学应抓住取材、立意、构思、起草、加工等环节，指导学生在写作实践中学会写作。重视引导学生在自我修改和相互修改的过程中提高写作能力。"

(六) 激励策略的实施

作文讲评是作文教学过程中一个极其重要的环节，它是指在命题指导和写作的基础上，对学生作文实践中的成功经验和存在的问题进行科学分析、归纳，通过激励性评价，使学生知道自己的作文好在哪里，哪里做得不够，该怎样修改，从而提高作文水平。

1. 榜样示范激励策略

榜样示范激励策略是指通过提供良好的榜样来引领学生养成积极的主动的作文讲评习惯的策略。要特别注意在学生中培养写作爱好者。榜样的力量是无穷的，尤其是身边同龄人的榜样示范作用更大。学生的写作成就鼓舞了其他学生的写作热情，继而实现了老师教得顺手，学生学得轻松的喜人局面。

在"学生自主讲评式"作文的探索实践阶段，可以多方面细致地观察每个学生的表现，用榜样的标准去衡量、物色可做小组长的对象。"学生自主讲评式"作文教学中小组长的示范引领作用尤为关键。充分调动小组长的讲评积极性，由小组长带动组员。"学生自主讲评式"作文的实践过程发现很多在课堂上不积极甚至从来不发言的同学，在小组内反而敢说，乐于表达了，进而提高了作文评改的实效性。

通过学生的表现，评选优秀作文达人做榜样，让学生学习身边的榜样，向榜样看齐。在"学生自主讲评式"作文的评价修改过程中，学生真正静下心来去读自己和别人的文章，在鉴别中，提高自己的作文观，最大的心灵触动就是向优秀者学习。

佳作展示：

①小组内根据打分表确定一篇优秀作文，推荐到班级。

②在黑板上统计小组推荐的作文得票情况，请部分学生谈谈投票理由，也可以组织进一步讨论，然后鼓励没有入围的学生积极主动挑战入围的作文。

③最后根据得票多少及讨论情况确定本次最佳作文，录入《班级优秀作文选》，作为班级史料保存。

佳作展评环节及时对本节作文讲评课进行了总结和反馈，充分地肯定了学生的课堂参与度以及修改质量，这是激励学生的良好方法。让学生感受到作文讲评的成就感和自豪感，有助于学生写作内驱力和能力的提升。

2. 参与激励策略

培养学生的创新精神和实践能力，从多方面提高学生的素质。

①调动小组长的讲评积极性，由小组长带动组员，可以采取小组加分的形式，小组1号发言加1分，2号加2分，以此类推。

②采用小组捆绑式评价：优秀小组加分奖励，组内分层次加分。小组捆绑式评价的采用使评价更科学、公正、可操作，能充分发挥正向激励作用。

3. 肯定激励策略

典型引导，正面鼓励。对学生要多鼓励、多表扬，不说打击和挫伤学生积极性、自信心的话；不做打击和挫伤学生积极性、自信心的事。坚持多从学生的作文中找评析范文，不求完美，但求有独到之处，力争每学期绝大多数学生的作文都有被选做范文的机会。

"学生自主讲评式"作文课伊始，可以晒一晒本次习作中的习作达人；作文课上的"佳作展示"环节很好地调动了学生积极自评、互评、修改提升的兴趣。

第一章　指向思维发展的"学生自主讲评式"作文策略研究

【案例展示】

"晒晒我们班的牛人"课堂实录

一、构建动场

师："同学们看一下大屏幕上这个字是什么？"

生："牛。"

师："我们看牛这个字有什么特点？"

生："有两个角，很独特。"

师："牛人也是如此，与众不同，独一无二，今天我们来讲评一下我们上周写的作文——《晒晒我们班的牛人》。"

二、文面小达人

师："我们常说'字如其人'，作文的书写是给老师的第一印象，因此这次作文评阅中，老师选出了几个文面非常好的同学，他们是叶笛帆、林法君、雷姝林、叶卓越、张源、李茜、杨潇晴、郭鸿琳。这几位同学的书写非常干净、整洁。下面我们来看一下张源和叶笛帆作文的文面，希望大家的作文能像他们的一样干净整洁。"

三、选材小达人

师："写文章就如修一座楼房一样，首先文章的中心就是房子的地基，地基牢固房子才能坚固；其次，构思如同房子的房梁框架，构思好了，房屋的框架才会结实；再次，作文选材好似房子的家具、电器，选材选择好了，房屋的内容才丰富有趣，吸引人；最后，语言就像房屋的内饰，语言好了，房子装修得才美丽。因此，好的选材构思对于文章尤为重要。下面请同学说一说张中行的《叶圣陶先生二三事》一文，前半部分选取修改文章、送客、复信等事，表现了叶圣陶先生怎样的品质。"

生："表现了叶圣陶先生严于律己和……"

师："一紧张忘了是吗？我们打开课本一起回忆一下，前半部分讲述了叶圣陶先生待人宽厚的美德，后半部分则从作文与做人两方面取材表现其严于律己的品质。由此老师为大家总结了两条写作构思上的锦囊妙计：

①选材围绕中心。

②选材具有典型性。

下面我们就来看看哪几位同学的选材比较好。"

幻灯片展示学生优秀作文片段：

"啊……"歌声随风飘来，它似乎开着一艘艘飞船，在我们耳边环绕，歌声越飘越近。很快，我们在教室门口看见了班长。班长与有些女生不同，有些女生看到虫子可谓"胆小如鼠"。而班长呢？看见虫子，一个巴掌就把它打死。还记得有一次上英语课时，一只"臭大姐"在我们班"巡逻"，英语老师看见后指着它大声喊道："快，把它打死。"只见班长伸出手，拿着纸以"迅雷不及掩耳之势"把它拍死了。班长俗称女汉子。

师："大家首先猜一下这是写的谁？"

生："王恩宁同学。"

师："那么请大家想一想叶笛帆同学通过这件事情表现了王恩宁同学什么样的性格特点。"

生："像女汉子的性格。"

师："嗯，叶笛帆同学的选材很吸引人，她选取了一件非常有意思的事情，生动形象地展现了王恩宁胆大、直率的性格。接下来我们再看一个精彩片段。"

幻灯片展示学生优秀作文片段：

他体重过百，身高却刚一米五出头，Q弹的肉肉布满了他的全身，跑起步来，他脸上的肉便纷纷跳起了舞，哆哆嗦嗦的却又十分有节奏。一副黑框长方形眼镜挂在他低而宽的鼻子上。一双小眼睛，一眨一眨的。还有他那两条小短腿，走起路来一蹦一跳摆动得可快了，让人幻想到白雪公主里的七个小矮人，十分可爱。

师："这是写的谁，大家猜得出来吗？"

生："曹家豪！"

师："这是一个很精彩的外貌描写，选取了曹家豪外貌中最独特的地方来写，让我们很直观地感受到这就是他。这就是一个成功的外貌描写。老师常说，我们写人要写出人的外貌中最独特的地方，并且这个外貌要服务于主旨。"

第一章　指向思维发展的"学生自主讲评式"作文策略研究

问题："以上就是老师为大家展示的几个优秀的示例，接下来大家讨论一下你们组中的作文，看看谁在选材上存在问题，并帮助他修改一下。"

小组讨论，找出作文中存在的问题，并帮助他改正。

师："下面请几个小组来说一下修改的情况。首先，请王恩宁的组来展示一下。"

生1："我们组修改的是曹家豪的作文，他的作文在选材上存在一些问题。他想写的是李倩，主要突出李倩同学对卫生委员工作的尽职尽责，但是他选取的事件不够典型，应该选取李倩平时帮助同学们打扫卫生时的场景来展开写。"

师："这个思路很不错，比之前的要好。还有哪个组愿意展示一下？路锐涵。"

生2："我们修改的是杨林的作文。杨林写的是曹家豪，他想写曹家豪的学习成绩好，但是他一直在说曹家豪的哪科考了多少分，成绩是多少，没有用完整的事件来突出其学习成绩好。其实成绩好可以从他学习勤奋努力、读书多等方面来写，选取恰当的事情来凸显。"

师："路锐涵同学给了杨林同学一个很好的思路，课下杨林同学可以从这方面入手来改一下。接下来，我们一起探讨一下作文的谋篇布局方面的技巧。"

四、谋篇布局小达人

师："刚刚我们说到，文章的构思就像房屋的房梁，房屋结实与否，关键在于房梁的牢固程度。文章也是如此。接下来我们看看文章构思上需要注意哪些问题。"

幻灯片展示文章构思技巧：

①层次清晰、分段合理。

②首尾：凤头、猪肚、豹尾。

·文章的开头要奇句夺目，引人入胜，如同凤头一样俊美精彩。

·文章的主体要言之有物，紧凑而有气势，如同猪肚一样充实丰满。

·文章的结尾要转出别意，宕开警策，如同豹尾一样雄劲潇洒。

③过渡：自然合理。

要做到心中有数。

老师讲解技巧，然后展示构思优秀的学生作文：

师："首先第一个构思小达人是张源，下面我们请张源同学来说一下他是如何构思的。"

（学生紧张未说话）

师："张源同学不用紧张，你怎么写的怎么说即可。"

（学生仍然没有说话）

师："如果张源同学忘记了的话，我们请给他评价作文的同学帮他讲解一下。"

生："张源写了李茜的学习状况和自制力，一个详写，一个略写。结构清晰。"

幻灯片显示：

①我们班的"学界顶峰"，七科全才——学习（详写）。

②自律、自控能力强——性格（略写）。

师："张源同学的这篇文章结构很清晰，写了李茜同学的两个方面，并且详略得当，安排合理。另外，还有两位同学在构思上表现突出，那就是王恩宁和刘静溪同学。"

五、佳作展示

①小组内根据评价量表确定优秀作文，推荐到班级。

②统计小组推荐的作文得票情况；鼓励没有入围的同学主动挑战入围的同学。

③确定本次最佳作文，录入《班级优秀作文选》，作为班级史料保存。

佳作展评环节及时对本节作文讲评课进行了总结和反馈，充分地肯定了学生参与评价、认真修改的进步点，树优奖先、激励学生。

【案例分析】

作文评价应该贯彻激励为主的原则，使学生日常写作中被激发和培养起来的写作兴趣得以持续和巩固，获得写作的成就感。具体操作有多种方式：

①提高赋分。对学生的评价不要面面俱到，结合训练要求，一练一得，达到目标就给予较高的等级，不苛责学生习作中的弊病，让学生享受写作成

功的喜悦，尤其是学生在作文中对以往的超越，更要给予充分肯定。

②提供展示。要多提供机会，多搭建舞台，让学生得到展示的机会。现场朗读，开辟作文展示园地，既能激发学生的写作热情，更能让学生互相借鉴，提高水平。

③竞赛提升。多进行作文比赛，多进行佳作推荐，让获奖的受众面更广一些，学生有了成就自然就会更有激情。

④学期总结。对一学期的佳作不妨集结刊印，组织学生进行评选、编辑，学期结束，拿上一本有着自己心血的作品集，是纪念，更是奖励，会激发更强的写出好文章的冲动。

在激励中展示，在创新中提高。更多地进行作文实践，更多地进行写作尝试，思维的火花在碰撞中产生，独特的感触因真实而动人。关注时代，联系生活，写作不再是单向而平面的，呈现出来的将更加多彩而立体。深邃的思考，细腻的表达，感悟真情，抒写真情，延续的不仅是文章的生命力，更是每一个活泼的生命，每一个丰盈而润泽的人生。

第二章 "学生自主讲评式"作文教学范式

一、传统的作文讲评模式

(一) 模式阐述

从传统写作教学的意义上说,"作文讲评课"是相对于"作前指导课"而言的一种课型,又被称为"作后讲评课"。顾名思义,是在学生根据教师的指导或安排,围绕写作训练的要求或某一道题目完成相关写作任务,并按时递交了写好的作文之后,是在教师根据本次写作训练的目的和要求及时批改学生作文之后,对学生本次写作情况及写作质量进行讲述与评价的作文课堂教学活动。

(二) 常见的教师讲评作文方式

(1) 综合讲评。即对全班学生的作文进行全面评述。这里有两层含义：一是指对全班学生的作文情况做全面评述,覆盖面广,涉及的人数多；二是指对文章的立意、结构以及遣词造句等诸多方面做概括分析,知识面广。它可以使学生了解这次作文的全貌,同时也有利于相互比较学习。

(2) 重点讲评。又叫专门讲评,它是一种集中一两个问题专门进行讲评的方式。作文教学要有计划,讲评也应有计划,从命题起就要考虑本次作文讲评的范围,确定讲评的专题内容。根据本次作文的要求,从学生的作文中抓住一两个带有普遍性的重点问题,结合有关写作知识,提高到规律上来进行讲评,而把本次作文中的优缺点作为讲评的例证。有时候,原来打算解决某一问题,但从作文的实际情况来看,另一问题更为突出,也可以改变原来的计划，去解决新发现的问题。如练习写记叙文，原来计划解决记叙的要素问题，经过课前指导，在实际写作中，这一问题已基本解决，而材料安排详略不当是本次作文的主要问题，这样讲评时可一般地讲一下记叙的要素，而着重讲一讲详写与略写。

（3）对比讲评。选取学生的习作，或相互比较，或"自我比较"（原稿与修改稿），或与范文比较，从而引导学生通过比较来习得写作方法。比较的方式是多种多样的：同题目不同写法的比较，习作与范文的比较，原稿与修改稿的比较，同题目不同体裁的比较，等等。

（4）个别讲评。也叫面批。其好处是详尽细致，能反复讲清复杂的问题和"为什么"的道理，可以说出在作文批语上说不出、说不完的话，学生易于理解和接受，同时师生的思想相互碰撞、深入交流，还可以帮助老师进一步了解学生的情况，做到对症下药。

（5）典型讲评。选取一两篇习作作为典型进行分析、评述，可以启发全班学生对照自己的作文进行研讨、探究。典型的习作，可以是优秀的、中等的，也可以是问题较多的。应该注意的是，要根据本次作文的具体要求来衡量，进行讲评时仍要以正面引导为主，绝不能挫伤学生的积极性。这种方法的优点是，评论可以深入，而且能顾及文章的全篇，老师准备起来也方便。

(三)传统作文讲评模式的弊端

(1)这样的分离式的作文教学模式人为地延迟了作文信息反馈，学生不能及时地获得教师和同学对自己作文的建设性意见，因而不能及时地修改自己的作文。学生作文根本上来说是"闭门造车"，应付了事。

(2)对于教师的评语，大部分学生只是粗略地看一下，就将作文束之高阁，不再理会；对于教师的讲评，除非范文本身写得足够精彩或具有某种"轰动"效应，否则大部分学生并无太大兴趣听老师的讲评。下一次作文依然犯着与这一次同样的错误。

(3)教师进行作文讲评前，需要花费较多的时间批改作文，教师的工作量大大增加。

(4)教师对学生作文的评价不够全面，只能从作文的谋篇布局、卷面字数这些综合方面进行评价，对于习作的重点难以进行重点突破。

（5）教师在讲评过程中，如果选例不够典型，那么其他学生存在的问题，就不能及时得到解决。如在讲"写作要抓住中心"时，教师只侧重了"结尾段没有点题"这个问题的讲解，那么其余的问题（如在结尾段点题了却没有"在叙事过程中通过细节描写突出中心"）就难以得到解决。

（6）如果学生的作文中没有与本节课习作重点相关的典型范例，那么教师讲解写作知识时，不得不补充一些其他方面的例子。这样就显得脱离本次作文讲评实际，讲评变成了写作知识专业课了。

二、作文讲评的发展趋势

（一）作文讲评的理论支撑

1. 国外关于作文的讲评

从全世界的范围看，很多国外的教育专家都在作文评改的教学中付出了很多努力。相关文献指出，在日本的作文评改中对于修改的环节是十分重视的。例如在昭和前期的《中学课程教育纲要》中有"使学生认识到推敲、修改作文的必要性，并掌握修改的具体方法"等要求。对于作文的评改，各国也有各国的教育特色。在日本，有的教师喜欢采用由学生、家长、教师共同对作文进行评改的方式。就是学生在完成作文之后，分别由学生、家长、教师对作文进行评改。首先在同学之间进行传阅，谁看过之后有什么意见都会写在"同学评"的栏目下。家长看过之后，也会在"家长评"栏目中写下自己对作文的评语。最后由教师在"教师评"的栏目中对作文进行点评。同学和家长对作文进行评论时，可以谈谈对文章中心思想的看法，也可以针对作文中的个别字词以及句子进行点评，不拘泥于形式，也不必十分全面，只是把自己的感觉和看法写上去即可。而教师的评语就要更加综合和全面，对学生具有一定的指导作用。

在美国，修改被看作是写作不可或缺的一个步骤，关于修改的策略也常见诸教材。美国老师更热衷于让学生去评改作文，例如，罗纳德·克拉莫的"编辑室"和多堡·格雷夫斯的"出版会议"活动。在"编辑室"活动中，班级的学生被分成几个组，也就是几个"编辑室"，学生对"编辑室"的作品进行编辑，并实施角色扮演，基于不同角度修改文章，以此在真正的修改实践过程中掌握写作方法与技巧。如此,"编辑室"活动让学生提升了对作文的审美标准,进而发展成自己的文笔特点。而通过对小伙伴们的作品进行修改,会激发出学生想要写出更优秀作品的意愿,使学生更加努力地提高自己的写作水平。而"出版会议"活动是另一种活动模式,主要是让学生通过整个打稿过程,对于所出现的问题进行简单的讨论,而不是由教师改完再讨论的传统模式。所以在这个过程中,讨论文稿是重点,学生应当对草稿中的内容进行详细表述,将作文当成"半成品"进行继续加工。在这种氛围中,学生沉浸在连续性思维中,能够逐步提升写作技能。在美国还有一位教育家唐纳德·纳普,他十分提倡"作文优点"的评改法。也就是在进行学生的作文评改时,将作文中最出色的部分用鲜艳的红色进行标记,而对于错误却不会有任何标记。这样能够激发出学生的写作热情,每个学生都渴望自己的作文上有更多的红色,并会因此而更加努力地提高自己的写作能力和写作水平。

2. 国内关于作文的讲评

在我国,叶圣陶先生是教育史上一位非常卓越的语文教育家,他对作文的讲评有着独特的看法,通过长期的教学实践形成了十分有特色的作文教学思想。他指出:"教是为了不教",这就是叶老教学思想的精髓,对我们进行作文教学改革具有十分重要的指导意义。学生"自能读书,不待老师讲;自能作文,不待老师改"的教学极致,是叶老孜孜不倦的追求。他旗帜鲜明地反对老师一味地精批细改。他说:"我当过老师,改过的作文本不计其数,得到过深切的体会:徒劳无功。"他对学生自改能力的培养十分重视,提出"要加强对学生自改作文能力培养,通过老师指导,学生自己分析与考虑,让学生获得主体地位,养成良好的自改习作的习惯"的观点。他特别推荐两种评改方法:一是师生共改,"如以某一学生之文为材料,出于黑板,师生共改,而老师于此际起主导作用。"二是面改,认为"给学生改文,最有效的办法是面改。"同时他又意识到面改耗时费事,教师的工作量加大,指出当面改并不十分可行,应当在"既节老师之劳,不损学生之益"的情况下结合其他办法来对作文进行综合的评改。①

---

① 叶圣陶. 写作常谈[M]. 北京:北京人民出版社,1984.

当代著名教育改革家魏书生老师，站在教育教学改革的最前沿，以其先进的教育教学理念和卓有成效的教改实践吸引了许许多多有志于教育改革者的目光，所撰写的教育改革专著及教学体会文章深受广大教师和学生的欢迎，而他着力培养学生"互相批改"作文能力的大胆实践尤其受到语文教师的瞩目。他指导学生从十个方面给文章写评语：(1)文章格式的正确与否；(2)作文的整体卷面整洁与否；(3)文章中有多少错别字；(4)问题文中有多少病句；(5)文中的标点符号运用错误有多少；(6)作文的中心思想是否明确；(7)文章选材是否贴切实际生活，是否围绕中心；(8)文章结构是否清晰；(9)文章的表达是否流畅；(10)语言是否简练深刻。

前五条是写文章的最低要求，熟练掌握后再过渡到后五条要求。通过这种方式能够充分调动起学生的学习积极性，使学生能够由难到易、循序渐进，从而使学生的写作能力得到稳步提高。他认为，学生之间相互批改作文有很多好处。首先，通过不断地进行批改实践，学生很容易就记住了作文的写作要求，并且能够越来越深刻地对写作要求进行理解；通过对别人文章的修改，指出别人的写作问题，从而使自己的写作能力在不知不觉中得到提高；而且通过修改其他同学的作文，能够很容易地发现别人的优点并加以学习，同时对于别人的缺点也加以规避，同学之间还可以更好地进行交流与沟通。同学之间互相批改作文，可以通过抽签的方式来进行，每人只批一篇文章，不但不会让学生觉得负担太重，反而还会增加学生的兴趣和新鲜感。同时，学生自己的作文被不同的同学批阅，也能够从更多的角度来理解自己的文章，既提高了学生的学习主动性和积极性，也使同学之间的学习氛围变得越来越浓郁。对于教师而言，学生互相批改可以在批阅时节约大量的时间，从而能够更好地对教材和教法进行研究，能够更好地进行教书育人。

近年来，江苏省特级教师管建刚致力于作文讲评课的研究，成为作文教学的领军人物。他认为作文教学应该贯穿"先学后教""以学定教""顺学而教"的原则，这是作文教学的"最佳路径"，是作文教学的发展方向。基于此，管建刚特别强调作文讲评课，主张"讲评重于指导""只上作文讲评课，不上作文指导课"，并构建了"佳句欣赏—病例诊断—方法指导—自主修改"的作文评改课模型。管建刚特别强调教师在指导学生修改习作时，要学会用"放大镜"去发现学生在作文中取得的成绩,恰当地指出他们在作文中存在的不足,循序渐进地培养和提高学生的作文能力。在评改课中,管建刚特别注重作文评价与批改结果多种多样的呈现形式。这种形式可以是书面的,也可以是口头的,可以采用分数、等级来表示,也可以用评语来表示,还可以采用多种评价形式进行综合评价。同时,管建刚还基于作文评改课构建了由"每日简评、每周一稿、班级作文周报、出专刊、制作'我的书'、收藏童年"组成的作文教学发表系统。"每日简评"就是简要记录当天最值得记录的人、事、物,目的在于培养学生拥有一双善于发现和选择的眼睛;"每周一稿"一般从"每日简评"中选,可以选一个,也可以选有关联的两个或三个事例,周六、周日写成稿子向《评价周报》编辑部投稿;《班级作文周报》通常选用学生投送的1/3左右的稿件;"刊印专刊"专门刊印学生的个人专刊,形成假期专刊、月末增刊、阅读专刊、毕业专刊等。制作"我的书"是在放假时,把"评价周记本"发给学生,让学生利用假期把本子装订成"我的书";"收藏童年"是学生毕业时把"我的书"收藏起来作为纪念。为使发表系统能维持强大的动力,他构建了由等级评奖、积分活动、稿费活动等方式组成的激励系统,不断地点燃、维持、激励学生的言语表现激情,使得学生写作不再单纯是为了应试,而是为了发表,为了获得话语权,在持续的、想得到它的追求过程中,不断强化他们言语上的"高峰体验",使之产生言语自信和言语上自我实现的激情和冲动,从而获得持久而又新鲜的"我要写"的动力。

(二)作文讲评改革者的理念阐述

①江苏省特级教师王栋生在《作文讲评,多让学生说》中提道:"作文讲评,可以由学生自主提出问题并交流,或学生直接提问,引发讨论;也可以由老师主导,针对某一个问题展开讨论并交流。自然,老师有经验,多引发一些问题和学生对话,学生善于'听'并能发现问题,也是能力。要写好作文,也许首先要能做一个倾听者"。[①]

②《于漪作文教学思想及实践研究》中提道:"于漪老师的讲评课,非常注重为学生发表意见创造条件,学生发表意见不可能一下子就精当、周到、准

---

① 王栋生. 作文讲评,多让学生说[J]. 中学语文教学,2021(01).

确,但训练多了,师生之间、生生之间相互启发,学生自评、自悟,诱发了学生的听说兴趣,唤起了学生主动参与的积极性,讲评课就会上得活泼生动,爆发出智慧的火花。"①

③王宇的《初中语文作文教学改革实践初探》一文中就提到了目前作文教学中存在的问题:"作文评改僵化。长期以来,学校领导要求精批细改,家长迷信精批细改已经成天经地义的事,大家都认为只有精批细改学生作文的老师才是负责的、优秀的、有水平的好老师。在这种习惯压力下,语文老师只能遵奉精批细改这一作文批改方式。从老师职业道德和岗位职责来看,对每一个学生精心指导是义不容辞的。只有精批细改这一形式,是否能给学生某种激发和启迪,提高学生写作水平?调查结果却正好相反:面对老师呕心沥血勾画指点的鲜红一片,大多数学生只不过看看分数而已,几乎没有人根据老师的批阅去修改作文"。②

④《基教与成才教育(2021年4月,第11期)》中指出:"俗话说,'师父领进门,修行在个人'。无论是老师之前的研读准备,还是各种形式的作文讲评方法,都是为了领学生'进门'。老师要想'领'而得法,关键在于学生的'修行'——要让学生独立地修改作文,这样才能在作文教学中真正做到'一切为了学生,为了学生的一切'。"

⑤姚冬芬在《聚焦·支架·修改——提升作文讲评的关键》这篇文章中指出,作文讲评要"选点升格,搭建支架。好的评价工具表能为学生习作修改、自我反刍与复盘提供有效的帮助"。③

(三)作文讲评的现状

1. 作文讲评的内容

主要从如何选材、怎样将内容写具体(细节描写)、遣词造句(语言)、选材、篇章布局(结构)以及写文章要抒发真情实感等方面进行讲评。其中细节描写又主要是从语言、动作、神态、心理等方面进行讲评。例如,在《有你真好》这一堂习作讲评课中,教师主要针对学生习作是否通过典型故事情节写出

---

① 孙洪霞. 于漪作文教学思想及实践研究[D]. 济南:山东师范大学,2009.
② 王宇. 初中语文作文教学改革实践初探[J]. 成功(教育),2011(16).
③ 姚冬芬. 聚焦·支架·修改——提升作文讲评的关键[J]. 中学语文教学参考,2021(22).

了"你的好"进行讲评。如有的学生的习作通过典型事例刻画出了所写人或物的好，教师就找出在这类习作中写得好的习作和写得不好的习作，通过正反对比引导学生具体感知如何刻画人物。

2. 作文讲评的方式

一线教师使用的习作讲评形式有教师讲评、小作者自评、同学点评、四人小组合作评的形式。教师讲评，分为评和讲两部分。评，即教师针对学生习作的优点和不足进行评价；讲，即教师在学生能感受到但又不能清晰说出的习作知识上进行讲解。小作者自评，就是习作者本人说说对自己习作的看法，可以是长处，也可以是不足，甚至可以说写这篇文章的起因。同学点评，就是学生针对教师在课上呈现的讲评对象，自由发表自己的见解。四人小组合作评，就是以四人小组为单位，小组之间讨论、交流，评、改习作。

3. 作文讲评修改的形式

当前作文讲评课中学生修改习作的主要方式有口头修改，即口头修改教师在课件上呈现的习作片段；书面修改，即教师拿出一个习作片段，学生各自在习作本中做出修改；自改，即学生修改自己的习作；生生互改，即同学之间相互评改；小组合作评改，即小组同学互相讨论，合作修改一篇习作或习作片段。

4. 作文讲评的来源

习作讲评课上，教师一般会选取习作案例，通过分析讲评案例，引导学生更加具体地感知习作的优点与不足之处。教师使用最多的讲评案例来自班上学生的习作，其次来自外来学生的优秀范文，以及少部分教师的作文。除此之外，教师还会选取语文教材中的优秀文章作为讲评范文。

三、"学生自主讲评式"作文模式的研究

（一）模式阐述

"学生自主讲评式"作文模式是在学生写作后，让学生依据"写作评价量表"进行作文批改，批改后由学生主持课堂，采用自评与互评的方法，在师生互相交流、生生互相交流、欣赏和评价过程中总结归纳某一类文章"应该怎么写"或"怎样才能写得更好"的写作方法，为"再次作文"做好铺垫的课堂教学

模式。

(二) 相关研究

(1) 关于作文讲评的专著较少，一般是有关作文讲评的教学实录，有关它的理论研究几乎没有。专著有于漪老师的《作文讲评五十例》和管建刚老师的《我的作文教学课例》。管建刚在《我的作文教学革命》《我的作文教学主张》等专著中提出他的作文教学主张。他指出，"讲评"重于"指导"。在他看来，学生在写作前，教师不要给予学生过多的指导，应留给学生自由写作的空间。他的理由是：第一，每个学生都有写作素材，教师过多的指导会限制学生的写作思维。在这样的习作教学下，学生写出来的文章毫无个性。第二，学生在没有教师过多的指导下写出的文章更能暴露学生习作的真实问题，依据学生习作中普遍出现的问题进行的习作讲评教学才是学生最需要的习作指导。他的作后讲评教学主张和课例引起了广大一线教师对习作教学的反思。

(2) 除教学实录和专著外，有较少的期刊和论文研究可做研究支撑，如：

①期刊《优课堂》中的《动起来，方能让知识扎根——学生自主讲评作文案例分析》一文，教师以"国庆收获"话题作文为例，讲述了学生自主讲评作文的完整操作过程。

②国家教师科研基金"十一五"成果集(中国名校卷)中，收录了以小组方式进行作文讲评的课例研究。

③苏还泓老师在期刊《新作文(教育教学研究)》中借助《从"扎"字说开去》一文，分享了学生自主评议、互改作文教学研究的感受。

④《教育研究》中刊登的《构建作文讲评课中的自主模式》提出，"作文解剖"这种讲评模式的目的在于调动学生反复修改作文的积极性。其实修改作文是学生的事，教师不要包办代替，教师要培养学生发现自己作文问题的能力，启发学生自己修改。学生自己修改虽没有教师修改得那么好，但训练多了，修改能力自然会提高，作文自然会进步，这才能体现真正意义上的尊重学习的主体。在进行作文解剖之前，教师不妨先找出一篇作文进行范改，教学生一些修改作文的方法，比如，"初读改词句""再读改结构"的修改程序，同时要认真讲述修改文章的重要性，让学生树立起修改文章的强烈责任心。接下来同样还是建立在分组学习竞赛的基础上，小组成员在阅读完所有组员的作

第二章 "学生自主讲评式"作文教学范式

文后共同商议,挑出一两篇最需要修改的作文进行集体修改,当然执笔者必须还是作者本人。教师这时应该进行有效的指导,告诉学生可以对全文做精心、细致的批改,也可以结合本次写作的训练重点,对作文的有关重点部分精批细改,要注意一次重点解决一个问题,这样既能提高表达能力,又能训练修改技能。教师一方面要鼓励学生大胆发表自己的看法,通过"解剖"真正能找出这篇作文的缺陷所在,小组成员必须达成共识后再做修改。另一方面教师要指导学生在解剖的过程中,想一想自己的作文是否也存在这样的问题,只有一边思考一边实践才能有所收获。互评互改中,学生发言的机会多,大部分学生都能得到训练,更能确立学生在批改中的主体地位。这样做,既可以集思广益,又可以培养学生分析和修改作文的能力。学生改好作文后,可以充分利用多媒体展台展示小组的劳动成果,小组代表还可以将为什么要这样修改的理由说给全班学生听,得到大家的认可就能给整个小组加分,同时教师应给这篇作文重新打分,这对小作者来说无疑是一份意外的惊喜,同时也鼓励了那些作文写得不好的学生主动提供自己的作文来进行"解剖",在一次次听取小组成员的意见后,进步便如影随形了,自主学习带来的好处会体现在每一个学生的身上。根据不同学生的具体情况,作文讲评课的自主模式还可以挖掘出很多种,在这里就不一一赘述了。但不论什么模式,教师都要把握住一个授课宗旨:把课堂还给学生,让学生成为学习的主体。只有这样,作文讲评课才能真正发挥出应有的成效。

(三)研究的理论依据

1. "自主、合作、探究"的教学模式理念

"自主、合作、探究"的教学模式理念倡导师生发挥双主体的作用,共同参与,互相合作,平等交流,携手完成教学任务,达成教学目标。"自主、合作、探究"教学模式的主要目的是在民主和谐的教学氛围下,转变教与学的方式,提倡学生自主学习、合作讨论以及探究性的学习,从而培养学生分析问题、解决问题的能力,培育学生的优良品质和创新能力。

一般认为,"自主、合作、探究"教学模式是指教学方式与学习方式的三个不同维度:"自主"即自主性学习,是指学生可以按照自己的意愿选择学习内容和学习方式,由学生掌握主动权和选择权,使他们能自觉主动地学习课程知识；"合作"即合作性学习，是指学生为了完成学习任务而采用小组等组合方式，通过明确的责任分工，分步协调完成学习任务的一种学生间的互助配合性的学习方式；"探究"即探究性学习，是指在教师的引导下，学生针对自主确定或主动发现的研究主题，创造性地解决问题，从而获得知识、提高能力的学习方式和学习过程。

2. 语文核心素养相关理论

语文核心素养是一种以语文能力为核心的综合素养，主要包括文化自信、语言运用、思维能力、审美创造四个方面。作文评改教学应致力于学生核心素养的发展。《义务教育语文课程标准（2022年版）》针对初中生在写作评改方面提出了一条基本目标："学生应根据表达需要，借助语感和语文常识，修改自己的作文，做到文从字顺。能与他人交流写作心得，互相评改作文，以分享感受，沟通见解。"以上指出的内容恰恰与语文核心素养的内涵相契合。因而新的作文评改内涵中必须具备以上关键元素。当下，为进一步提高初中学生的语文素养，逐步完善初中学生的语文核心素养，我们必须改变传统的初中语文作文评改模式，以提高初中学生的语文核心素养为宗旨，将语文核心素养的概念注入初中语文作文评改的内涵中。基于语文核心素养的初中作文评改应该是在语文核心素养理论引领下的作文评改。初中作文评改教学的目标、重点、教学方法等都应以促进初中学生的语文核心素养的发展为终极目标。

(四) 发展现状

①教师将作文讲评机会交给学生，学生在课堂上的主体性变得越来越突出。

②课堂主体地位的变化，教师由主导者向倾听者转变，但是却不敢完全放手给学生，总是忍不住打断学生的发言。

③学生进行作文讲评时，往往把更多的时间留在了纠错上，"他们专拣作文中的各种错误与问题作为讲评的重点内容，言语中毫无保留余地"。不少学生因此在之后的作文中"不敢再越雷池半步，越写越死板"。正因为如此，学生得不到表扬与激励，就逐渐产生写作的挫败感，没有外部动力予以强化，最终导致学生写作兴趣丧失的局面。

(五)研究意义

1. 研究的实践意义

本研究主要通过了解、分析当前习作讲评教学现状,对其存在的问题进行分析,探讨优化习作讲评教学的有效策略,以期提高初中学段习作讲评教学质量,促进学生良好写作素养的形成。

2. 研究的理论意义

调研作文教学现状发现,初中语文习作教学注重习作前的指导、习作后的批改,而不重视习作的讲评。在习作讲评课上,教师一般读一读优秀习作,笼统地说一说这次习作出现的问题。

针对教师普遍重视作前指导、忽视作后讲评的习作教学现状,我又对初中学段的学生进行了抽样调查统计,大多数学生认为习作讲评对改进习作有帮助,能帮助自己认识习作的不足,有一部分学生认为习作讲评课能激发习作的兴趣,建立习作的信心。在新课标的理念下,大部分教师都意识到习作讲评课的重要性,但对怎样进行有效的习作讲评,深感心有余而力不足,也有部分教师认为习作讲评课意义不大。本研究力求通过探究"学生自主讲评式"作文教学的有效策略,探寻解决问题的对策,为改进习作讲评教学尽自己的绵薄之力。

四、"学生自主讲评式"作文模式阐述

(一)基本操作模式概述

改变以往的习作研究中过多地"重理论、轻实践"的现状,寻求易于操作的教学模式,便于研究成果的推广,预设"自主参与式作文评改"的教学指导模式,拟经过实验研究,使初中学生能够借助教师的帮助,通过小组内互相评议、互动修改、交流推荐,以及在班级交流点评优秀作文等形式,构建"自主参与式"的作文评价模式,充分体现"合作、探究"的语文教育教学理念,以期达成"能修改自己的作文,修改时能借助语感和语法修辞常识,做到字从字顺,能与他人交流写作心得,互相评改作文,以分享感受,沟通见解"之教学目的。基于调查研究方法进行归纳分析,获得初步结论,以便对方案的实施提供依据和进行动态调整。

"学生自主讲评式"作文的教学模式可以归纳为三大环节，依次是课前评价、课堂展评、课后升格。其中第一环节课前评价，主要是指学生自评与学生互评，即学生自己根据评价要求对自己的作文做出评价，以及同学之间互相评改作文，对自己及同学的作文有个初步的认知。第二环节课堂展评，是"学生自主讲评式"作文的中心环节，包括佳作展评、病文诊断、师生总结。佳作展评即在课堂上展示课前互评的环节中选出的学生优秀作文或文段，并且由全班同学找出本篇作文的优点，学习该篇作文在语句、构思和写作手法上的优点。病文诊断是指找出一篇有典型问题的作文，全班同学共同修改这篇作文，集全班同学的力量把这篇作文改到最好。师生总结是师生共同总结本堂作文课训练的重点及其学习心得，以便以后运用到作文中去。第三环节课后升格，是指同学们在课后根据课堂上教师所讲的知识点、同学评改的意见进行作文修改，将之前存在的问题进行改正，使其作文升格为一篇符合作文要求或者优秀的作文。

　　以下为"学生自主讲评式"作文"三环六步"课堂教学模式的思维导图：

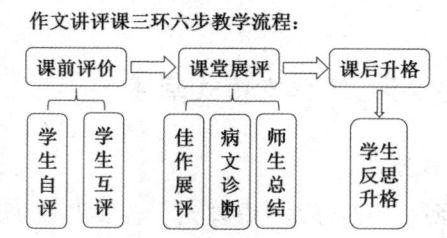

作文讲评课三环六步课堂教学模式

作文讲评课三环六步教学流程：

课前评价 → 课堂展评 → 课后升格
- 学生自评
- 学生互评
- 佳作展评
- 病文诊断
- 师生总结
- 学生反思升格

（二）"学生自主讲评式"作文教学模式具体操作过程

教师的准备工作：

教师把学生的作文全部收上来以后，先要为讲评做如下的准备：

①筛选出优秀作品1~2篇，注明作者；统计其他优秀作文的作者名字。

②摘录学生作文中的精彩片段5~10段，注明作者；呈现其他可以圈点文章的作者名单。

③根据本次作文训练的重点，呈现存在问题的典型病文1~2篇。

第二章 "学生自主讲评式"作文教学范式

④合理分组。根据学生作文水平的高低,将学生分为若干个作文组,一般来说,4人为一小组,每组由一名组织能力强、作文水平高的学生担任组长。

⑤选取主持人。结合平时学生的表现,根据学生的报名情况,选取性格开朗、落落大方、语言流畅并且作文素养高的学生作为作文讲评课的主持人。

⑥评改示范。教师指导具体的批改方法,告诉学生常用的批改符号,以及写眉批和总批的方法有哪些。眉批、总批要有明确的要求:眉批至少要有5处,要点面结合,突出训练的重点,不得少于2行;批语要一分为二,客观公正;总批之后,要在右下角注明批改人。教师选取一篇学生的典型作文,根据评改的各项要求进行评改示范,并将示范评改后的学生作文打印后分发给学生,使之模仿学习。

教师引导学生回忆本次作文的题目及训练要求,明确评改重点。每次作文训练应有单一且明晰的训练重点,作文讲评时要突出重点,兼及其他,点面结合。

第一环节:课前评价

1. 学生自评

学生自评,即学生自我评价,其流程包括:首先,主持人布置自我评价任务,根据自我评价情况把握时间。其次,细读自己的文章,梳理并写下自己的写作提纲,明确写作思路、详略安排及中心。如果写作前已完成本环节可省略。最后,根据教师下发的作文训练重点及评价量表写出自己的优缺点。着重阐述自己写作时运用的写作方法及自我反思后发现的缺点。

学生自我评价范例:

范例1:书写随随便便,内容多为线条式勾勒,缺乏点式的细描。前后内容关联不够紧密,部分内容过于孤立,与文章主体联系不够密切。

范例2:叙述简略粗糙,人物缺乏鲜明的个性特征。详略安排不当,主次不够分明。

范例3:内容多为线条式勾勒,缺乏点式的细描,与时代气息不符,内容过于陈旧老化。

范例4:中心不够明确,立意不够清晰。有主题但表达不够充分有力,言而不实,空而无力。

2. 学生互评(小组互评)

主持人安排小组互评步骤及任务,调控课堂时间。

第一,个人评改。

将本小组作文随机分发到个人(小组成员互评),每一个学生批改一篇习作。学生默读同组学生的文章,重点批改字词、标点、病句等细节,进行基础互评,做到文从字顺。学生轮流阅读手中的作文。根据教师下发的本次作文训练的重点及作文评价量表进行选材、构思等写作技巧方面的评价,给每篇作文写不少于20字的总评。作文水平较低的学生可以请组长执笔。

主持人将以下批阅内容告知同学们,并在课件中展示,同学们依次对照批改内容,对手中的作文进行批改,并在作文评价量表中打上相应的分数。

(1)格式是否正确。

(2)卷面是否整洁。

(3)错别字有几个。

(4)病句有几处。

(5)标点有几处明显错误,强调句号、引号、叹号、问号的使用。

(6)看文章的中心是否鲜明、集中。

(7)看文章的选材:

这条批语提三点要求:

①是否围绕中心。

②是否符合生活实际。

③是否具有典型性。

(8)看文章的结构:

就结构而言,也要写清三点批语:

①层次段落是否清晰。

②过渡是否自然。

③开头和结尾是否照应。

(9)看表达方式:主要看其是否符合文章体裁的要求,记叙文以记叙为主,说明文以说明为主,议论文以议论为主。

（10）看语言：是否简练、通顺、准确，是否形象生动。促使学生认真对待，并为评改列举模本，要求学生进行作文评改时对照着进行。

以上十项标准是常规性要求，除此之外，为了提高同学们的写作兴趣，鼓励同学们进行写作，主持人还要提醒同学们注意以下几点：

（1）要尽量发掘和吸取别人作文的优点，不得随意挖苦和嘲笑。

（2）重点修改错别字和用错的标点符号。

（3）修改文理不通的语句。

（4）删去与表现主题无关的句子和段落。

（5）调整和重新安排不妥当的段落层次。

（6）修改和补充结构不完整的地方，并且还要提出合理可行的建议。

（7）在旁批的基础上，最后写出总批，签上评改者姓名和批改日期。

以下为学生评改作文中的评语：

【范例1】文章杂而不乱，能做到详略得当，重点突出。从字里行间能体会到小作者对童年生活的怀念之情。全文层次清晰，语句流畅。全文语言生动准确，情节精彩曲折，仿佛将读者带进了开心乐园，令人眉开眼笑。

【范例2】书写工整，详略得当，主次分明，脉络分明，思路清晰。情节曲折，叙事过程有一定的起伏感，于平常之中生意外，能引起读者的注意。语言通顺晓畅，刻画细致，描写生动。句义含蓄委婉，蕴含深意。

第二，小组评议。

组长组织大家传阅个人手中批改之后的作文，并讨论自己所批改作文的优势和典型问题，根据制定的标准和范围进行修改，并写出评语、签名。

以下为"学生自主讲评式"作文课《开在心中的花》课堂实录：

主持人：如果说好的开头和结尾可以引人入胜，发人深省，那自然的过渡就会让文章思路更加清晰，结构严密。下面请大家继续阅读手中的作文，评价一下内容衔接是否自然。如果你认为衔接还不够流畅，谈谈你的想法及修改意见，把你的评价及修改意见填在评价量表上。

主持人：哪位同学来给大家讲评一下手中作文内容的衔接情况？

生：……

主持人：如果你认为他的衔接做得还不够流畅，你能给出好的修改意见吗？

生：……

师：通过同学们的修改和讲评可以看出，好的过渡真的能够让文章更加顺畅、自然。老师根据刚才大家的讲评再总结一下完成文章过渡的方法。

（生齐读）

①过渡巧用关联词(不但……而且；虽然……但是；之所以……是因为)

②过渡巧用过渡段(一句话承接上文，一句话引起下文)

③过渡巧用小标题(可以用小标题方式自然过渡)

学生作品：

开在心中的花

八年级四班李晓涵

在爱的怀抱中，我像一株嫩苗，沐浴着和煦的阳光，吮吸着甘甜的雨露，不知不觉，已被母爱带入了人生的花季。于是，在青春的旅途中，只因有了母爱相伴，我才迈出了坚实的步伐！

可我，却未能体会到母亲的关爱之情，甚至不知从何说起，我开始讨厌母亲，讨厌她的爱管闲事，讨厌她的絮絮叨叨，好不容易盼到了周末，母亲又开始唠叨了："你什么时候期中考试？赶快复习吧！如果不努力学习，是考不出好成绩的。"被逼无奈，我不情愿地走到书桌前，漫不经心地翻起了课本。这时，母亲进来说："考试的时候多给你一点钱，买几块巧克力吃，补充能量。""你听谁瞎说的？我不买！"我没好气地对母亲说，并把她放在桌子上的钱塞了回去。

考试成绩下来了，我考得很差，这一切都是母亲带给我的，都是她的错。

那天，一直到了晚上我都阴着个脸，不搭理母亲。吃过晚饭，我一个人闷在屋子里看书。不一会儿，听见一阵籁籁的脚步声，我知道是母亲，却故意不理她，母亲并没有打扰我，只是轻轻地放下一杯热气腾腾的牛奶，在母亲放牛奶的那一瞬间，我分明看到那双如同树皮般干裂的手，我的心猛地颤动起来，又过了一会儿，客厅里又传来母亲的咳嗽声。霎时，常年的往事又映入了我的眼前：每一次遇到挫折时，是母亲在默默地鼓励我；每一次心灵受伤时，是母亲在轻轻地抚慰我；每一次夏夜梦醒时，是母亲在不停地为我

第二章 "学生自主讲评式"作文教学范式

扇风;每一次身体不适时,总是母亲没日没夜地照顾我。这个将我视为她全部世界的人就是母亲啊!在我最孤独、最无助的时候,第一个想到的还是母亲,原来母亲对我这么重要,她是我灵魂的导师,可我却这样对她。于是,才明白以前是自己太任性,母亲让我努力不是为我自己好吗?自己不学习没考好,竟把责任推到母亲身上,这怎么能埋怨母亲呢?母亲对我做的这些不是为了让我有一个更好的前程吗?

世纪老人冰心曾说过:"母亲,你是荷叶,我是红莲,心中的雨点来了,除了你,谁是我无遮拦天空下的荫蔽?"可我却想对母亲说:"我不愿您做荷叶,只需要做红莲,即使岁月的痕迹抹去了你的青春,但是你这朵美丽的花,在我心中永远散发着母爱的温暖,历久弥香,永不凋零。"

小组点评:本文在故事情节上或许并无异常吸引人之处,但仍不失为一篇成功之作。其一,较好地刻画了"母亲"这一慈爱的形象;其二,语言生动丰富,生活气息浓,起到了较好的表情达意之效果。

第三,推荐佳作。

组长对这次评改进行总结,由组长主导,对本组每篇作文的立意、选材、结构等提出具体的修改方案,将本组作文分为好、中、差三类作文,从本组作文中评选一篇典型作文,参加全班交流讲评。填写评改记录表,推荐出优秀作文。

各小组评改可分侧重点:看中心或选材,或结构、语言、表达方式。学生评价同学作文要把握一个标准,即"四个高一点":(1)对于那些平时作文水平较低的学生,偶尔写了一篇较好的文章之后,分数相应给高一点;(2)对一篇文章而言,如某一方面写得特别出色的,如开头、结尾、段落间的过渡等较好的,分数也应给高一点;(3)文中运用了许多优美的词语的,分数也应给高一点;(4)文章的整体结构合理、层次分明的,分数也应给高一点。

第四,师生点评。

对各组推荐的佳作或精彩语段语句,用多媒体展示或由作者本人在全班朗读,大家共同欣赏,并进行集体点评,有时也可对有争议的习作进行点评,而且形式应该多样。教师随机点评,以肯定小组意见为主,抓住文章及评改意见的主要优缺点进行评议。

第二环节：课堂展评

1. 佳作展评

（1）组内推荐。以小组为单位，浏览本组成员的作品，由小组长负责民主评议，评出最佳作品，并根据学生情况，确定推荐嘉宾，负责在课堂上朗诵，并对选出的作品加以评价，被推荐的作品要在题目右边标明，可以用红笔写一个"优"字，并在小组测评中给该生加2分。

（2）课堂展示：以竞赛形式，让2~3个学生当堂推荐优秀作品，并让作者谈写作体会。小组内根据打分表确定一篇优秀作文，推荐到班级。教师在黑板上统计小组推荐的作文得票情况；请部分学生谈谈投票理由，也可以组织进一步讨论；教师可以抓住机会，适当点评，强化课堂效果，鼓励没有入围的学生积极主动地挑战入围的学生。其他组推荐出来的作品可以通过班内的展牌加以展示，以节省课堂时间。

（3）最后根据得票多少及讨论情况确定本次的最佳作文，录入《班级优秀作文选》，作为班级史料保存。

以下为"学生自主讲评式"作文课《晒晒我们班的"牛人"》的课堂实录：

活动三：习作展示

主持人：完成了前两个活动，相信大家已经对自己手中的这篇作文有了更客观的评价，下面给大家几分钟的时间，组内讨论推荐出一篇相对较好的作文，讲评推荐的原因。

学生展开热烈的小组讨论并推荐手中的优秀作文：

生1：我推荐×××同学的作文，我觉得他把我们班的×××同学写得很真实。

生2：我推荐×××同学的作文，我觉得他在描写同学外貌的时候用了很多修辞手法，写得很形象。

生3：我推荐×××同学的作文，我觉得她的语句很优美，书写很好，这样的作文肯定能得高分。

生4：……

以下为学生推荐的《开在心中的花》优秀佳作：

第二章 "学生自主讲评式"作文教学范式

片段1：

花，听起来普通而又不引人注目，在房前，在屋后，在田野，到处都是它们的身影。而有一些花，只生长在最丰饶的净土上，人们虽看不见，但是却可以感受到。

这便是心灵之花——只长在人们的心中。我的心中有一朵什么花呢？这让我想到了一个夜晚。

片段2：

那个夜晚，对于其他人来说，只是一个普通的冬夜，但对我来说，那不是一个普通的夜晚。十点、十一点、十二点，我依然在思考一道数学题，虽然是极其简单的一元一次方程，但却像一张网，网住了我这条小鱼。

我感到困，想去睡觉，但心里出来了一个小精灵，对我说："一定要坚持做下去！一定会成功！""别听他的，这道题这么难，你做不出的！放弃吧！"一个恶魔说。

但我最后选择了精灵，他是对的。

我经过许多次的努力，将这道题解了出来，在那一刹那，我的心头开出了一朵无比美丽的花——坚持之花。

片段3：

这朵花，虽看不见，但却比任何花都要鲜艳，比任何花都要香。心灵之花，只长在心灵这块净土上，要用美德去栽种它，要用诚实去浇灌它，要用善良的光去照耀，用自信给它施肥，它才能成为一朵无花可比的心灵之花。

这朵花，长不到丑恶的土地上，虚伪的水浇灌不了它，邪恶的光照耀不到它，自卑也只能加速这朵花的枯萎、凋零……所以，想要在心中种一株心灵之花，就一定要保持心灵这方净土的健康。

片段4：

当春姑娘来到了人间，花儿们争先恐后地开放，千朵万朵尽显姿态，散发出沁人的香气，给世界增添了无限的魅力。然而，当秋风萧瑟的时候，也是花儿们将要凋谢的时候。曾经有人问过：世上哪种花不凋谢？有人说是画中的花，有人说是纸做的花，而我觉得是开在心中的花。

片段5：

那是一个炎热的中午，我高兴地骑着自行车在回家的路上。草儿、花儿好像都急着喝水，我也不例外。湿透的衣服让我感觉特别不舒适，浑身像浇了水一样难受，世界像一个大蒸笼一样让我一点都没有力气。就在拐弯的时候，轮子卡在了一道缝隙里，我重重地摔了下来，车子压在腿上，顿时，疼痛感袭遍全身。在毒辣的阳光下，整个人头昏眼花，有一种瞬间崩溃的感觉。就在这时，一位阿姨走过来，关切地问道："孩子，你没事吧？"我怔了一下，细细打量着这位阿姨，她那关切的眼神里透着一丝担忧。我赶紧说："阿姨，没事！"阿姨把我扶起来，帮我拍掉身上的泥土，并轻轻抚摸着我的头说："要不要去看看？或者通知一下你的父母！"我说："不用了，谢谢您。"看到我没有大碍，阿姨才语重心长地说："孩子，自己骑车一定要慢点，注意安全！"我重重地点了点头。

和阿姨分别后，我心里久久不能平静，她的每一个动作、每一个眼神，那么温暖，那么慈爱，深深地印在我的心底！是啊，"只要人人都献出一点爱，世界将变成温暖的人间！"人间的温暖之情和人间的爱心便会蔓延、生根。

当秋天里花儿将要枯萎的时候，我内心这朵花却在静静地盛开，那是因为爱心的花朵永远都是那么美丽馨香，永远都在我心中绽放，永不凋谢，永远，永远……

片段6：

在她还是花骨朵时，就已经成为一道美丽的风景线，星星点点地点缀着整面墙。"朵朵精神叶叶柔，雨晴香拂醉人头。"绽放时，还未到近前，已嗅到缕缕幽香。循着香味，入眼，红的一片，紫的一片，总是情不自禁抬起手想掐一枝花，却在触碰到的一瞬间收回手，恍惚间才想起，蔷薇和月季、玫瑰一样，茎上带刺。

片段7：

那个小巷子没有路灯，抬眼只有望不到尽头的黑暗，心里慌慌的。当我走进小巷子，静得可以听到树叶落下划破天空的声音，我只想降低自己的存在感，小心翼翼地贴紧了墙面，生怕惊动什么，心脏却不受控制，故意发出"砰砰砰"的声音，一下一下砸在这沉重的夜里。

学生点评片段2：这段文字用清新趣味的语言，描述了学习时自己战胜困倦的事。字里行间，充满了趣味，欢声笑语不绝于耳，不失为一篇佳作。

学生点评片段6：这段对蔷薇花的描写细致形象。运用了多种感官进行刻画，勾画了一幅美好的蔷薇图。

学生点评片段7：短短的几行字就把走夜路时的那种紧张害怕刻画得淋漓尽致，让读者感同身受，是个不错的细节描写。

2. 病文诊断

病文诊断的课堂流程包括：

(1)主持人安排病文诊断的步骤及任务，调控课堂时间。

(2)教师巡视小组批阅情况，按作文好、中、差推选三个小组班内讲评作文。

(3)按好、中、差顺序轮流上台朗读本组推选的代表作文(不公布作者)，有条件可以同时用投影展示，并由另一名同学说明推荐理由。

(4)其他同学说出自己的评价意见。

(5)推选的小组负责整理学生发言。

(6)各小组仿照班内讲评的方式将本组的三类作文再一次进行评价修改。

以下为小组推荐的典型文章：

开在心中的花(原文)

八年级七班某同学

在大约六年前，我见过世界上最美的花，不论春夏秋冬，它永远在我眼前。

六年前，我还是一个顽皮、对任何事物都充满好奇的小孩。

我和我的朋友们经常去邻居家的园子里采摘一些很美丽的花。因为这个，我们经常被邻居讨厌、家长训斥。

　　那一年，我们那个地方来了一户新人家。等他们把房子装修好后，奶奶就带我去他们家拜访。进入家门的第一眼，我的眼前就都是些万紫千红的花朵，各种各样，有一些花凋落了，地上满是花瓣，像是天上那些零零落落的星星，每一颗都是那么特别。

　　去到客厅里，里面分门别类地摆放了许多精致的小盆栽……

　　过了一天，我和朋友们说了这件事后，我们决定去拿一些花，虽然我们心里很矛盾，但还是想去看看。邻居家的爷爷奶奶整天都不怎么笑，只是一副严肃的表情，只有面对花朵时才会笑。

　　我们怀着幼稚的心理去"拿"花，却被眼前的花境所迷惑。但那家的爷爷奶奶回来了，我们一个个地落荒而逃。

　　后来因为心里的不安和自责，我们结伴去跟爷爷奶奶道歉。爷爷奶奶把我们训斥一番后，突然露出了慈祥的微笑："我知道你们爱采花，但你们真的喜欢它们吗？"我们都点了点头。随后奶奶拿出一包种子，让我们去后园子里。

　　那里有一片荒废了很久的土地，而且土地很干。她教我们种花，让我们来种一株属于自己的花。

　　后来，我们天天去看我们种的花，过了很久很久，它们始终都没有长出来。我们去问奶奶为什么，她只是告诉我们要耐心些。又过了很久很久，这些种子才刚刚冒出了芽，它们从那片土质不好的土地里冒出来，很艰难。奶奶告诉我们种花的过程很长，而且我们的土质并不是很好，所以花儿长出来是很困难的，我们更应该珍惜它们那来之不易的生命。我们纷纷认错，把我们将来种好的花送给了我们的邻居们，并向他们道歉。

　　那一片土地里，我们仿佛看到那一片最美的花，普通却又艰难，我也仿佛看到邻居奶奶和爷爷在那严肃的面貌下，充满慈爱的内心，那一片美丽永远在我眼前。

　　小组推荐的理由是：

　　（1）详略不得当，前期铺垫太多，中心不突出，细节不详尽。

(2)语句不够通顺，需要再修改。

学生点评：

A 同学：叙事没有主次，写邻居的篇幅过长。

B 同学：部分叙述没有逻辑，比如"把我们将来种好的花送给了我们的邻居们，并向他们道歉。"花还没有种出来呢，怎么能送给别人呢？

C 同学：作者想突出种花的过程很艰难，花开得不容易，但没有具体写种花的过程。

……

3. 师生总结

(1)学生总结：主持人带动全班同学总结本堂作文课的所学与所得，并阐述今后在写作文的过程中如何运用所学的写作方法，以及如何避免本次评改作文中出现的错误，争取自己的作文再上一个台阶。

(2)老师点评：对本堂课同学们的表现进行总结，表扬表现积极主动、勇于发言的同学，总结自己所观察的学生在自主讲评课中的困惑和收获，并对下一节作文讲评课中的小组合作、学生表现提出具体要求。

(3)下水作文：如果老师提前准备了下水作文，这时可以展示给学生，借此激发学生修改作文的热情。

例如，在学生自主讲评式作文课《晒晒我们班的"牛人"》课堂实录中，学生和老师这样总结：

主持人：经过修改的作文确实比以前好了很多，大部分同学学会了本次作文课应该掌握的写作方法，下面大家畅所欲言，说说自己的收获吧。

A 同学：我觉得通过这节课我知道怎么结尾了，并且在结尾的地方学会了如何深化作文的中心。

B 同学：通过这节课，我突然发现我的作文中都没有过渡，显得很散，所以我明白为什么我的作文得不了高分了。

C 同学：我手中批改的是×××同学的作文，我觉得他写得太好了，从书写到文章结构都特别出彩，我要向×××同学学习！（学生鼓掌）

老师总结：这节课大家的表现真的非常棒，老师为你们点赞！鲁迅先生常说："好文章是改出来的。"大家课下根据同学给你的作文提出的修改意见，结合本节课学到的同学习作中的优点、长处，对自己的作文进行修改升格，相信爱动脑筋的你们，一定能写出更棒的作文！

第三环节：课后升格

学生反思升格：

反思与自评：将作文还给学生，让学生根据课堂上获得的经验，对自己的作文加以反思，认真阅读评语及修改意见，修改作文，写出评后记，总结文章得失。也可针对评语提出自己的不同意见，与评改者进行讨论。

文后反思应该包括以下三个方面的内容：（1）对同学评语的评价；（2）对自己文章的评价；（3）拟出详细的修改方案。在初次指导学生写文后反思时，要明确规定字数的要求。

比如，B层同学不能少于50字，A层同学可以要求在100字以上。

当然适当的时候，可以让学生二次写作。通过修改，使自己的作文升格，也不失为一种很好的训练方式。写作好比登山，如果不尝试让学生修改升格，每次写的文章都是一种半成品，就好像一直原地踏步，在山脚下徘徊；相反，如果让学生通过修改升格，就会让学生体会到登顶的快乐，享受到成功的喜悦，就更能激发起学生的写作欲望。

老师验收点评：要求学生当天修改完作文并完成文后反思上交，由老师验收，并进行点评。对于修改不符合要求的学生，要让他们重新修改上交。

以下是学生的作文片段升格前后的对比：

问题片段：

过了几天，在我去上学的路上，看到有一位中年男子夹着一个公文包在等出租车，好像特别着急的样子。

点评：

"好像特别着急的样子"，这段描写不够详细，读者无法体会到他的着急。

修改后：

过了几天，在我去上学的路上，看到有一位中年男子夹着一个公文包在等出租车。只见他头发蓬乱，眉头紧锁，领带已经被风吹歪了。他不住地抬起手腕看手表。伴随着每一辆车开来，脸上都流露出莫名的激动；目送着车离去，又留下满满的失落，只能原地不停地踱步。

八年级七班刘士琳

以下是学生修改升格后的文章：

开在心中的花

大约六年前，我见到了世界上最美的花，不论春夏秋冬，它永远绽放在我心间。

那时，我和朋友们还是几个让邻居头疼的顽皮孩子——我们经常弄坏邻居家的花。

那年，我家旁边住进了一户新邻居。他家有着各种各样的花。我们太想去"观赏"那些花，虽然他们的脸上极少有笑容，每天都是很凶的样子，但我们还是鼓起了勇气。

入眼，那一片片姹紫嫣红，像是一片彩色的星河。我们兴奋极了，竟忘了我们是不请自入。我们激动的叫喊，把邻居的爷爷奶奶引了出来。我们愣了一下，落荒而逃。

后来因为心里的不安和自责，我们结伴去跟爷爷奶奶道歉。爷爷奶奶板着脸对我们训斥一番后露出了慈祥的微笑："我知道你们爱采花，但你们真的喜欢它们吗？"我们都点了点头。

奶奶让我们去后园子里，那里有一片荒废了很久的土地，除了几株杂草，只有干涸的裂痕。随后奶奶拿出一包种子，让我们来种一株属于自己的花。

自从我们种下那些种子，就天天去看，给它浇水，可是过了很久很久，它们都没有长出来。我们去问奶奶为什么，她只是告诉我们要耐心些。又过了很久很久，甚至我们都已经放弃了，奶奶却喊我们去后园。

只见那一片干巴巴的土黄色中，缀了几点绿色。它们冒芽了，它们从那片土质不好的土地里冒出来了，它们似乎还没有完全挣脱这片坚硬的束缚，还只是弯着腰身。奶奶告诉我们种花的过程是很漫长的，而且这片土地并不是很肥沃，所以花儿长出来很困难，我们更应该珍惜它们那来之不易的生命。

我们再次意识到，我们错了。

那一片土地里，我们仿佛看到那一片最美的花，平凡却又不普通。仿佛邻居奶奶和爷爷那严肃的面貌下，慈爱的内心以及对生命的敬畏。

我们仔细地照顾着这一个个顽强的小生命，浇水、施肥、除草、捉虫。

终于有一天，它们鼓出了一个个小花苞。我们把种好的花小心地挪出来，送给了曾被我们折过花的邻居们，他们的脸上露出了不一样的神色，像是绽开的一朵朵美丽的花。看到这样的笑容，竟比我们摘到好看的花更开心。

那些种子，也在心中生根发芽，并盛放。

最后还要注意复查讲评，张贴佳作。把互评互改过的作文全部收上来，过目复查一遍。在讲评课上对做得出色的给予表扬，对做得一般的给予鼓励，对做得不太认真的给予中肯的指正。然后精心选出七八篇优秀的作为典型例文，写上教师自己的批阅意见后打印出来，张贴到班里的"语文学习园地"上，让学生反复欣赏比较，借鉴学习。

(三) 教学模式在应用过程中需注意的问题

首先要重视分组的重要性。在分组上要注意：

1. 科学组建合作学习小组

为了充分发挥学生个体及学习小组的优势，把全班学生按"组内异质、组间同质"的原则，根据性别比例、兴趣倾向、学习水准、交往技能、守纪情况等进行合理搭配，分成学习小组，即每个组都有高、中、低三个层次的学生，而且各组之间必须大体持平。这样做既有利于小组之间的公平竞争，又有利于小组内成员互补互助，为以后的小组合作学习打下坚实的基础。一般情况下每组4~6人为宜，按长方形围坐，以便启发引导之后，学生面对面地进行小组讨论。

2. 小组人员分工要明确

根据每个人的特长进行不同的分工。善于组织活动的学生为组长；善于记录的学生为记录员；善于表达的学生为中心发言人。为了让每一名学生都能够得到锻炼，将定期轮换主发言人，每人都有发言的机会，在主发言人表达之后，如有遗漏，中心发言人可以补充。

3. 发挥小组带头人的作用

学习小组成立后，教师要选择能力强、成绩好、善于表达、有责任心的学生担任小组长。小组长很关键，教师要不断培训组长，教给组长管理的方

第二章 "学生自主讲评式"作文教学范式

法，树立小组长的威信，用表扬激励手段来调动学生的积极性，促进小组合作学习的成功。对小组长的培训可以分为集体培训和分散帮扶两种形式。集体培训是召集班级所有小组长召开专门会议，具体讲解对小组长的行为要求，特别要明确小组长的具体职能，培养责任感，树立小组长的自信心。让小组长知道都需要开展哪些方面的工作。如督促和检查本组组员学习任务的完成情况；组织本组同学积极进行交流学习；考核本组同学的学习参与情况；等等。

其次是指导学生掌握合作学习的方法。

1. 教给学生讨论的方法

在"学生自主讲评式"作文中学生要对自己手中的作文有深入的了解，对主持人提出的问题认真思考，并提出有思考价值的问题，主持人要把分组讨论的指导思想、意图、要求、作用明确地告诉学生，直到学生提出具有创造性的问题并加以解决，使学生逐步形成"敢说—会说—创造性说"的习惯。

2. 帮助学生掌握一些合作学习的基本技能

小组合作学习的关键是交流技能的培养。要培养学生"五会"：学会倾听，不随便打断别人的发言，努力掌握别人发言的要点；学会评价，对别人的发言做出客观的评价；学会质疑，听不懂时，请求对方做进一步的解释；学会表达，乐于陈述自己的想法，修正他人的观点；学会接受，勇于接受他人的意见并修正自己的想法；学会组织、主持小组学习活动，能根据他人的观点做总结性发言。

3. 加强对小组合作学习中的细节与习惯的培养

小组合作中要求交流时声音适度，以双方及组内成员听清为准，切忌大喊大叫；小组交流起立时不要拥挤；交流时，鼓励畅所欲言、神采飞扬、各抒己见的积极表现，要杜决一言不发、人云亦云的依赖心理；严禁假交流，随意交流，更不能借交流之机嬉戏、玩耍；合作分工时具体任务明确，做到人人有事做，事事有人做，时时有事做，行动要迅速。

最后也是最重要的，要让学生认识到互评互改作文的重要性。

作文过程的本身就是学生自觉与不自觉地使用着自改的手段，让学生参与作文的评析，能使他们"体验到一种自己亲身参与和掌握知识的情感，唤起少年特有的对知识的兴趣。"(苏霍姆林斯基《给老师的建议》)只有学生参与了作文的评析,亲身去体验,去感受,才能激起强烈的作文兴趣与作文欲望。语文教师如何更好地指导学生将自己或同学的文章加以整理,按照要求进行加工并回顾和交流学习成果?笔者认为,让学生学会互相点评同学之间的作文,不失为一种有益的尝试。孔子曰:"三人行,必有我师焉。择其善者而从之,其不善者而改之。"通过互评,学生克服了只重写作,不重修改的缺点;通过互评,学生掌握了作文的规范,有助于指导今后的写作实践;通过互评,克服了传统作文评改中师生之间的单向信息交流,形成了教师与学生、学生与学生之间的多向信息交流,有利于调动他们的积极性,提高学生的作文能力。

那么,怎样才能做好学生的作文互评呢?可以从以下几方面入手:

1. 提出标准

要让学生明白从哪儿入手。我们所说的作文批改应包括"批"和"改"两个方面。"批"是指对学生作文中出现的毛病、问题以及作文中的优缺点加以分析、说明和评定。"改"是对字词、标点、组织结构、文章的思想内容等进行修改。"批"和"改"是相辅相成的,我们常说"批"是"改"的说明,"改"是"批"的例证。

2. 要有恰当的批改方式

一般作文批改有两种方式:眉批和总批。眉批:写在作文的篇首或句段旁的空白处,是对学生习作中的字、词、句、段、标点符号的错误和优缺点,给予必要的提示、说明、肯定和否定。总批:写在篇末,是对作文总的评价,也是对本篇作文的评语。总批是根据本次作文指导的目的、要求,对全篇文章的优缺点,如"中心是否明确、集中;内容是否具体,条理是否清楚"等几个方面写出总结性的批语,并从学生的实际出发,提出明确的要求,指出今后努力的方向。作文总批是同学与作者之间的一种文字交流方式,它能很好地提高学生的作文水平,激发学生的写作兴趣,具有举足轻重的作用。对于批阅者来说,我们应该及时用心地为每一个作者写好评语,要求学生写出自己的具体感受,不能用语言通顺、主题突出、组材严谨、构思新颖这些套话。例如:对主题不突出的文章要指出它的本意是什么,选取的材料又是什么,材料为什么无法有效地表现主题。具体详细的评议能使作者一目了然地明白其意，评改者才能在详细具体的评改中提高自己的认识和表达能力。

3. 做好示范指导

影响学生修改作文的主要因素是"看不出文章的不足，不知怎样修改好"。"授之以鱼不如授之以渔"，在开始评改的阶段，需要教师进行示范指导。从学生的作文中选择一两篇有代表性的文章，教师修改之后印发给学生，让学生懂得修改一篇作文，要从立意、选材、结构、语言、标点等方面入手，使用的符号应当合乎通例，评改的语言文字乃至书写都应合乎规范，要有旁批和总评，要指出主要优缺点，评出成绩。通过这种典型示范批改，让学生得到启发，多角度地思考文章的优劣得失，找到提高作文质量的途径。

4. 巡视交流

在学生互改作文的过程中，教师不能无所事事，即使有主持人在主持课堂，但教师也要置身学生中间，用心看学生怎样在作文本上圈、点、勾、画；看怎样查阅资料；看怎样切磋研讨；看怎样进行眉批、总评，同时主动与学生交谈，帮助其解决批改中的难题，激发学生修改的热情。

5. 推荐美文

即教学模式中的"佳作展评"环节。批改结束后，要让各个小组推荐一篇美文，并说明推荐的理由。推荐佳作不仅可以激发学生的写作兴趣，增强学生的荣誉感，还可以提高推荐者批阅作文的能力，锻炼其语言组织能力。

五、"学生自主讲评式"作文实施后带来的变化

(一)学生方面

1. 培养了自主合作探究能力

讲评课上的流程虽略显单一，但准备的过程却是相当复杂的，既给了学生个人单独赏析思考的机会(互评的过程)，又有学生合作探究的过程(小组推荐优秀作文的过程)。这样一来，有读、有写、有交流，生生互动，师生互动。学生从作文到评改的整个训练过程，始终处于积极主动的地位，即充分调动发挥了学生参与的积极性，也激发了学生对作文的浓厚兴趣。知识在这一过程中真正地内化为学生的能力，学生的主体意识、合作意识增强了，善于倾听、吸纳他人的意见，学会了宽容和沟通，学会了协作和分享，在互动

中大大提高了学习效率。

2. 加强了读写能力的训练

要评价同龄人的作文，学生是愿意说的，且是乐于说的，作文自主讲评课给学生读写能力的训练提供了良好的氛围。不论是从数量上还是质量上，还是从阅读与写作的关系上，每一次的自主讲评对学生来讲都是一次读写能力的训练。整个过程每个学生几乎可以读到十篇左右的文章，同时还要阅读五篇左右的推荐词，最少也要写一篇评语和一篇自评，读和写贯穿于作文讲评的始终。通过读写又极大地调动了全体学生交流的积极性，思路逐渐被打开，思维逐渐变开阔，逐渐促成了语言表达的深刻性。

3. 多元化的评价体系有助于提升学生的语文素养，实现三维目标

在作文自主讲评的过程中，评价的形式是多样化的，有互评、小组评、自评；评价的主体是多元化的，全员参与，学生的作文可能会得到班内任何一位同学的评价；评价的过程也是多元化的，既有口头的交流，又有书面的交流。在自主讲评的过程中，学生收获的不仅仅是知识，评语与自评语中也体现着学生的一些思考。他们思考问题也有了一定的深度和广度，语文学习的过程成为积极主动的探索过程，"知识和能力""过程和方法""情感态度和价值观"的三维目标在这一过程中也不知不觉地得到了实现。

4. 学生整体习作能力得到提升，突破习作重点

学生自主讲评既能达到传统的作文讲评课"奇文共欣赏"的授课目的，同时也激发了学生参与批改作文的热情，学生在批改他人作文的过程中，提高了自主学习语文的能力，比如，遣词造句的能力，谋篇布局的能力，欣赏分析的能力。

(二) 教师方面

1. 减轻教师的工作负担，提高教学质量

过去，学生作文交上来后，教师最头疼的事就是批改作文。近百份作文，每篇习作要求有两处眉批、三行以上的总评，像座大山一样把教师压得喘不过气来。一有空，就要在那里"挖山"不止，苦不堪言，还收效甚微。如今，允许学生互评互改，教师只需略加点拨，指示方向，无须在评改方面"越俎代庖""大动干戈"。这样，就把教师从沉重的"大山"中解放出来，腾出更多的

时间学习教育理论，研究习作教学和评改的方法，深入钻研教材和探讨教法，从整体上提高了语文教学质量。

2. 体现了教师的主导作用

作文评改是一个复杂的过程，也是一个"在老师指导下，以学生为主体的训练过程"（钱梦龙语）。在指导学生评改作文时，关键是要发挥教师的主导作用，若放任学生无目的瞎改，则是收不到良好效果的。对此，教师一定要注意做好以下几方面工作：

（1）导评。评改前先向学生讲清楚评改的内容、方式，需要注意的问题。有范文时，最好用范文引路，让学生明白习作与范文之间的共同点与不同之处，使学生受到范文的启迪，学到评改习作的方法。

（2）导改。学生互评后，习作要返回作者本人手中进行再修改。在修改前，要告诉学生修改的方法、步骤，要求学生不仅要注意词句的修改，更要根据批改人的合理建议对审题、立意或细节描写不到位等方面进行补充润色，告诉学生"文章不厌百回改""好文章都是改出来的"。修改好后，让评改同学再读再评，学生再改。这一步骤，实际上是提高学生习作和评改能力的过程。

3. 及时反馈学生习作的信息

以前，一篇文章从习作到批改，需花两周的时间，两周后再讲评，不免有了生疏之感。如今的互批，只需一两天，信息反馈及时，时效性强，教学效果明显。

(三)课堂方面

1. 面向全体学生，课堂活跃度提升

"学生自主讲评式"作文中的小组互评方式，为组内习作水平较为薄弱的学生，提供了发言的机会，在点评别人的优点的同时也积累了写作素材。

2. 突出了习作重点，课堂效率大大提高

学生在自批、互批的过程中，更加明确了习作重点，掌握了写作要求和方法，为以后的习作积累了经验。同时，评改结合，大大提高了课堂效率，课堂完成度大大提高。

第三章 "学生自主讲评式"作文教学中教师的作用

一、教师在传统的作文讲评课中的定位及作用

作文讲评，印象中一直是这样的一种状况：教师布置学生写，写完作文抱上桌，一周批完全班文，再上一节讲评课，教师台上讲得多，学生台下像听歌，听了一节又一节。这样说好似有点令人发笑，可是多数实际上确是如此。

学生的作文教师批改，这是天经地义的事，每一位语文教师对此都是深有体会的。每次作文课之后的批改，不管是曾经自己做的，还是目睹办公室教师的经历，批改作文，几乎可以用"惨烈"这个词语来表达内心最真实的感受。语文教师要教两个班级，每个班级 40~50 个学生，这近 100 篇作文，仔细一点批改，一节课可以批改完成七八篇，可是还有啊，要上课，要批改随堂作业，要备课，要开会，做班主任的要做管理工作……况且，语文教师做班主任的比例一般是各个学科里面最高的。对个别学生要进行面批，一点一点地指导、纠正。标点错误不改是不行的，错字不改是不行的，病句不改是不行的，修辞不恰当不改是不行的，素材选取不典型是不行的，详略不当不指正是不行的，等等，粗略估算，没有"十个不"都不能完事。所以，没有一个星期是批改不完的。记得初中的时候，有时中午的时间，语文教师把几个语文成绩不错的学生单独叫到办公室，一人坐一把教师的椅子，一人发给几本作文本。于是发下来的作文本上评改就都有了，同学们更多的兴趣是在猜想，自己作文本上的这些字是哪个同学写的。

现实教学中，语文教师"一批到底"的决心和斗志确实不得了，为了批改作文而忙得不亦乐乎："精批细改""眉批旁批"点面俱到，语文教师最大的期望就是"美好作文"因此而新鲜出炉。结果呈现的局面是：一些学生一听写作文就皱眉头，一写作文就还是那件事，一把作文交给教师就当交差完事。镜头转换到办公室，教师桌上又是"文山本海"，批阅作文成了教师最烦恼的事。

根本原因在哪里呢？其实不难理解，应归咎于长期以来传统作文教学教师的包办批改：

第一，教师批改一次作文，作文本从上交给教师到批完发放给学生，最快也得一周时间，而此时学生写完文章时的那种企盼评价的激情早已冷却，对发放下来的作文本，大部分学生只是看看分数，有的甚至连本子都懒得翻开，教师的辛劳大多付之东流。

第二，教师如果能真正做到"精批细改"，确实能对提高学生的写作能力提升起到一定的作用。但事实是，面对目前班额大、学生多的现状，每学期一般要完成6~8篇大作文的批改，除此之外，语文教学中还有小作文、周记、随笔、片段练习等，还有大量的考试作文、学校组织的各类征文修改，任务繁重，工作量极大，语文教师往往难以做到全面的"精批细改"，有些作文只能"粗看略写"，写出的评语自然避免不了概念化、形式化，大同小异，内容空洞，且多有雷同。有的教师在改评作文时，评语常常是那几个有关"主题""中心""结构""语言"的术语在打转转，千篇一律；在讲评作文时，总是审题、立意、切题那一套，别无他事。久而久之，眉批总评成了习作的装饰品，学生根本就不爱看。语文教师为批阅作文花费很多时间，付出诸多精力，最终效果却与教师的付出不成正比，出现了"高负低效"的现象。

总结一下，传统的作文讲评课存在以下几个弊端：

1. 讲评方式单一

一直以来作文评讲课大多是教师的一言堂，想想步骤都是一样的：先念一两篇优秀作文，再不点名地批评一下学生作文中存在的问题，然后提出几点今后作文应注意的问题，组织学生进行一些讨论，最后是学生拿着自己的作文进行修改。在这样的作文讲评课上，学生总是处于被动地位，而且课堂气氛是比较沉闷的，学生积极性不高，参与面也较小。此种作文讲评方式，教师就是课堂的"主体"，在课堂上处于主导、主角、主要的地位，而学生多数成了旁观者。

2. 教师掌控话语权

在作文讲评课上，教师唱独角戏，学生被动接受成为一种常态。由于教师全部阅读了学生的作文，因此讲评课上教师常常从总体上评价作文的优点和缺点，尽管教师讲得头头是道，津津有味，有条有理，但学生根本不知道其他同学的情况，没有"经验性认识"，无法和教师产生"交往"，思维之间形成不了碰撞，产生不了火花，因此，苹果还是自己手中的那个苹果，智慧还是自己头脑中的智慧，只好随便听听，没有任何主动性。教育的本质是一棵树摇动另一棵树，一朵云推动另一朵云，一个灵魂唤醒另一个灵魂，在教师的"麦霸"之下，树静止了，云不动了，灵魂沉睡了。

3. 学生缺失必需的兴趣

教师的评语具有权威性，正是这种权威性使得学生的积极性、主动性和创造性难以得到发展，束缚了学生的思维，捆住了学生的手脚，甚至扼杀了学生的灵性。久而久之，学生怎能对作文讲评课感兴趣？在课堂上，写得好的是少数学生，讲评课成了他们的"天下"，每次受表扬的总是相对固定的少数几个人，而且是"钦定御批"的，大多数同学与此"无关"，事不关己自然"高高挂起"，任你"海阔天空"，我自"岿然不动"。

4. 怎一个"累"字了得

当教师累，当语文教师更累，语文教师讲评作文更是累上加累！这可不是一句笑话，而是真实情况。大家可以想一想，当语文教师把在深夜青灯下或者午后暖阳中批改的作文交还到学生手中，多数的学生看看分数，看看评语，随手摆放在一摞作业本上的时候，语文教师所有的累，也消散于无形。接下来的作文课，学生依然在迷惘中费尽心思地琢磨下一篇作文怎么写，构思、立意、详略又一次占据中心位置。教师累，学生累，怎一个"累"字了得！

执教以来，对于作文最大的感受是学生害怕写作，教师也视作文讲评为畏途。因此，在实际的教学过程中，每次进行作文练习时，多数学生往往叫苦连天、痛苦万分，即使搜肠刮肚也只能凑得只言片语，写的作文简直是一

第三章 "学生自主讲评式"作文教学中教师的作用

塌糊涂，不但语句不通顺、条理不清楚、详略不当、主题不突出，而且枯燥无味。教师绞尽脑汁、费劲唇舌也始终打不开学生的灵感之门，更令人感到头疼的是，一翻起学生的作文簿，真不知道该如何批改，干脆写一个"阅"字。所以，学生们有的说："作文太难写了，再努力也得不了高分"；有的说："老师的要求太高了，不是说这里不好，就是说那里不行"；有的说："我每一次写作文，老师都写一个'阅'字"。

因此，必须改革作文讲评课教学，提高讲评课效率。具体来说，就是要变教师的独角戏为学生的大合唱，变教师霸权为学生群言堂，变少数感兴趣为多数都参与，变脱离实际为贴船下篙，变遏制学习为促进发展。

在此，我们不妨看看几位名家对于作文评改的观点。

我国著名教育家叶圣陶对学生作文讲评有许多精辟的想法。

他说："我当过语文老师，改过的学生作文不计其数，得到一个深切体会：徒劳无功。"他认为"修改作文的权利首先应该属于本人，老师只起引导和指点的作用，该怎么改，让学生自己考虑决定，养成自己改的能力"；"学生对自己的作文进行自评自改的过程，就是他们写作水平提高的过程。"叶老先生还说："学生作文老师改，跟老师命题学生作一样，学生处于被动地位。假如着重培养学生自己改的能力，老师只给些引导和指点，该怎样改让学生自己去考虑去决定，学生不就处于主导地位了吗？"他还说："改的优先权应属于作者本人，所以我想作文教学要重在培养学生的自改能力。"[1]

著名作家老舍说："文章不厌百回改"。[2]

鲁迅先生说："作文的精华就在于修改。"[3]

所以，学生成为作文讲评课的主角，是必须要执行的"语文法则"。

二、教师在"学生自主讲评式"作文中的定位

"学生自主讲评式"作文对传统的作文讲评进行了改革，对课堂模式进行了重新置换，对教师的作用进行了重新定位，教师通过华丽转身，重新定位

---

[1] 马孝东.让学生改出作文的靓丽来[J].科学大众(科学教育)，2011(07).
[2] 徐廷琼.作文评改教学及反思[J].新课程学习(中)，2013(11).
[3] 郭社锋.作文升格技巧[J].新课程上，2011(12).

在作文讲评中的地位，即教师要转身成为作文讲评中的导演和制片人，对作文讲评从根本上进行重新设置，改变课堂模式构建的思维；教师要转身成为作文讲评课堂的搭台人，为学生进行作文讲评搭建适合的台子；教师要转身成为课堂倾听人，走下讲台，坐在教室里，看学生在台前讲评，从倾听者的角度重新审视作文讲评课，并听出课堂的精彩和不足之处；教师要转身成为作文讲评课的智慧投资人，通过让学生走到台前，采取"倒逼"式培养模式，让学生开动自己的智慧头脑参与作文的讲评和倾听；教师要转身成为人才培养人，教师存在的根本目的是培养更多的适应型人才，作文讲评课，每一个走到台前的学生，每一个懂得倾听的学生都是课堂存在的意义和目的；教师要转身为主体促进人。课堂的主体，归根结底是学生，教师的任务之一就是促使学生成为课堂的主体，"学生自主讲评式"作文的实施和推进，也是要求学生成为课堂作文讲评的主体，而教师就是促进者。作文课由教师主讲到还课堂于学生，教师起引导作用，引导学生讲出习作中有个性的东西。在讲评中找到有个性的写作材料。教师要在作文讲评课上激活学生思维的火花，对学生做到引而不发，让学生处于"愤""悱"的心理状态，引导他们通过思维去发现问题、解决问题。

接下来，我们一起对教师的定位进行探索。

（一）教师是导演和制片人

大家在电影或者电视剧的开头或结尾，总会看到很多名字，包括演员、制片人、导演等。制片人和导演是不一样的，制片人是影视剧生产制作人，剧本统筹、前期筹备、组建摄制组、成本核算等工作都是由制片人来负责的，导演则主要负责管理演员和摄制组，进行艺术创作等。而在"学生自主讲评式"作文课堂中，教师的角色，可谓是一身担双责。假如拍摄一部"学生自主讲评式作文"的影片，那么教师就既是制片人，又是导演。教师需要计算一节课45分钟的时间分配，需要筹划整个讲评流程的环节设置，需要选取走上讲台主持的学生，需要评价整个过程的效能⋯⋯这些可算得上是制片人的职能；另外，教师还需要通晓全班当次写作的整体状况，需要指导主持人登台之后的说辞，需要监测全班同学参与的状态⋯⋯这些工作，可谓是教师作为导演的职能。所以，一节"学生自主讲评式"作文课，就是一部要上映的影片，票

第三章 "学生自主讲评式"作文教学中教师的作用

房的高低决定于课堂的效能,而教师则是那个台前幕后起着决定性作用的人。

在"学生自主讲评式"作文课开始之前,作为制片人的定位,语文教师要全面掌握学生的作文情况。掌握学生作文整体情况的方法有很多种:

第一种方法为全班浏览法。拿到学生作文,先不着急进行批改,一本一本打开快速浏览一下。语文教师的作文浏览水平应该是很高的,一节课浏览完一个班级的作文完全没有问题。其实也不是要每一篇作文都看完整。打个比方,浏览作文,就好像是吃鸡蛋,吃一口鸡蛋,它是茶叶蛋,或者是咸鸡蛋,就可知晓了。

第二种方法为抽量浏览法。从全班学生的作文中抽取比较具有代表性的习作进行查看,写作优等生、中游生、困难户三个类型的分别有几篇就足够了。

第三种方法为习作调研法。这种方法以面谈为主,在学生作文之后,挑选一批具有代表性的学生,调研他们的写作困惑,了解当次习作比较具有共性的问题。

基本上通过以上的任何一种方法,对当次作文中的优点和缺点,就可以做到心中有数,对各个方面的问题,即可以有一个总体的把握。

(二) 教师是搭台人

"学生自主讲评式"作文算是一个新生事物,起码在当下的作文讲评中尚未大面积推广开来进而形成作文讲评的新风尚。因此,从教师退居幕后到学生走到台前,在这个过程中还有一个台子需要搭建,让学生在"千呼万唤始出来"中摆脱依赖,登台开口。这个台子由谁来搭建?当然是语文教师。

世界有多大,舞台就有多大;灯光有多远,影子就有多长。学生的能力,远远超出我们的想象,只是有些时候,不是学生无法达到一定的高度,而是他们缺少了一个可以敞开心扉的舞台。

大家应该听说过这样的故事:

甲对乙说:"如果我送你一只鸟笼,并且挂在你家中最显眼的地方,我保证你过了不多久就会去买一只鸟回来。"

乙不以为然地说:"养只鸟多麻烦啊,我是不会去做这种傻事的。"于是,甲就去买了一只漂亮的鸟笼挂在乙的家中。

接下来，只要有人看见那只鸟笼，就会问乙："你的鸟什么时候死的？为什么死了啊？"不管乙怎么解释，客人还是很奇怪，如果不养鸟，挂个鸟笼干什么。最后人们开始怀疑乙的脑子是不是出了问题，乙只好去买了一只鸟放进鸟笼里，这样比无休止地向大家解释要简单得多。

这是著名的鸟笼逻辑。

我们不来讨论故事里的心理学效应，只说这只鸟笼。为什么乙的家里最终养上了鸟呢？答案很简单，因为甲用"鸟笼"搭建了一个台子。存在即合理，也可以这样来解释。

所以，让学生成为作文讲评的主角、作文写作的主角，同样需要教师搭建一个台子放在那里，为这个台子发挥效用留出时间、留出空间，召唤观众来，把学生推上去，更关键的是，台子要一直在那里。就像上面的故事，鸟笼撤走了，鸟自然也就不存在了。

(三) 教师是倾听人

苏霍姆林斯基说过："教育艺术的基础在于老师能够在多种程度上理解和感觉到学生的内心世界。"倾吐不失为一种很好的方法。[①] 一个善于倾听的教师能听取学生发言中所包含着的心情、想法，与他们心心相印，能唤起学生的情感体验，能把握学生的情感动向，能迅速准确地从学生发出的各种声音中听出各种情感。在作文讲评课上，学生在讨论和评论的过程中发出的声音，教师应该积极去听，从中了解学生的某些动向。

"学生自主讲评式"作文对学生来讲属于新事物，学生一开始拥有的是对新生事物带有的观望性兴趣，一旦课堂的新鲜度过去，兴趣即容易丧失。学生在课堂上兴奋状态下和无兴趣状态下的表现，都是作文讲评课改革的关键要素。因此，教师在课堂上表面上是退居到学生交流讨论的幕后，实际上教师要时刻倾听教室里发出的一切声音，因为每一种声音的背后，都隐含着一个鲜活的灵魂在跳跃。

首先，教师要学会倾听那些兴奋的声音。

新的作文讲评方式，总会调动起最敏感的那一部分学生的积极性，他们

[①] 苏霍姆林斯基. 给教师的建议[M]. 北京：教育科学出版社，1980.

第三章 "学生自主讲评式"作文教学中教师的作用

就好像是第一个吃螃蟹的,成了最先走进"学生自主讲评式"作文的人,这一方天地仿佛就是专门为他们准备的一般。在实践中教师会发现,他们往往是班级内表达能力特别强的那一批,写作能力最强的那一批,甚至是社交能力最强的那一批。他们会兴奋地说、写、谈、论、品、断,从他们口中,我们可以听到我们希望听到的声音,也能听到我们希望得到改进的意见。

其次,教师要学会倾听那些沮丧的声音。

认真倾听,不急于判断,这应该是我们在倾听过程中的一个原则。学生的水平是良莠不齐的,那些擅长某件事的同学,是由不擅长的学生衬托出来的。教室里常常会发出一些沮丧的声音,这一类的声音往往是班级中最不会写作文的同学发出来的,他们会向我们传达出一些负面的信息。达克沃斯认为,教师要愿意接受学生的观念,即使学生的观念是错误的,教师首先要关切的是"他为什么这样想",而不是基于教师自己的立场或教科书的标准而漠视、排斥或谴责学生。① 心理学家盖耶认为:"谁不考虑尝试错误,不允许学生犯错误,就将错过最富有成效的学习时刻。"② 可见,学生在作文批改过程中发出来的沮丧的声音是作文教学的巨大财富。进行作文讲评的改革,就是要将落后的、错误的做法,引向正确的、高效的坦途,让发出沮丧声音的对象加入纠错活动中来,这就是改革的目的。

还有,教师要学会倾听那些不同的声音。

建构主义理论认为,学生在学习科学知识之前,头脑里并非一片空白,他们已经有了先入为主的观念,并对即将学习的内容有自己的看法和见解。因此,无论什么样的发言或行动,都有他自身的"逻辑世界",都是其在先前经验的基础上产生的一种观念。叶澜教授说:"课堂应是向未知方向挺进的旅程,随时都有可能发现意外的通道和美丽的图像,而不是一切都必须循固定线路而没有激情的旅程。"③ 也就是说,课堂教学不可能完全按照教师的设想来进行,随时都伴随着学生精彩观念的诞生。"学生自主讲评式"作文是学生讲

---

① 赵炳辉. 新课改视域下教师课程意识研究[D]. 长春:东北师范大学,2009.
② 赵春玲. 巧用错误,提高学习成效[J]. 江苏教育,2014(17).
③ 王枬. 成己成人:叶澜教师观解读[M]. 北京:人民教育出版社,2022.

解、讨论，教师倾听的过程，这种教学就是为了给学生提供诞生精彩观念的机会。所以，作为一名教师，要保持足够的敏感度去倾听学生不同的思路、不同的观点。

（四）教师是智慧投资人

请大家先熟悉这样一个故事：

在远古殷商时代，商纣王刚刚坐上王位，便开始使用象牙筷子。他的叔父箕子感到恐惧不安，认为这是亡国之象。他认为使用了象牙筷子，必定不会再使用泥土烧成的碗，而改换玉碗。有了玉碗、象牙筷，必定不会再想吃野菜，而要配以山珍海味。同时，粗布衣服、茅草屋必将不能满足纣王的需求，因为他想穿锦衣、造宫室了。箕子认为人的欲望一旦开启，便无穷无尽，最终必将赔上整个国家。果不其然，没过多久，纣王便开始建造鹿台、酒池肉林，穷奢极欲，最终失去了天下。

箕子从纣王的一双象牙筷子就预见了商朝的灭亡，这在当时听起来有些难以置信，然而历史证明了他的远见卓识，让人不得不佩服他见微知著的智慧。

为师者，在"学生自主讲评式"作文实践活动中，也需要拥有这样长远的眼光，拥有一种穿透迷雾、引导学生快乐幸福地走向写作评价终点的眼光。

不可否认，当下的作文讲评方式，"横行"了这么长时间，涵盖了这么广大的学校数量，大行其道，肯定有其存在的道理。改变一种存在，必然会损其根本，而且常常会在改变的初级阶段画虎像猫，甚至惹人耻笑，众人围观的目光，亦会化作不少的飞矢。"学生自主讲评式"作文要从根本上推翻传统的作文讲评方式，创建一种新的模式，教师要做出改变，同时引导课堂进行一种革命，学生的行为、习惯、思维皆需改变。所以，教师就需要有大智慧，有坚定步伐的智慧，有看透迷雾的智慧，有引领前行的智慧，有承受失败的智慧，有勇于斗争的智慧。弱化和废弃单调、单一落后的作文讲评模式已经成为必然，降低学生在写作过程中被动听讲、不会作文的焦虑感，互动式讲评将得到更加繁荣发展的机遇。

（五）教师是自信心的培养人

讲自信心培养之前，我们不妨再温习一下丑小鸭变成白天鹅的故事（此处

第三章 "学生自主讲评式"作文教学中教师的作用

请自行脑补1 000字)。"学生自主讲评式"作文,目前正处于一个被认识、被尝试实践的阶段,也算是一只丑小鸭,但是,"学生自主讲评式"作文的根本在于调动学生评改作文的积极性,切合的是教育的本源,是尊重学生个体内在本质状态、尊重学生个体内在生长需求而产生的外在加持。

在作文讲评课乃至整个课堂教学中,学生缺乏自信心是一种普遍的现象。很多学生不敢或很少主动举手发言,不愿意在众多学生面前讲话,回答问题紧张、不流利,不能主动提出自己的意见和建议,不善于在他人面前展示自己的才华。在作文讲评课上,很常见的一种现象是,好多学生准备得非常充分,却只是在做准备,任凭教师怎样启发诱导,学生都无动于衷,最后实在没有办法的时候才硬着头皮展示一番。在互评时,学生都不敢评价,怕自己说不好,这些都说明了学生特别怕别人嘲笑自己,所以不敢展示自己的成果。

首先笔者承认,这是一种非常正常的行为,也是一种非常正常的心理。但是正常的不一定是正确的。学生的自信心培养达到的程度对"学生自主讲评式"作文活动的开展至关重要。学生要登上讲台去讲评作文,要站起来自由地表达自己的观点和意见,都需要学生在内心处强大,在外观上勇敢。自信心不会自主养成,它依赖于教师在课堂上和课下时间一些独到的举措和持续的培养。我们经常说,要对学生多鼓励、多表扬,不说打击和挫伤学生积极性、自信心的话,不做打击和挫伤学生积极性、自信心的事。话好说,关键是要把事情做好。在"学生自主讲评式"作文中,教师要努力备好"学情课",为每一位学生正确定位,帮助学生认识自我,让学生有一种"天生我才必有用"的想法,然后确定个体自我在班级中的地位。一个班的学生水平总有差异,但每一个学生都应该有一个在作文讲评中的"基调",就是自己可以努力把作文讲评到怎样的程度。教师要明白,并且要让学生明白,不是要求每一个学生都评改到一个高度。学生只有认准了自己,定准了基调,才能发挥自己的潜力,启动内在的欲望,同时也启动了自信心,拥有"直挂云帆济沧海"的壮志。

在"学生自主讲评式"作文开展过程中,教师要努力维护和培养学生的自信心。

在上讲评课之前,教师要先对学生的作文进行分类,精挑细选。一篇文章,可能整体得分较低,但只要有独到之处,有一个亮点,也是可以公开点评的。这对于作文成绩不太理想的同学来说也是一种鼓励。教师要力争每学期让绝大多数学生的作文都有被选作范文的机会。美国心理学家马斯洛在《人类激励理论》中提出的人类需求理论，由低到高按层次分为五种，分别是：生理需求、安全需求、社交需求、尊重需求和自我实现需求。当学生的作文被选作范文呈现在大家面前，或投射在屏幕上的时候，是对他最大的尊重，他顿时会有"很伟大"的感觉，这就直接让他达到了最高一层的自我实现需求。这种自我价值的体现对培养学生的自信心有着莫大的影响。另外，像在教学中常采用给不同层次的学生制定不同目标的目标激励法，都可以很大程度地提升学生的自信心。只要自信心有了，学生大胆参与课堂活动的积极性放开了，课堂就会呈现一派欣欣向荣的景象。

总之，激励教育的方法、措施是多种多样的。只要认准何种激励方法有效，就采用何种方法，确认最能激发学生自信心的就是最好的激励方法。在这里，有时候考验的是教师本人的自信心，教师也要增强培养学生自信心的自信。

(六)教师是主体的促进人

学生是学习和发展的主体，一切教学活动都以调动学生的积极性、主动性、创造性为出发点，并引导学生主动探索，积极思维，主动发展。"学生自主讲评式"作文培养学生的自批自改、互批互改能力要做到教师主导与学生主体的最佳结合。对学生作文的评价，之前历来是语文教师一个人说了算，基本上没有第二者介入，这就难免存在片面或失当现象的状况。传统的作文讲评，往往只是教师一言堂，学生只听不想，只听不写，讲评难以落到实处。而学生相互评改作文，学生与教师一起参与讲评，共同探究。学生在批改的过程中，充分调动自己的主观能动性，主动地进行语文实践，由过去传统的教师的"婆婆"式的说教或"权威者"的指点，变成了学生与学生、学生与教师之间的平等对话，大家仁者见仁，智者见智，各抒己见，互相合作，切磋学问。在评改中，大家质疑问难，深入研究并解决问题。

在培养学生主体性的过程中，教师首先是在时间占用上的退出，其次是空间站位上的让出，再次是思维定式上的撤出。我们不需要考虑学生自己去评改，错了怎么办，漏了怎么办，对语文来讲，包括作文，没有哪一个点必须是哪一节课必须要讲的，也没有哪一个点是哪一节课必须不能讲的。教师在这个过程中要做好一个"加减法"：增加学生"出头露面"，减少老师"抛头露面"，教师要勇敢地退居幕后，多听，多看，多思考；少说，少做，少干预。过于担心，或者漠不关心，都是不对的。

学生成为作文讲评课的主体，写作能力的提升将在最大限度上成为学生自主实现的愿景。教师在促进学生主体地位形成的同时，还要关注如何培养学生作文写作的积极心理，不仅在表象上让学生成为课堂的主体，在心理上同样要让学生成为课堂的主体，引导学生实现外在和内在的双面主体升格，让学生成为作文讲评的真正主人，并促成学生成为作文修改升格的主体，达到尽情写作、尽心写作的目的。

（七）教师是思维训练的诱发人

"学生自主讲评式"作文开展最大的难点是什么？多数情况下的判断结果是对学生思维的诱发。

目前对思维的分类非常详细，常见的思维分类简单罗列如下：

形象思维、逻辑思维、发散思维、逆向思维、收敛思维、联想思维、立体思维、直觉思维、灵感思维、辩证思维、独立思维、实用思维、创造思维、谋略思维、细节思维、艺术思维等。

在作文讲评训练中，思维训练是始于技能训练之前开展的，只有思维诱发到位，随后的学生动作技能才会跟进。教师要引导学生在自主评改作文的过程中，通过各种创新途径，开拓学生思维的宽度，挖掘学生的创新潜能，让他们逐步能够提出自己独特的见解，逐步培养学生敢于和能够回答问题的能力，引导学生在新旧知识的联系和新知识的学习上大胆提出学习疑问、发表不同见解，从中得出正确结论，逐步培养学生多种思维能力。

作文讲评课对学生思维的训练体现在方方面面。学生每参加一项活动，都是在训练一种思维品质乃至多种思维品质。

当教师在"学生自主讲评式"作文表象上弱化课堂的主导力的时候，教师应该如何成为学生思维的诱发人？主要的实现途径有四种：

一是在流程设计的时候，固化思维训练的一个节点，每一次作文讲评都要涉及。

二是培养主持人的时候,指导确定某一个思维训练点作为课堂作文讲评的重点。

三是在作文讲评的过程中,教师要适时地站出来,对有助于学生思维训练的节点进行发散引导,对学生思维的深度和广度进行有效诱发。

四是在课后对学生进行个别辅导的过程中,有侧重点地进行思维拓展的指导训练。

比如细节修改,每一次的作文讲评都加入细节评改这一训练点,由主持人带领大家通过自主评改、小组互改、全班共改等形式,对初始的示范作文中的细节进行补充、修改、删减等活动。在活动的过程中,教师要结合学生的表现适度地进行深入引导,对主持人达不到的维度或者学生思考不到的维度进行拓展延伸,引导学生思维训练的深入。在这个活动中,学生能够形成更形象的思维,同时对细节的评改形成自我的评判、思维的发散、对错的辩证等,最终形成一个综合的思维训练枢纽,达成思维的广阔性、深刻性、灵活性、批判性、敏捷性、独创性,触及思维上的纵横诱发,起到良好的训练效果。

作文讲评课上的思维训练最常存在于课堂中的巧妙之处,处理得当,就会成为课堂的亮点。正如苏格拉底说过的"问题是接生婆,它能帮助新思想的诞生",要激发学生思维的火花,做到引而不发,让学生处于"愤""悱"的心理状态,引导学生通过思维去发现问题、解决问题,引导学生讲出作文中有个性的东西,在讲评中找到有个性的写作材料。教师在课堂上对学生思维的有效诱发,要贯穿于课堂准备、行进、结束、延伸的整个过程中。

三、教师在"学生自主讲评式"作文中的关键作用

"学生自主讲评式"作文的开展和推进,表面看来教师的作用弱化了,教师在课堂中讲解的频率变少了,教师在教室内的空间站位迁移了,学生掌控了更多的话语权,作文评改的过程和成果的生成大部分情况下都由学生自主地完成,但是实际上作文讲评课对教师的要求更高了,教师需要在课堂上发挥更关键的作用。

第三章 "学生自主讲评式"作文教学中教师的作用

(一) 发挥主导作用

时下的课堂改革中,不少的理论指向都聚焦在教师不能够成为课堂的主导,直言教师是课堂的参与者,在教学中起到引导的作用,并不是主导者,学生才是学习的主导者,同时也是课堂的参与者,是课堂的主人。这一观点关注到了教师和学生在课堂组织之中的作用以及在改革之下的地位的变化,但是,在整个作文讲评课堂体系中,教师仍然处于主导地位,这是不可动摇的。

教学不同于完全自主的发明创造,教学体系中师生双方的知识储备和角色定位,决定了教师在任何时候都处于主导地位的性质。每一种课程的改革,每一种课型的实践,从课堂行进的基本路线到课堂组织的基本形式,再到课堂要达成的基本成果的预测,都是教师在起主导作用。课堂实践活动是在可控范围内自由活动,它允许在课堂上有灵光闪现的小插曲,也允许在某一个时间节点上课堂会有适度的偏差,学生们讨论的话题与课前预设的主题有所偏颇,但是在整体上,所有的走向都是在可控范围之内。课堂上会允许万马奔腾,但是不允许出现信马由缰;课堂上会出现百鸟争鸣,但是不允许构成群魔乱舞。当一切处在诱发学生思维训练,包括逆向思维、对比思维等比较激进的思维活动发生的时候,教师都是站在课堂的角落,引导学生们的思维碰撞得更激烈,心中大多有这样一种想法:"让思维碰撞来得更猛烈些吧!"但当课堂出现问题的时候,包括生发出一些预想不到的偏激论调,或出现与本堂课无关的话题的时候,教师就要走到台上,制止这些肆虐的洪流,让课堂回归正轨。

由此看来,教师必须在作文讲评体系中占据主导的地位。事实上也是这样的:主持人的选定、课堂主要活动的设计、作文讲评的基本流程、修改专题的确定、课后跟进辅导的组织,都是以教师为主导呈现出来的。学生会成为这些活动设定之后的参与主体,会成为设定的某个作文讲评事件活动的主导,但是,教师是整个课程体系的总工程师。

教师的主导作用,主要体现为以下三个方面的内容:

1. 主导作文讲评课上学生思维品质的锻炼方向

教师要明确党的教育方针、政策,知晓教育目的,践行德育渗透,这是大局方面，教师要在课堂中形成有效渗透；小的方面，平时的每节讲评课，其教学目的、三维目标、核心素养培养等，教师都是必须清楚明白的，要明晰每个学生的发展方向，这样才能有针对性地去培养好每个学生。

2. 教师要在作文讲评课上构建与学生心灵沟通的主渠道

"学生自主讲评式"作文要求学生有更高的参与度，每一个学生都需要进行自我对话，与组员进行合作对话，与全班同学进行群口对话，每一次对话，都要求十分投入，才能够达到预期的效果。教师在预设时要与时俱进，理解学生，从学生的角度出发，主导课堂的主旋律，与全体学生在课堂上形成共鸣。

3. 教师要主导作文讲评课效果的生成

教师要想在作文讲评课上起到主导作用，必须将监督落实到作文讲评的各个环节，包括对学生的自主修改、课堂中的合作交流、专题讲评的深度推进、课后的效果评估等的监督，通过活动设计主导学生发展，指向最终成果的生成。

(二) 进行流程的设定、优化

"学生自主讲评式"作文的推进和实施，需要教师在初始阶段进行基本的流程的设定，让课堂在一个可以控制的节奏下进行。教师对"学生自主讲评式"作文进行流程的设定，可以让学生在初始阶段摸着石头过河，等到师生配合、生生配合、课堂融合程度较完善的阶段，教师再结合学情对流程进行进一步的改进、优化。同时，教师在推动"学生自主讲评式"作文开展的同时，要通过不间断的经验总结、创新设置，形成相对固定并具有特色的讲评主题，让"学生自主讲评式"作文既能体现基本模式，又能展现特色。

1. 教师要精心设定流程

"学生自主讲评式"作文虽然强调学生是课堂活动的主体，但是它应该在教师主导的课堂基本模式下良性进行，尤其在初始阶段，教师的主导作用会发挥得更加明显。

关于流程设置，基本有以下五个版块：

(1) 准备工作。

(2) 自我评价。

(3)小组互评。

(4)班级评价。

(5)佳作展示。

关于流程设置的具体内容，在"学生自主讲评式"作文模式版块有详细阐述，在此不再赘述。

在讲评过程中，教师可以引导学生在基本模式下有创意地开展作文讲评活动，可以根据教师的特长、特色和学生的学情特点进行适度调整，不必拘泥于一个模式不变。教师精心设置流程，首先要保障作文讲评活动的顺利运行，更要完善流程运行过程中的细节问题。

比如在准备工作阶段，可以有多重分组标准：一是可以基于班级现有座位进行分工；二是可以依据语文写作水平进行分组，打乱学生现有的固定坐区；三是可以采取学生自由组合的方式进行分组。三种方式的选择，取决于教师的思维和学情，也有激发学生兴趣的需求在里面。

作文讲评流程五个版块的设计，每一个版块又是一个独立的单元，每一个单元又分为若干个更小的语文元件。随着作文讲评活动开展的深入，每一个元件、每一个单元都在动态的发展变化之中，这就需要教师不断对流程进行优化和修正。

2.教师要不断对作文讲评流程进行优化、修正

在作文讲评课中，"效"很重要。这个"效"，很大程度上取决于讲评模式能否发挥高效能。只有在教师的指导下学生的写作能够取得高效益的回报，这样的讲评课堂才是真正意义上的高效课堂。让学生养成良好的写作习惯，提高写作水平，培养丰富的情感，满足终身发展的需要，这也是进行作文讲评课改革的目的。

课堂是充满未知性和生命力的，课堂是动态生成的。俄国教育家乌申斯基说："不论教育者怎样地研究了教育理论，如果他没有教学机智，他就不可能成为一个优秀的教育实践者。"[1]这就要求教师要根据教学反馈的实际情况，灵活地选择、调整乃至放弃教学预设，机智巧妙地生成实用有效的教学方案，

---

[1] 祝玉龙. 科学课教学机智运用探索[J]. 中学物理，2007(18).

优化作文讲评教学流程，使课堂生机勃勃。

作文讲评教学流程从一定意义上来讲是一种教学的预设。课堂教学固然需要预设，但也不是按部就班，连说开场白、过渡语、结束语都预设好，甚至将语气、手势、表情都事先设计好了，这不是教学，而是演戏。

发展是永恒的，静止只是相对的，学生个体和班级的整体学情也是不断发展的，一切活动体都是鲜活的灵魂存在，这也注定了作文讲评的流程会因为承载元素的变化而有不断优化的内在需要。教师是站在学生背后和流程背后的人，要有透过流程洞察课堂顺畅与否的眼光和能力。流程是预设的，生成是希望所在，预设与生成应该相辅相成、互为作用，通过预设去促进生成，通过生成去完成预设的目标，作文讲评也在预设与生成的交缠中完成涅槃和重生。

在作文讲评过程中，教师要形成一种在教学流程预设之上的另一种预设，使预先设置的教学节点形成富有创见的场景：教师不但要知晓学生的"已知"，还要预设学生的"未知"，进而使学生的"未知"成为教师自身的"预知"。因此，教师要尽可能多地了解学生、预测学生自主学习的方式和解决问题的策略。只有这样，当课堂上出现未曾出现或无法预见的情况时，教师才能有足够的智慧去应对，从而将课堂引向精彩，而不至于听之任之，甚至手足无措，方寸大乱。

（三）形成"讲评"专题

作文讲评可以分为两个类型，一个是综合性讲评，另一个是专题类讲评。综合讲评，就是从学生的习作态度、思想内容、表达形式、语言组织、书写质量等各个方面，做全面、概括的讲评，分析主要的优缺点，提出需要改正的问题。对初中学生来讲，到了九年级之后适合进行综合性讲评。七、八年级的学生，处于写作的起步区和趋于成熟区，进行专题类讲评更适合。每次作文讲评课，教师根据习作需要确定一个讲评的重点，讲评时心无旁骛，紧紧抓住此次习作中最主要的问题，以此为专题，结合比较典型的习作及相关的习作知识，进行深入、透彻的讲评，让全体学生都围绕这个专题进行深挖、拓展、评改、修正，让学生知其理，明其法，让专题知识深入每个学生的心中。每次讲评的专题，要与学期系统的作文教学计划、写作前指导、本次学

第三章 "学生自主讲评式"作文教学中教师的作用

生写作的实际情况结合起来统筹安排。每一个专题，根据学生最终练习评改的效果，决定是否要安排多次讲评进行修改技能的巩固。假如某一个专题，全班学生通过一个课时的讲评还不能达到满意的效果，就需要安排进行第二个课时的巩固训练，可以在巩固训练的时候对专题的内容做一下微调。假如只是少数学生还存在比较生疏的现象，就可以进行下一个专题的讲评训练，对这一小部分学生，在课后可以采用小组一帮一的方式进行辅助指导，或者教师将他们集中起来进行小范围的集体辅导，对其中出现的比较典型的问题进行进一步的讲解、解惑。

如七年级上册第一单元写作《这就是我》，这篇习作是学生进入初中以后的第一篇作文。从学生角度而言，进入初中后一切都是那么新奇，迫切想了解身边的每一个伙伴，尤其是进入初中后自身的特长、个性以及喜悦、烦恼等更倾向于向伙伴交流。基于这种现状，在写作时，对学生的要求可以适当简单一些，除了基本的写对字形、用对标点、文从字顺等要求之外，对立意、构思、语言等的要求可以降低，将重点放在指导学生选材上，要求学生能够通过典型的事例来表现自己的精神风貌，选取最能体现个人特点的事件进行描述。相应地，在进行《这就是我》的作文讲评时，就可以围绕"通过典型事例描写来展现自己的个性"这个核心专题来展开讲评交流。通过交流，学生们会对什么算是典型事例、如何选取典型事例、典型事例如何体现人物的个性特点的技巧有一个比较深入的理解，在以后的写作练习中，能够在选材时达到举一反三的直接效果。

在专题的选择上，教师要关注学生作文讲评的"最近发展区"需求。维果斯基的这一理论，同样在作文讲评课上适用。每个学生在作文评改过程中的起点与发展程度不同，同样的流程设置并不会统一适用于所有学生。这就需要教师在熟悉学生发展情况的基础上对作文讲评主题进行科学设计，以求达到专题推进讲评效果的最大化。

我们来看一个案例片段：

《那些暖心的小幸福》"环境描写专题"学生自主讲评式作文课堂实录片段：

师：《绿山墙的安妮》里有这样一段文字，谁来读给大家听？（PPT展示）

生：（朗读）

"被新布里奇居民俗称为'林荫道'的，是一条长不过四五百码的大街，道路两旁，排列着漂亮的苹果树，是一个性情古怪的老头在几年前栽种的。枝繁叶茂的树形成一个漂亮的拱门，头顶上一片雪白的花儿宛如馥郁芬芳的帐篷。枝头下面，紫色的黄昏不知不觉地来临。远望处，地平线上的天空仿如一幅美妙的图画，晚霞如大教堂的蔷薇窗户一样富有诗意。"

师：大家说这是一段什么描写？

生：环境描写。

师：读了之后你知道了什么，或者有什么感受？

生1：知道了故事发生的背景。

生2：富有诗意，感觉温馨美好，有画面感。

师：不错，正是如此。上次随堂作文我们以《那些暖心的小幸福》为题目，写了一篇文章。今天就让我们在主持人的带领下一起走进环境描写，看一下环境描写是如何为我们的作文增光添彩的。

（主持人走上讲台）

主持人：同学们好，要描写好"环境"，就要知道什么是"环境描写"。大家来看PPT，齐读。

生：（齐读）

"环境描写是指对人物所处的具体的社会环境和自然环境的描写。其中，社会环境是指能反映社会、时代特征的建筑、场所、陈设等景物以及民俗民风等。自然环境是指自然界的景物，如季节变化、风霜雨雪、山川湖海、森林原野等。"

主持人：那么"环境描写"的作用是什么？

生1：交代事件的发生背景，渲染氛围。

生2：反映人物品质，为后文做铺垫，深化主旨。

生3：烘托人物心情。

主持人：我们怎样来写好"环境描写"呢？大家来看PPT。这段文字运用了"环境描写"的什么作用？

生：交代事件发生的背景。

第三章 "学生自主讲评式"作文教学中教师的作用

师：同学们，通过读这些文字，你能提炼出什么写作方法？

生：抓住事物的特点。

师：不错，通过仔细观察，去抓住事物的主要特点。（主持人板书"精细观察，抓住特征"）

主持人：我们继续来看——

生：深化主旨。

主持人：非常好！

师：找得很准确，这是《骆驼祥子》的选段。同学们再想一想，一般来讲在文章的哪个位置来深化主旨。

生：结尾！

师：不错，看来大家在平时阅读的时候有所总结。

主持人：大家来看这一段文字——

生：为下文做铺垫，推动故事情节发展。

主持人：很好！

主持人：这是小学学过的一篇课文，在这里，环境描写起到的作用是什么？

生：反映人物品质。

主持人：大家反应非常快！我们继续看。

生：渲染气氛，烘托人物心情。

师：这里的写作方法也是大家可以借鉴的，谁能来帮大家总结一下？

生1：用一些修辞，比如拟人、比喻。

生2：尽可能让自己的语言生动形象。

师：非常好，我们可以总结为"巧用修辞，扮靓语言"。（主持人板书）

师：再来看最后一段文字。读完之后想一想，这提示了我们运用什么写作方法。

生1：多种感官参与。

生2：按一定的顺序描写。

师：不错，大家总结得比较到位。精简一点就是"多个角度，按顺序写"（主持人板书）。同时，同学们也要注意，记叙文中的环境描写不是为了写景而写景，写景要有明确的目的和作用，是直接或间接为文章和主题服务。

……

（修改作文过程中）

这个课堂实录片段，教师设定了"环境描写"这一专题讲评主题，引导学生在作品讲评中进行专项突破，学生在主持人和教师的引领点拨下，对作文中环境描写的作用以及如何构建环境描写有了比较清晰的认识。

（四）对学生起到引导、点拨作用

作文讲评课是一个师生、课堂、习作、习惯互动交汇在一起的综合性语文活动。在课堂上，学生互动活动是主要的组织形式，教师更多时候充当的是倾听者的角色。教师正由替代学生分析修改转变为在"引导"上下功夫。

相较于教师，学生的见识、表达能力、掌控力毕竟有限，遇到课堂的突发状况，要么会导致全班的学生顺着偏离的话题越走越远，正常的教学秩序将会遭到扭曲，即便主持人能够适当地进行纠偏，由于执行力不够，往往也会导致出现手足无措的状况，要么就是全班陷入"卡顿"的境地，课堂进入"启而不发"的状态。这个时候就需要教师在课堂上即时对受困学生、受阻环节进行引导、点拨，发挥出"画龙点睛"的作用，在关键的时候起到"救场"的作用，避免课堂走入尴尬的死胡同。在引导、点拨中，教师要立足于使学生在迫切要求的心理状态下自己思考、自己理解、自己消化、自己吸收，从而达到"自奋其力、自致其知"的结果，使课堂从"柳暗"走向"花明"，顺利地度过困难节点。教师的及时引导、点拨可以让课堂在受控的范围内进行，让学生可以增强信心，增强课堂流畅度，提高课堂效率。

教师在对学生的引导、点拨中，要做好如下四点：

1. 为学生的发展进行引导和点拨

教师应该为学生的发展导航，就像伯乐识别和培养千里马一样，要善于发现学生的个性优点，然后根据学生的特点去指导学生，为学生的发展指明方向。同时还要培养学生正确的世界观、人生观、价值观。这种引导、点拨不仅存在于课堂上，还要延伸到课堂之外。

2. 对学生的具体学法进行引导和点拨

教师的一个重要任务就是学法指导，很多学生写作水平不高，并不是学生不聪明、脑子不好用，关键是对写作方法的掌握不恰当、不科学。因此，教师要在了解学情的前提下，根据情况对症下药，在学生作文讲评课示范指导的时候进行方法指导，并在课堂中学生评改作文的时候对评改的具体方法进行引导和点拨，尽量兼顾每个小组，让学生将具体方法在组内和同学间传播。

3. 对课堂的困难症结进行引导、点拨

"学生自主讲评式"作文强调的是自批自改、互批互改，这种课堂模式必须协作进行。随着修改能力的提高与修改习惯的养成，学生的各方面语文能力也随之提高，课堂的气氛活跃了，学生的思维更加敏捷了，学生愿意表达自己的想法，并且回答问题比较完整。但是在此种情况下，不排除会出现课堂的困难症结，毕竟思维的维度空间是无穷的。教师要随时关注课堂进程是否顺利，当课堂组织遇到困难的时候，就需要教师站出来进行引导和点拨，让课堂顺利继续下去。

4. 对出现的新思维、新想法进行引导、点拨

在作文讲评的过程中，学生可以学习到别人是如何触及生活、触及自然的，是如何展开大胆而合理的想象的，又是怎样以真情实感写出新颖的文章的。在这个过程中，学生在潜移默化中学习了别人的观察方法，进行着自己的思维训练，进而自己会在互评互改中形成一种崭新的思维和新奇的想法，这种思维和想法会在学生的表述中自觉不自觉地流露出来。教师要善于把握这种课堂的灵感，不必拘泥于课堂模式的设定，可直接暂停学生的其他学习活动，将这种个性思维的"涓涓细流"演化成"滚滚洪流"，引导全体学生熟识，点拨作文讲评的高阶思维的形成，提高学生的评价能力和鉴赏能力。

我们来看一个案例片段：

《学写读后感》"学生自主讲评式"作文课堂实录片段：

主持人：不错，看来大家对指导课上老师提到的写读后感的要求已经有了深入的理解。但是，如何让我们的文章更富感染力呢？"

生：要联系生活！

主持人：对，老师讲过，所有的文章只有联系我们的实际生活才能更具感染力。下面请同学们看一下手中的作文，基于联系生活这一方面，先小组

讨论，然后给你手中的作文评分，时间为 5 分钟。

（学生 6 人为一组，展开了热烈的讨论。）

主持人：好，时间到，同学们都讨论得很认真、很投入。在你们小组讨论评分的过程中有没有很有代表性的或者你们讨论有分歧的地方跟大家分享一下？

一组 A 成员：在对我们××同学的作文评分中，我们小组内的成员有不同的意见，希望主持人及同学们给予我们一些评分建议。我们有四位同学认为××同学在联系生活这方面写得很好，表现了我们新时代中学生的精神面貌，并且运用"建党 100 周年"这个热点话题，我们四个都认为非常好，想给这位同学满分 5 分的分值。

一组 B 成员：对于 A 同学评价××同学的作文优点，我和另外一名同学非常认同，语言优美、选材新颖。但是有一点，请主持人把这篇文章投屏到大屏幕上让大家一起看一下。（主持人把此篇作文投屏到大屏幕上）这篇文章一共有五段，前两段一直在介绍《红星照耀中国》的意义和主要内容，从第三段开始直接就讲现在的经济建设成就、中国共产党的生日，作者并没有进行过渡，最主要的是联系的这些生活好像离我们中学生有点远。所以，我们觉得在"联系生活"这方面只能给这名同学 2 分。

这名同学发言的过程中，在座的各位同学有的看到大屏幕上的作文发出"哇，写得真好！"的感叹声，有的眉头紧锁，有的似懂非懂，还有的频频点头。主持人有点紧张，显然这个问题不在她的预料之内。

主持人：同学们先讨论一下这个问题。

生 1：我觉得 A 同学说的有道理，这名同学的联系生活写的不就是我们的现实生活吗？只不过是这个生活有点"高大上"罢了。

生 2：我觉得还是 B 同学说得对，这种生活离我们中学生太远了。并且他也没有和这本书进行联系，如果单看这一段都读不出来这是写的《红星照耀中国》的读后感。

主持人目光转向老师：老师，这个问题我也不太明白，能不能给我们解答一下？

师：同学们，我们思考一个最简单的问题，读后感的写作中要"联系生

第三章 "学生自主讲评式"作文教学中教师的作用

活",请问是联系谁的生活,你的,我的,作者的,还是大家的?

生:我的。

师:那现在再回头看看这篇作文,你们心里有答案了吗?

生:哦……明白了!

师:主持人?

主持人:明白了,老师。(转向同学们)同学们,老师在上节作文指导课上说过,读后感一定要写自己的真实感受,既然是自己的感受,那么联系的一定是自己的生活。我们再来看这篇作文,对于著作的介绍和感受是分离的,另外,生活联系的并不是自己的,并不能体现出这些生活是××同学读完这本书之后的感受。

(学生频频点头。)

主持人:那么针对这部分我们只能给这名同学2分,因为他写得不够具体,没有真实感。××同学,你接受吗?

××同学:我接受,我写得确实有问题,感谢同学们帮我指正。

主持人:好,同学们,那么接下来我们继续来帮助这名同学修改一下。请同学们自行修改,5分钟的时间。

在这个案例中,当学生对"如何联系生活"不解的时候,主持人向教师求救。教师对如何解决这个问题进行了阐释,对学生的思维走向进行了精准的点拨,起到了"救场"的作用。

(五)激发学生的兴趣,营造积极的氛围

关于学生的课堂兴趣,爱因斯坦说过的一句话很有代表意义:"如果我们把学生的学习兴趣激发出来,那么学校所规定的那些课程将会是学生乐于接受的礼物。"[①]其实在整个教育教学中始终都有人在说兴趣是最好的老师。道理大家都懂,如何吸引学生的注意力?如何激发学生的兴趣?这些问题也已经说了几千年了,但是有没有人真的能把它们解决掉,或者提出一种方法,可以激发学生的学习兴趣,并且其他教师可以复制这个方法。到目前为止,我们并没有看到有人能够解决这些问题。即便现在许多特级名师提出这样或那

---

① 纪明泽. 学校:弘扬现代人文精神的家园[D]. 上海:华东师范大学,2002.

样的方法来激发学生的学习兴趣，但是往往别的教师按照他们的方法去操作的时候却发现效果甚微。

原因其实也很简单，因为人的兴趣是不一样的，有人喜欢这个，有人喜欢那个。

"学生自主讲评式"作文，不可能人人都喜欢，我们也不可能让所有人都喜欢以"自主讲评式"的方法解决所有学生的问题。但是，我们有时候会发现这样一个有趣的现象：有的学生原本是不爱学习某个学科的，后来因为某一个原因喜欢学习这个学科了，成绩突飞猛进。这就说明兴趣是可以激发的，只要我们认真去做。

"学生自主讲评式"作文课堂的最终目的，是调动学生评改作文的积极性，扩大学生的参与面，让更多的学生喜欢上作文，从而提高习作的水平。因此，兴趣的调动策略，是课堂成功与否的关键所在。教师要善于在课前设计和"学生自主讲评式"作文课堂上进行创意活动，做到推陈出新，活跃课堂气氛，营造浓郁的学生参与氛围。课堂上，除了以和谐的师生关系，宽松民主的教学氛围为基础外，还要以灵活多变、富有情趣的教学手段、方法激发学生的学习兴趣，变"苦学"为"乐学"，变"要我评改"为"我要评改"。

在创设情境的手段上，可以采取以下方式：

①以"闯关游戏"的方式开展课堂活动，学生在讲评作文的过程中能够达到规定的闯关要求，就可以算作是一次成功的讲评。

②以"学号抽签"的方式确定讲评人，这种讲评人的不确定性，能够让学生在课堂上保持注意力高度集中。

③动用互联网技术手段与作文讲评课融合的方式开展课堂活动，丰富课堂活动的内容，拓宽课堂的广度。

④以"挑战积分"的方式进行作文讲评，比一比谁在讲评中给出的讲评依据更充分，积分多者为胜者。

⑤教师能够巧妙运用风趣幽默的语言对学生的讲评进行点评，让教师的点评成为课堂的亮点、高光点。

⑥以"情景剧"表演的形式丰富作文讲评课的内容，让学生即兴表演范文中的习作情境，还原写作的原生态。

第三章 "学生自主讲评式"作文教学中教师的作用

⑦以"小组合作"的方式开展作文讲评,让个别学生克服羞怯感,让更多的学生参与进来。

……

调动学生参与积极性的方式有很多,每一个学生被激发兴趣的方式不一样,每一位教师激发学生积极性的方式也有所不同,关键是看教师独有的"特异功能"了。但是,不论通过哪一种方式,教师在"学生自主讲评式"作文课堂上都要善于创设情境,想方设法增强学生的参与意识,调动学生主动参与的积极性,激发学生自主学习的内驱力,在合作交流中调动、提高学生积极参与的兴趣。

通常,在作文讲评课上运用最多的就是合作的教学方式。合作是新课程积极倡导的新的学习方式。"学生自主讲评式"作文中采用合作的方式可以很好地调动学生的积极性。它可以让学生敞开心扉,大胆地说,自由地说,生与师、生与生之间构建起民主和谐的交流场,让信息和情感在交流中产生思维的碰撞,从而使学生既有自己的主见,有自己的选择,保留自己的个性,又不闭门造车,实现优势互补,使他们在合作中竞争,思维自由地遨游,从而激发创新潜能,对他人的习作进行更好的评价,对自己写出高质量的作文也不无裨益,作文讲评课上那种静悄悄的局面会得到根本的改善。

我们来看一个案例片段:

《有你真好》"学生自主讲评式"作文课堂实录片段:

主持人:老舍先生说过"只有描写行动,人物才能站起来",通过赏析教材里的几个片段,大家都感受到了小小的动作描写带来的大影响。那么如何才能将人物的动作描写写得生动传神又传情呢?

生:可以巧妙地运用动词。

主持人:巧妙地运用动词?你能给我们讲一讲怎么巧妙运用吗?

生:……

主持人:比如说,敲门这个动作,你想让"敲"如何巧妙起来呢?

生:不直接写敲门,可以还原一下当时的场景,如果我是带着一种紧张的心情敲门,可以写:我紧握着拳头,忐忑不安,终于我慢慢地将握着的拳头松开,举起手,弯曲食指,轻敲了一下办公室的门……

主持人：同学们，你们听懂了没有？这样写的话，我们敲门的动作就不仅仅用"敲"一字概括了，而是有了一个准备的过程并且将整个动作细化了，确实很巧妙。那么我们总结一下，这种方法可以概括为什么呢？

生：还原当时的场景。

主持人：那么针对动作描写，我们可以概括为什么呢？

生：还原动作，将动作展开。

主持人：很好，那么我们就简单概括为"细化动作，写具体"。这可真是一个动作描写小妙招呢！除此之外，大家还有什么好的方法通过动作描写来写出人的特点、心情呢？

生：可以在动作前面加上一些修饰词。

主持人：什么样的修饰词呢？

生：像是表示动作的轻重、快慢等的修饰词。

主持人：很好，就是形容一下这个动作的特点。他讲得明白吗？

生：明白。

主持人：有谁能给"敲门"这个动作加上修饰词吗？

生：他用力地敲门。

主持人：嗯，用力，有力气了。还可以怎样修饰用力？

生：他使出浑身的劲儿，敲响了门。

生：他像一只猛虎似的，汗毛发直，头发竖起，气势汹汹地朝办公室的门走去。

主持人：真是太精彩了！简单的"敲门"动作，两个字，让大家写得生动具体起来。确实是很有气势的敲门！我们又学到了一种将人物动作写得生动传神的方法，可以概括为什么？

生：加入修饰词。

主持人：很好，除了加入修饰动作的词语，还可以加入什么？

生：还可以加入句子。

主持人：什么样的句子呢？

生：能够突出动作的特点的夸张、比喻句。

主持人：很好。老师将这种方法概括为"词句修饰，写生动"。这是大家

· 92 ·

想到的第二招，大家还有其他的招数吗？

生：……（多数同学陷入卡顿状态）

师：让老师传授给大家一招吧。同学们，你们来做一做敲门这个动作吧。

（生在座位上表演敲门。）

师：大家有没有注意到我们每个人的敲门动作不甚相同呢？有的同学用一根手指敲，有的同学是用整个手掌来敲门。

（生大笑，表示赞同。）

师：老师想要教给大家的一招就是"精选动词，写准确"。现在可以把这一招写在你的笔记本上了。写完之后，小组交流讨论一下这一招在写作时应该怎么用。

生：老师，我知道了。精选动词，就是要在几个动词里挑选出最能体现出动作的特点的那个词。比如说，敲门，我们可以写单指叩门，还可以写手掌拍响门。

师：理解得不错，请坐。这样的情况还有很多，比如说"看"这个动作，我们可以用盯、瞟、瞄、瞥、注视、凝望……还有"吃"，我们可以用狼吞虎咽、细嚼慢咽……那么我们应该如何做到精选呢？

在这个案例中，在学生的思维陷入卡顿的状态下，教师站出来，用风趣幽默的语言和动作巧妙地讲解了动作描写的技巧，同学们大笑起来，课堂上呈现出欢乐的气氛，既达到了思维的发散，又营造了温馨的课堂氛围。

（六）构建和谐课堂，维护课堂秩序

任何事物的发展都不可能一蹴而就、一帆风顺，新的教学组织形式，需要警惕新的问题。教师要不间断地对"学生自主讲评式"作文的推进进行整体调控，包括流程的优化、学生的指导、课堂效果的调研等，维护课堂秩序，更多的是守护课堂的顺利发展。教师走到台下，不是走出课堂之外，更不可能置身事外。课堂中的意外，有时候是事故，有时候还会带来灵感，教师必须有这种维护课堂的能力，必须有构建课堂和谐的师生关系、生生关系、互动关系的能力。

苏霍姆林斯基曾经说过："上课是儿童和老师的共同劳动，这种劳动的成功首先是由师生相互关系决定的。"①和谐融洽的师生关系就像一根彩带,拉近了彼此间的距离,不仅使学生的学习动机由单纯的认知需要上升到情感需要,还使教师的职业需要上升为职责的需要、事业的需要。如果师生间的关系很融洽,那么学生就会由对教师的信赖转化为对学习的自主。教师要重视以人为本的师生关系,构建民主、平等、互相尊重信任、互相合作的同一平台上的师生关系,把学生作为与自己平等的人来看待,使自己成为学生的学习顾问,倾听他们的意见和要求。要尊重学生的人格,允许学生在思想、情感、行为上具有独立性和不可替代性,允许他们有独立的活动时空,尊重他们的创造性。同时,教师要注意在课堂上传达人人平等的理念,主持人与参与人之间都是平等的,谁的意见合理就听取谁的意见。

和谐的课堂,外显的方式常常是充满"三声"的,即"笑声、掌声、读书声"。笑声,预示着课堂的幽默与轻松,学生能够在放松的状态下参与课堂活动;掌声,是课堂中肯定与价值实现的标志,能够获得师生自发的掌声,直接达到的是马斯洛"人生需求五个层次"里的最高层次——"自我价值实现",预示着学生是在兴致激昂的情绪下参与课堂活动的;读书声,亦可视为讨论声,是学生参与课堂的声音。这三种声音交织在一起,集中体现了关注生命成长的特性。教师在课前对课堂的流程预设和课堂要素的设计中,要关注这些关键因子的创设,并且在课堂点拨中要善于抓住学生的闪光点。学生是个性鲜明的个体,不同的学生在各自的天地中演绎着各自的人生,都有自己独特的个性。不是每一株幼苗都能长成参天大树,不是每一粒种子都能结出丰硕的果实,教师要对学生多一点宽容,多一些赏识,用发展的眼光看到他们的成长和进步,当教师的要求低一些的时候,也许他们在教师眼中的表现就可以算得上完美了。

我们来看一个案例片段:

《抓住细节》"学生自主讲评式"作文课堂实录片段:

(PPT 出示)

主持人:同学们认为什么是写作中的细节描写?

---

① 陈瑞生. 学校精神的研究[D]. 上海:华东师范大学,2010.

第三章 "学生自主讲评式"作文教学中教师的作用

生：细节描写就是抓住了很细的地方对人物的描写。

生：细节描写就是抓住一个点来写。

主持人：同学们回答的都是正确的，但是不够全面。

生：细节描写只是针对人物的描写吗？

主持人：这个问题很好。大家看这样一个片段："这南方初春的田野！大块小块的新绿随意地铺着，有的浓，有的淡；树上的嫩芽也密了；田里的冬水也咕咕地起着水泡……这一切都使人想着一样东西——生命。"

生：这就属于环境的细节。

主持人：很聪明。我们一起总结一下。细节描写是对人物、景物、事件等表现对象的细微而具体的刻画，也就是说，只有那些于微小之处表现事物特征或作者情感态度，能够给读者留下深刻印象的描写才可称为细节描写。

生：能把人、景、事写清楚不就可以了吗？为什么要刻画细节呢？

生：就是让人物形象更鲜明立体吧，仿佛就在眼前。

生：还可以推动事情的发展。

主持人：总结得不错，我们来看大屏幕（出示细节描写的作用）。（生读出来）

运用细节描写，第一，有利于形象的塑造。细节描写使形象立得住，立得稳，立得久。（《台阶》脚底黄泥——勤劳）第二，有利于情感的传递。情感是作品的灵魂，在创作中，情感附着在细节上，渗透在细节里。细节使情感跃然纸上。（悄悄地、偷偷地——母爱）第三，有利于思想的表达。细节使表达精准、精细、精辟，使作者要表达的思想内容很容易被读者所捕获并吸收，从而发挥其感染作用。

主持人：那么针对同学们的习作《那一刻，我读懂了你》，你认为哪里可以加细节描写？

生：可以具体描写"那一刻"是怎样的场景。

主持人：这个场景怎么样才算具体呢？

生：时间短暂。

主持人：很好。很会抓重点，"那一刻"指过去的、短暂的时间，文章高潮必须定格在一个具体的情境之中，要回忆"那一刻"的细节或场面，再现当时的情景，情景要尽量写得具体，还要写出当时的感受。可以加入环境细节描写或者事件细节描写。

生：我觉得也可以把"读懂"的瞬间写清楚、写深刻，写出"懂"的内容。

主持人：那如何体现出"懂"呢？

生：文章也要写到我曾经是不懂的，经过了那一刻我懂了。

此时，教师站出来对学生的回答进行评价：很聪明，"读懂"说明进入那一刻前不懂或者不理解，经过那一刻突然明白了。要写清楚"读"的过程和"懂"的内容，情节要有一定的曲折性。"懂"的内容不能仅留于浅表，还应有更深刻的感悟和体验。可以借助环境细节描写、心理细节描写等来深化文章内容。你的理解很到位。

生：还可以细致描写"你"，加上具体的人物描写。

师：是的，"你"的范围比较广，可以是身边的亲人，如父母、同学、老师等，也可以是景物。因此可以借助人物的神态、动作、语言等细节，也可以描写景物细节来强调懂的内容。

在这个案例中，教师充分重视了学生的意见，适时抓住学生发言中的闪光之处及时表扬，调动了学生参与课堂的积极性。这种表扬不单纯是"你很聪明"，而是首先肯定学生的话题，并且继续顺着学生的话题开展下一个环节的活动。

（七）具有总结、反馈、改进的功能

课堂总结就是回顾本节课的主要内容，强化学生所学知识，同时也能及时地对教学中的"得"与"失"进行认真而全面的分析，对学生学习的信息进行反馈。这样既可以起到备忘录的作用，又能提高教师的教学水平。

教师对作文讲评的总结可以分为三种，即课堂总结、阶段总结和终结总结。

1. 课堂总结、反馈

即是对一节课进行的总结，可以放在当堂课结束之前，教师走到讲台上进行总结、反馈，也可以在课后教师自我进行总结，到下一节课的时候进行反馈。

第三章 "学生自主讲评式"作文教学中教师的作用

2. 阶段性总结、反馈

阶段性总结、反馈是对作文讲评课活动进行的一个阶段的总结，跨度较大，类似于中期总结。

3. 终结总结、反馈

这种总结即是学期末总结，教师对整个学期的作文讲评情况进行梳理，形成报告，进行反思。

三种总结的共同点是要明确课堂的亮点，明确学生的优点，明确改进的节点，进行反思提升。这三种总结不能依赖于学生自主完成，学生必须要有学生的总结，但是对课堂的总体调控改进，还是要求教师亲身躬为。

教师对作文讲评的总结，是对课堂发展深入的一种课题研究，其根本目的在于激发课堂活力，持续增强学生的兴趣，有效增强学生的写作欲望，激发学生在创作中的热情。其中当堂总结、反馈的方式对改进作文讲评是最有效用的，它的及时性是课堂效率提升的关键所在。所以，教师必须善于总结和反思。

我们来看一个案例片段：

《那一天，阳光好温暖》"学生自主讲评式"作文课堂实录片段：

主持人：前面我们已经对环境描写的作用进行了回顾，现在我们一起通过经典片段来观察有关环境描写的方法。

生：

①精细观察、抓住特征；

②巧用修辞、扮靓语言；

③多个角度、按顺序写。（教师适时点拨）

（主持人顺势板书并做出总结：记叙文中的环境描写不是为了写景而写景，写景要有明确的目的和作用，是直接或间接为文章和主题服务的）

主持人：我们已经通过一些经典的片段整理了有关环境描写的方法，现在让我们以"环境描写"为升格点，一起赏析修改范文。首先我们来赏析范文，请同学们以小组为单位，找出作文中进行环境描写的句子。并思考针对这个升格点，这篇文章用到了哪些方法，又产生了怎样的作用。（教师适时参与，保证教学节奏有序进行）

生：我们小组找到了这一段："天空墨色的云块拥挤在一起，狰狞而恐怖，雷声轰隆，道道闪电如一把把利剑，将乌云撕开。雨点像断了线的珠子打在地上，溅起脚下大大小小的水花。"这是一处环境描写，生动形象地写出了雨的猛烈、来势迅猛的特点，营造了急迫的氛围，推动了情节发展。

（学生在交流分享的过程中，主持人适当给予总结，引导学生回答问题的思路，并借此再次复习之前同学们一起总结出的有关环境描写的三种方法）

主持人：我们已经赏析了优秀范文，文章不厌千回改，反复琢磨出佳作，现在让我们一起修改范文，为文章增彩。请同学们以小组为单位集中讨论：在这篇文章中，你认为有什么不合适的地方？可运用我们总结出的方法进行修改。

生：我们小组讨论之后，认为在描写雨势凶猛的部分可以巧用修辞，还可以从雨前、雨中、雨后三个角度进行描写。

（主持人适当给予评价和引导，再次和同学们一起复习环境描写的方法）

主持人：同学们，我们已经对优秀范文进行了赏析与修改，大家集思广益、畅所欲言，对"环境描写"有了更多的了解，现在请同学们修改并展示自己的作文。仔细揣摩自己的作文，选取环境描写这个升格点，运用相关方法，看看哪些地方还需要修改。如果你的作文中没有环境描写，可在适当的地方进行添加。

（学生朗读展示作文片段，并说明用到了哪种环境描写的方法，作用又是什么，主持人给予适时评价）

主持人：同学们的发言很热烈，学习了如何从"环境描写"的角度赏析并修改作文，课下请同学们选择一篇周记，利用本节课学到的有关环境描写的方法进行修改，修改完成后展示交流。

师：同学们，叶圣陶说："写完了一篇东西，看几遍，修改修改，然后算数，这是好习惯。"何其芳说："古往今来，凡是文章写得好的人，大概都在修改上用过功夫。"希望通过这次的作文课，大家能够对作文中的环境描写有进一步的认识，在平时的写作中适时运用，描景绘物，由景生情，为文章增光添彩！

在这个案例中，教师在学生讨论完成作文修改之后，借用名人对写作修改的建议结束课堂活动,从更高层次上对课堂进行了总结,是作文讲评课总结环节不可缺少的一部分。

(八)担负课堂讲评主持人和替补培养的责任

"学生自主讲评式"作文需要教师进行示范"直播",教师在作文讲评课上要对学生面授机宜,手把手地教给学生如何进行作文讲评,主持人需要承担的工作,同学们需配合的活动等,每一个学生都要知晓其意义,以实现最终的学生自主组织进行。教师对学生培养的意义有三:一是在于让学生熟悉流程动作,以便课堂顺利进行;二是提高课堂作文讲评的效率,提高学生的写作水平;三是培养学生的自信心和参与能力,构建和谐课堂。

作为自主性很强的"学生自主讲评式"作文,学生在多数的课堂时间里需要自主、合作完成作文讲评任务,因此具备相应的能力就有了很重大的意义。但是教师无法做到对每一个学生都进行一对一的培养,这就要求在培养时具有一定的选择性和针对性。

首先要培养的就是主持人。主持人是第一个走上讲台的,一般要求是写作能力强、表达能力强、组织能力强、应变能力强的学生,教师需要对其进行作文讲评步骤、流程、关键问题的指导,并相应地固化初始阶段讲评的流程。后来会有更多的学生走上讲台,他们模仿的一部分是教师的风格,但更多的是之前同学的风格。

其次,教师要选准部分的主持人替补。替补要求是语文能力强的,能够跟随教师、前任主持人不断学习的学生。这样,课堂不会只是由教师的舞台演变为另外一位"小教师"的舞台,而是能够让更多的学生走上主讲台。课堂主持人既不可固定几人,也不可随便指派,随着学生对作文讲评过程的熟悉,可以通过更多的方式推选出更多的学生走上主讲台。主持人的选出主要采用以下方式:

①教师选拔的方式:指的是上文所讲的第一批走上主讲台的同学,这是在作文讲评课中起引领示范作用的学生个体,相对来讲语文综合素养应该是最高的。这一批学生分成两个梯队,基本是按照能力来分,最先上台的,一定是能力最强的,梯队里储备的是后备人才,通过学习模仿相继走上讲台。

②小组推荐的方式:每个小组里面都会有一位或者几位有能力走上主讲

台的同学，可以按照小组轮换的方式，每个小组轮流推出主持人。

③毛遂自荐的方式：只要能力够了，只要意愿足够强，就可以走上主讲台。

④抽签决定的方式："学生自主讲评式"作文侧重的是学生互动评改，最终目的是达到全体学生写作水平的提升，构建生命体发展的课堂，采用抽签的方式，可以调动全体学生参与的积极性。

那么，教师在"学生自主讲评式"作文中如何对学生进行培训呢？可以基于以下原则：

1. "优先培训"的原则

对学生的培训可以分全体培训和个体培训，全体培训即是对全部学生进行培训，明确"学生自主讲评式"作文的意义、目的、流程等。最关键的是对个体进行培训，要在班内选拔部分学生作为优先培训对象，让他们成为第一批摸石头过河的人，成为其他同学学习和模仿的榜样。

2. 示范性指导

培训之后，教师要优先登台，为主持人和全体学生进行示范性指导，让他们有作文讲评的直观感念，学生再结合自身特点进行个人改进和提升。

3. 设计专题培训

对主持人要呈现序列化的专题培训，与作文讲评的进度和专题相结合，每一次专题讲评，提前对主持人进行主题培训，在讲评的细节上给予关键指导。

4. 跟进式点拨指导

在"学生自主讲评式"作文推进过程中，教师要对主持人进行跟进观察，针对讲评过程中出现的各种问题，诸如仪态、语言、评价手段、策略、方法等进行进一步的跟进点拨指导。

我们来看一个案例片段：

《留点感激在心中》"学生自主讲评式"作文课堂实录片段：

师：近代著名学者王国维先生曾言："为文如造屋。"作文像建造房子一样，要打好结构框架：结构别具匠心则会中心突出，思路清晰，逻辑严密，疏密有致，凸显建筑美感，文章才会俊秀壮美或婀娜多姿；结构不良则中心不显，层次不清，逻辑混乱，章法散漫，似大厦将倾，文章了无生气或惨不忍睹。

那么什么是谋篇布局呢?

生：谋篇布局就是谋划和安排文章结构的意思。

师：没错，这次作文我们在结构方面就出现了很多问题，其中最集中的问题就是详略不当。下面有请两位小主持人为我们就《留点感激在心中》这篇习作的谋篇布局进行讲评，鼓掌欢迎。

小主持人1：谋篇布局首先要为中心服务，即明确要写什么，中心主题是什么。

主题是文章的灵魂和统帅，在文章写作过程中，所有艺术手段的运用，都是为了更好地表现主题，结构也不例外。

小主持人1：给大家讲一个故事，法国巴黎艺术馆里，陈列着伟大的文学家巴尔扎克的雕像，奇怪的是，他的雕像却没有手。他的手呢？是被艺术家罗丹用斧头砍去了？罗丹为什么要将手砍掉呢？原来罗丹的学生来欣赏雕像，目光都集中在雕像的手上：巴尔扎克的那双手叠合起来，放在胸前，十分逼真。罗丹的雕像是要表现巴尔扎克的精神、气质，现在那双手却突出了，人们看了雕像，只欣赏手的完美，而忽略了主要的内容。所以，罗丹砍掉了雕像的双手，以突出雕像所要表现的意义。

小主持人1：听了这个故事同学们有什么感受？

生：雕塑是这样，写作文更是这样，只有围绕中心安排详写和略写，叙事的重点才能突出。

小主持人1：这篇文章的中心是什么呢？

生：感激。

小主持人1：例文中哪些材料是重点材料呢？

问题有点空泛，学生们面面相觑，课堂陷入沉默，有的同学窃窃私语。

此时，教师与小主持人交流，指导问题的提问方式。

师：这个问题我可以深入浅出地解释一下，凡是与中心思想关系密切，能深刻、生动地突出中心的，就是重点材料，就应该详写，其余的便是次要材料，要略写。比如这里写到的父亲喜欢石头这些可以略写或不写。

主持人表示认可，并转化了问题的提法，学生们讨论后快速回答出来。

课堂继续进行。

小主持人2：那么我们一起尝试着改一下这篇文章。范文是按什么顺序排列材料的？还可以怎么排列？为什么？

生：先写了父亲脾气很好，父亲喜欢石头，高价买下了石头，我考试没考好，父亲让我反省，最后才写到我明白了父亲的用意。

生：先写父亲脾气好为下文埋下伏笔这点很好，后面可以详细写写得知我考试没考好之后父亲具体是怎么开导我的，这样更能突出文章的中心。

生：也可以先写父亲让我反省，再循序渐进地写明父亲的话对我产生的影响，让我很感激。设置悬念使文章更有趣味，使人物形象更突出，使感情的抒发更自然，更能表现出作者的感激之情……

小主持人2：下面小组讨论，修改例文。

此时，教师与小主持人讨论：

师：除了刚刚我们讨论到的，文章的谋篇布局也要讲求文脉畅通，也就是要注意过渡和照应，使文章内容更连贯，前后照应。

小主持人表示认可，并及时向同学进行了传达。

（学生代表分享修改的具体内容和理由，畅所欲言，教师适时指导评价）

在这个案例中，小主持人对材料作文中重点内容把握的提问有点空泛，学生一时不知道如何回答。这个问题难度不大，不属于课堂活动中的症结，教师把握的"度"比较到位，没有自己站出来解答问题，而是及时对主持人提问的方式进行了指导，使问题简化、明了了一些，当主持人再次提问的时候，同学们就能比较顺畅地回答出来。这种随堂指导在作文讲评中的作用比较明显，既可以突破课堂桎梏，又可以打破"教师是单纯的问题解决者"这一局限。

（九）发挥诊断、评价作用

作文讲评课堂是师生产生相应教育教学行为的场所，也是培养学生写作能力、评价能力、批改能力、交际能力，提高学科教学质量的主阵地。教师对课堂教学进行科学、精细化的诊断，并开出"治疗良方"，能及时遏止和避免无效劳动，是提高课堂效率的重要途径之一，也是开展作文讲评研究、推进教师专业化发展的重要抓手。

在作文讲评实际的推进过程中，作为课堂模式的设计者和课堂推进的倾听者，教师对课堂有第一发言权。教师通过对各项教学要素的观察，采用多样的诊断形式，能够判断出课堂的推进方向是否正确，课堂的预设是否合理，课堂对提升学生写作能力有多大的帮助。在实际应用中，一般可以采用听课诊断法、案例诊断法、习作观测诊断法及学生访谈法等来判定课堂的实效功能。教师只有比较全面、客观、细致地了解情况，掌握作文讲评课诊断的第一手资料，才能做出有效的判定，更加明确地诊断课堂上解决了什么问题，总结其成功与存在问题之处，对课堂做出成功的干预，以便课堂重建。

教师要着重在以下方面做出诊断和评价：

1. 诊断作文讲评课活动过程的规范性

在"学生自主讲评式"作文课中，教师要诊断整个课堂的推进过程是否顺畅，通过诊断得出判断，保证课堂活动开展的基本规范，不能让讲评元素游离于课堂之外。跑偏的话题、漏下的环节、不到位的操作，都需要教师得出诊断结果后进行后续专项指导。教师在课堂上虽然不是主持人，但是不能完全退还课堂的话语权，不能完全置身课堂之外，或者把问题都留到课下处理。教师要对课堂的精彩点、问题点、跑偏点进行及时有效的诊断，并掌握好一个"度"，既不抢夺话语权，又不默不作声。

2. 对主持人心理、外显状态进行诊断

主持人是课堂讲评时间阶段的主导者，在整个作文讲评过程中，教师不仅要关注全体学生的表现，更要关注主讲学生的整体状态，囿于年龄、阅历以及知识储备的限制，他们容易受到课堂实时环境的影响，尤其是班级内出现的个别不配合现象，这不仅可能会对课堂造成破坏，还可能会影响主持人后续的心理状态，教师要有对此的观察诊断能力，及时指导、帮扶。

3. 对学生作文讲评的结果进行诊断，做出评价

学生在课堂上的参与度高了，容易受到喧哗的表象的影响，使实际的评改结果受到冲击。在讲评过程中，教师宜走入学生中间，关注学生在评改过程中的具体表现：从眼神到倾听，再到技法的学习和评改的积极性，以及落笔到学生习作上的评语。课后，教师要收起学生评改过的习作进行观摩，并有针对性地展开调研，真实地对评改结果做出诊断，考虑学生评改能力训练的达成度，为改进课堂做出评判。

4. 发挥评价的激励功能，评选优秀"讲评人"

学生都有渴望受肯定的心理，教师要善于进行综合评价，范围尽量广泛，通过各种维度，评选出优秀的讲评人，奖项应该由学校统一设定，但是为了让每一个参与的学生都能够得到肯定，教师要进行自主创新，设定奖项，比如"最佳组织奖""最佳上镜奖""最佳风采奖"等，甚至可以设置"最佳准备奖""最佳点评奖"等，对主持人进行有效评价。调动学生的积极性，是作文讲评体系中的一个重要环节，不可或缺。

在新课程理念下，教师的角色发生了很大的转变，在作文讲评体系中同样如此。教师不能再主宰课堂，延续陈旧的课堂组织形式。教师理应成为作文讲评体系构建的主导者，而让学生在作文讲评活动中唱主角。教师要成为学生学习上的亲密合作伙伴，放低身段，让自己转变为一名学生。教师可以跟学生这样说话："我有一种思路，不知可不可行？"教师要甘心而且努力做好学生学习的摆渡人，促进学生的智力觉醒、灵魂灵动、生命成长。

第四章 "学生自主讲评式"作文教学中学生的学习方式

传统的作文讲评课，侧重点在于教师的"教"，学生的参与未得到足够的重视，作文写的一般的学生的积极性未得到充分调动，并且学生修改作文存在惰性，通常只是局限于字、词、句的修改。因此，学生的作文水平缺乏突破性提高，常常停留于原有的水平。"学生自主讲评式"作文教学中，学生的学习方式有了较大的变化，旨在充分调动学生的学习积极性、参与性，形成思维能力培养的"场"效应，让学生全身心投入到"学生自主讲评式"作文教学活动中去，以实现学生作文水平的突破性提高，带动语文教学全方位培养学生的思维能力。

一、"学生自主讲评式"作文教学中学生学习方式的现状及探索

(一) 传统作文教学中学生学习方式的现状

长期以来，不少教师在学生作"前"指导过多，即出题后的审题、选材、构思、列提纲、完成习作初稿的大框架指导，甚至于有的教师不厌其烦，面面俱到，而忽视了作"后"的讲评。作"前"的指导，一是帮助学生获得写作的材料，即解决"写什么"；二是指导学生获得写作的方法，即"怎么写"。在指导学生"怎么写"上，教师大都遭遇了"好心办坏事"的尴尬。教师的"心"是好的，想帮助学生，结局却是"坏"的：个性不同、对事物的看法不同、内在情感不同的学生，在老师的指导下，写出的作文都是一个套路。老师不厌其烦、面面俱到地指导，一是教学责任心使然，不指导，觉得自己没尽责；二是错误观念使然："我不指导，学生怎么会写?"通过讲评训练，从学生中来，到学

生中去，以学定教，学生有心理认同感，容易接受。

1. 形式单一，兴趣锐减

现代教学理论认为，教学效果在很大程度上取决于学生内在的心理状态，即情感因素如何。这是由于情感对人的认识和行为具有巨大的调节和推动作用。只有激起并满足学生的情感需要，才能使学生产生强烈的求知欲。同样，作文教学也定然遵循这个教学原则。培养学生良好的学习兴趣是教学的主要任务，也是学生可持续发展的动力，我们的课堂教学要为满足学生身心的健康成长提供条件，他们应当是课堂教学中愉悦的精神生活的享受者。

兴趣是最好的老师，是推动学生学习的强大内动力，也是影响学习效果的重要因素。而学生的学习兴趣不是自身固有的，也不是从天上掉下来的，而是靠老师一点一滴地加以培养而来的。但大多数老师上作文课的程序无非是写前指导、学生写作、老师批改三部曲，老师关在校园教作文，学生禁锢在教室里写作文，写人、记事、写景、状物、抒情、说明、议论，周而复始地练，其结果收效甚微，学生越练越没劲，越练越厌恶写作文。加之当前学生的学习压力大，学习紧张，对学习生活感到枯燥乏味，他们不但觉得自己的生活"没意思"，而且用冷眼看世界，觉得什么都"没意思"，什么都与自己无关。这样，写作和生活脱轨，没有好的写作素材，就不可能写出好文章。

由于种种原因，传统的作文教学过程，简化成"指导—习作—批改"三个环节，这三个环节形式单一，且教学过程中存在很多问题。老师给出一个作文题目，就要求学生写大作文，学生的生活方式单一，对生活的现象及发生在身边的事情缺乏观察和思考，就会写一些流水账似的文章，写完后老师进行全方位的挑剔性评价，甚至评价起学生作文的深度和内涵。特别是批改时，只要文中主题正确都给及格分，严格控制高分，老师的评价单一，对学生作文的评价没有梯度。很多老师写的评语都是无关痛痒的话，基本上每篇文章都通用。因为师生双方的背景和出发点差异很大，写评语有时会脱离学生实际需要，对学生的促进作用不大，学生对老师的评语感觉不到针对性，不知如何修改。长此以往，学生就没有兴趣仔细去阅读和思考老师的评语了。

传统的作文讲评，老师总是习惯于从总体上评价上次作文的优点和缺点，尽管老师讲得头头是道、有条有理，但学生根本不了解其他同学的情况，只

第四章 "学生自主讲评式"作文教学中学生的学习方式

好随便听听、被动接受,没有任何主动性。虽然老师课前花了大量时间和精力,写了很多评语,但是有些评语雷同,缺乏针对性、指导性。因此学生往往不领情,看完分数就放在一边而不考虑老师评语的含义,不去和自己的作文相联系。而且,老师限于时间和精力,不可能也没必要篇篇精批细改,次次点评到位,故很难从学生的实际需要出发,将评语写得符合学生的实际需要,写到每个学生的心里。这就使得学生的积极性、主动性和创造性难以得到发展,从而束缚了学生的思维,扼杀了学生的灵性,学生对讲评课也不会感兴趣,讲评课的价值也就不大了。

2. 学生的主体地位不突出

从人才的智能发展来看,人的核心素养是思维素养,人只有具备较高的思维素养,才能够在社会实践和科学研究领域有所发现、有所发明、有所创新。否则,即使掌握再丰富的知识,充其量也只不过是将自己的头脑变成别人思想的跑马场。中学阶段是青少年思维发展的重要时期,在这一时期,学生能否具有较高的思维素养,对于他们将来能否成为创造性人才有着重要影响。

受到应试教育的影响,目前的作文教学大多只是讲写作的技巧、技法、形式,学生成了知识的被动接受者,很难培养思维能力。有些学生写作文时缺乏投入感,没有激情,把作文当成难以应付的差事,从心底厌恶写作,没有主动性,没有心灵参与的过程。学生的第二课堂严重匮乏,除了读读教材中的文章,抄抄书本上老师指定的词句,有相当一部分学生的第二课堂几乎为零,有的学生甚至没有一本课外读物,他们的语言积累很是贫乏。心中无货,当然下笔无墨了。学生写作文时冥思苦想,想到什么写什么。作文缺乏中心,更是缺乏细节描写,让整篇作文失去生机,如同白开水般索然无味。在作文教学过程中,只有少数学生比较积极,大多数学生不感兴趣。写得好的是少数学生,讲评课成了他们的"天下",每次受表扬的总是相对固定的少数几个人,而且是"钦定御批"的,大多数学生与此无关,事不关己自然高高挂起,任你海阔天空,我自岿然不动,大多数学生的积极性不高,学生的主体地位不能凸显出来。作文讲评课成了几个同学的讲评课,整个课堂对学生作文修改的指导作用很小。

传统作文讲评多采用单一的"老师指导"的形式，作为学习主体的学生被排斥在评价过程之外。也就是只重视了老师的教，而忽视了学生的学；未能在知识与技能获得的过程中培养学生的学习能力；未能从学生的内部发展需要来激发学生对于作文点评的共鸣，以致学生对作文的讲评无动于衷。最终的结果是学生不知作文的目的，写好作文的内在动力缺失，作文水平提高缓慢，老师的教学效率低下。因此重视作文的讲评，创新讲评理念，让学生学会对自己与他人的习作进行评价、欣赏与修改，实际上就是教学生学会学习、主动学习。通过"学生自主讲评式"作文的教学实践，探索创新一条切实有效的作文讲评之路，让学生对自己与他人的作文学会评价、欣赏与修改，使"写好作文"成为学生的内在需求，全面提高学生的作文水平，为学生的终身发展奠定基础。

(二)"学生自主讲评式"作文教学中学生学习方式的探索

一直以来，作文讲评课大多是老师的一言堂：先念一两篇优秀作文，再笼统地总结一下学生作文中存在的问题，最后提出几点今后写作文应注意的问题。老师费时费力给学生批改的作文，写在作文纸上的评语很多学生漠不关心。在这样的作文讲评课上，学生总是处于被动地位，而且课堂气氛是比较沉闷的。在"学生自主讲评式"作文教学中，老师的主要作用是创建平台、激活氛围；明确讲评的切入点和着力点，掌控讲评的实效性；启发和引导学生积极拓展思维，实现作文的个性升格，引导学生尽情写作。作文讲评课应该以学生为主体，尽量让学生参与作文讲评，激发学生思维的火花。做到引而不发，让学生处于"愤""悱"的心理状态，引导他们通过思维去发现问题、解决问题。引导学生讲出习作中有个性的东西，在讲评中找到有个性的写作材料。

1. 探索作文讲评中学生最佳的学习方式

学生，是作文的主人，也应是批改和讲评的主体，学生处于主体地位，就会有兴趣读作文、赏作文、评作文、改作文，就会乐学、会学，主动地探究；作文写好后，是学生间的互相批改，互相讲评，不是由老师包办。作文讲评课也应体现出对尽可能多的学生的鼓励，而不只是老让少数"写作尖子"频频亮相；作文讲评课应该充满民主气息，面对作文，师生平等对话，甚至

第四章 "学生自主讲评式"作文教学中学生的学习方式

可以争鸣;作文讲评课在形式上也应尽可能新颖、生动活泼,以增强对学生的吸引力。

"学生是学习和发展的主体。语文课程必须根据学生身心发展和语文学习的特点,关注学生的个体差异和不同的学习需求,保护学生的好奇心、求知欲,充分激发学生的主动意识和进取精神,倡导自主、合作、探究的学习方式。教学内容的确定,教学方法的选择,评价方法的选择,都应有助于这种学习方式的形成。学生的写作过程是一个独创性的劳动过程,在此过程中应注重提倡"自主";作文的批改与评价,不仅涉及学生个体,也涉及学生与学生、学生与老师之间的关系,因此在进行作文评改的过程中应注重提倡"合作与探究"。

"学生自主讲评式"作文的目的就是努力把主动的、开放的、民主的、科学的主动权还给学生,把关注点放在学生身上。由于老师行为的明显改进,作文讲评的课堂不再是老师"演讲"的舞台,而是学生自主探究、自我发展、自我改进的天地。学生亲身经历学习过程,用自己喜欢的方式去探索、去发现,增强了学生的创新意识,培养了学生的实践能力。在教育教学过程中,老师要有意识地让兴趣和愉快经常伴随出现,相互补充、相互作用,营造学生学习和活动的最佳时机和成长的最佳情绪背景;从学生的兴趣和生活经验出发组织"学生自主讲评式"作文教学活动,从而提高课堂教学效率。

2. 提供优秀的案例及可借鉴的经验

(1)通过实践研究,提供并积累在"学生自主讲评式"作文教学中提高教学有效性的理念和优秀案例,培养学生的作文写作兴趣和写作后点评的兴趣。通过过程的评价,使评价成为学生学会实践和反思、发现自我、欣赏别人的过程。

(2)将作文讲评从被动的机械接受式泥潭中解放出来,走出一条以评促学、以评助写的新的写作道路。创设作文讲评的平台,构建师生和谐的课堂氛围,引导学生积极参与,让学生在作文讲评的海洋中遨游。

(3)提高老师对课堂的实践能力,改变困扰学生的无用写作现状,改变困扰老师的无效作文讲评的现状,为更好地观察、分析、实践、反思作文课堂教学提供一种可行性较强的参照。

(4)建立科学合理的"学生自主讲评式"作文教学评价机制。积极主动地研究作文教学策略,实现角色转换;让学生明确认识到作文不是单纯地考察语言表达与运用的能力,而是记录生活、感受生活、创造生活的一种形式,是他们表达思想、抒发感情、绽放才情的一种途径;激发他们的写作内驱力,提高学生作文的积极性与自主性;促进学生全面发展,推进作文教学改革,提高学生的作文质量,形成"学生自主讲评式"作文教学的有效策略。

(5)坚持"实践——理论——实践"的求真务实风格,着力研究"学生自主讲评式"作文教学中学生的学习方式,在实践中改进,在实践中完善,提供可以借鉴的学生学习方式的样例。

二、"学生自主讲评式"作文教学中学生学习方式的分类与实践

苏联教育家苏霍姆林斯基说过:"在人的心灵深处,都有一种根深蒂固的需要,这就是希望自己是一个发现者、研究者、探索者,而在青少年的精神世界中,这种需要特别强烈。"[①]在"学生自主讲评式"作文教学中,老师要乐于让学生转换角色,让他们尝试来做读者、做评委、做伯乐、做老师,成为名副其实的课堂主人。

(一)学生在"学生自主讲评式"作文教学中的地位

树立大作文教学观,要以欣赏的眼光正确评价学生的作文。学生的活动天地和思维空间,会使他们的一些做法显得有些幼稚,想法有些天真,但那是他们真实情感的流露。按照"写作教学应贴近学生实际,让学生易于动笔,乐于表达,应引导学生关注现实,热爱生活,说真话、实话、心里话,表达真情实感"的要求,在作文评价中,要站在学生的角度去欣赏学生的作文,尊重学生的意愿。重视对学生道德品质的培养,教会他们讲真话。以欣赏的眼光来看学生的作文,首先要善于肯定,只要具体明白、具有真情实感,老师就应给予肯定和鼓励。只有这样,才能使学生从内心出发,写自己想写的、所追求的、所欣赏的,从而激发他们的写作激情,同时促进他们在知、情、意、行等多方面素质的发展。

---

① 龚朝霞. 如何把课堂主动权交给学生[J]. 文学教育(中), 2011(10).

第四章 "学生自主讲评式"作文教学中学生的学习方式

老师要用科学的方法，引导学生合理使用作文评价量表，科学评价学生的作文。作文讲评不是单纯的老师评、学生听，而是师生之间、同学之间进行讨论、评议、修改的互动过程，是师生共同参与的教学活动。要想使讲评课上得生动活泼，老师必须根据作文训练的要求和学生作文的实际情况，灵活选择教学方法并不断创新，科学使用评价量表，对学生的作文进行正确评价，才能使作文讲评真正起到抛砖引玉、穿针引线的作用。老师要抓住学生争强好胜的心理，在讲评过程中通过设置灵活多样的欣赏环节，如"榜上有名""佳作亮相""片段欣赏"等，让学生朗读自己的作品，畅谈自己的写作思路。同时还要注意肯定学生自己的相对进步，从而使每个层次的学生都有展示自己的进步和成绩的机会，使被评价者通过他人的赞赏而受到激励。另外，我们还可让学生的表现延展至课外，如鼓励他们投稿等，让他们充分"炫耀"自己的成果，享受成功的快乐。

在讲评的过程中老师要注意引导学生学会合作，评改结合。老师要善于用富有启迪性、商讨性、趣味性的语言点拨、引导学生共同讨论，各抒己见，让学生用自己的眼光评评好在哪里，妙在哪里，欠缺又在哪里。老师要善于激发提高，唤起学生"我要修改、我要写得更好"的心理需求，让其主动修改自己的习作。值得一提的是，在学生动手修改、互改前，老师一定要强调"三分文章七分读"，并提出相应的要求，同时引导学生各小组展开合作与竞争，切不可敷衍了事，这样在具体的欣赏、评析中，学生会产生一种羡慕之心，会自觉不自觉地以别人的优点为榜样，吸收其中自己需要的东西，自觉投入修改作文的过程中去。

1. 学生做读者

科学研究表明，人的思维是通过语言进行的。也就是说，思维、思想离不开语言，所以训练思维的敏捷性不能离开语言，应综合考虑，互为促进。引导学生成为一个真正的读者，将读与写连成一体，以写促读，以读带写，在读、写、改、评的过程中关注生活、思考生活，关心窗外的世界，培养思维的敏捷性。

"学生自主讲评式"作文教学，要以学生为读者，学生通过小组合作的方式，在课堂上不同的时间，以不同的形式朗读自己或同学的文章，然后根据作文评价量表进行评价。学生不仅是作者，更是作文讲评课中的读者。学生的身份在讲评课中发生了巨大的变化，其参与的积极性大大增强。

  当学生辛苦写出来的作文只有一个读者——老师时，并且是一位比较专业又挑剔的读者，可以想象，他们写作文的时候是带着一种怎样的敬畏心情，他们的思维怎么能自由发散？但当作文的读者改变之后，由一个读者变成了几十个读者；由老师变成了自己的同学，学生意识到自己笔下的文字将面对很多读者时，学生的写作态度就变了，变得谨慎，变得认真，变得积极。而"读者"呢，也在想：这次我会读到谁的作品呢？这篇作文将给我带来怎样的感受呢？从中我可以学到什么优点或者发现什么问题呢？这种良性循环会让作文的写作与修改进入一种过去从未有过的以"合作"为核心的优化境界。的确，一个人至少有机会读6~8篇作文，既有欣赏的眼光，又具批判的精神，这种新鲜的阅读体验会让"阅读"成为"悦读"，进一步调动和激发学生的写作积极性。

  2. 学生做评委

  课堂对话，对训练学生思维的敏捷性非常有意义。钟启泉教授曾这样强调："对话沟通超越了单纯意义的传递，具有重新建构意义、生成意义的功能。来自他人的信息为自己所吸收，自己的既有知识被他人的视点唤起，这样就有可能产生新的思想。在同他人的对话中，正是出现了同自己完全不同的见解，才会促成新的意义的创造。"①通过学生做评委的形式，学生敢说、多说，反复训练，能够增强思维的敏捷性。

  学生读作文是有角色要求的，即作为评委去读。这种读也是合作完成的，所有组员可以共读一篇，这样会读得更深入、更挑剔。不过，这对自己也对组员提出了更细致、更高的要求，不仅要对作文的内容理解透彻，对本次修改作文的重点也要准确把握。这样才能有理有据地写出让同学信服的评语，有针对性地给同学提出修改建议。而这些具有针对性的建议，大都能贴近学生的心理，容易被学生接受。从原来的"被评"到现在终于有机会去点评他人，这种新鲜感和兴奋点，会刺激他做一个谨慎合格，又能贴近学生实际、话语

---

① 钟启泉. 对话与文本：教学规范的转型[M]. 沈阳：辽宁人民出版社，2004：59.

第四章 "学生自主讲评式"作文教学中学生的学习方式

风格与同学们相近的评委。如某同学的文章结尾写得太短,评委同学给的评语是:结尾再多写点字吧,不然就像大头娃娃了!某同学的字迹不工整,就出现了这样的评语:字迹跟我的一样潦草,不合人口味,下次要改!张同学的《何以解忧?唯有读书》全文都在空发议论,没有一个论据,同学评道:没有列举具体事例,哥们儿,好好听课哦!这些评委语言犀利,个性十足,贴近实际,点评也相当合理,细致到位。

3. 学生做伯乐

传统的作文讲评,大多是老师的讲评和引导。老师选定的作文是他认为合乎要求的作文,是老师定下来的,学生的讨论,只会围绕老师的评语泛泛而谈,因为老师已经认为某篇文章是好的或者是差的,学生在总体评价上很少有自己的创新观点,这样的讲评,基本就是老师说了算,学生认为老师有权威,这样在讲评课上愿意发言的学生寥寥无几,学生习惯于听从老师的经验介绍,从而缺乏讲评的能力,形成不参与的习惯。

"学生自主讲评式"作文教学,课堂上老师应鼓励学生在朗读同学的作文时,用欣赏的眼光去发现文章中的优点,使学生成为善于发现写作人才的伯乐。学生的作文应做到随机下发,推优,就是带着欣赏的眼光去发现他人的优点。在6~8篇作文里,总能选到大家比较满意的佳作。而被自己同学推选出来的佳作,总会给作者以极大的鼓舞。可设计以下展示环节:设置奖项,包括最佳字迹奖、最佳开头奖、最佳结尾奖、最佳故事(素材)奖、最佳语言奖;小组推荐者上台在相应奖项后面写下获奖名单并展示该同学作文的优秀部分,说出推荐理由。

4. 学生做老师

有效的作文讲评课可以说是对学生的作文指导而进行的再创作。传统的老师讲评、学生听评已很难让学生在作文讲评课中有更积极的参与。学生的作文要反映他的生活,而表现内容和方式可以不同。遇到的困难自然不太可能在一次讲评中兼顾。每个学生都有不同的难处,可以让他自己排一排哪个是最担心的。最好让他把自己的经历说出来,至少在小组中说出来和同学交流。或者通过小组讨论发现同学作文中的问题。比如作文中心不突出体现在什么地方;有的同学写作文不善于设置起伏,只会平铺直叙;有的同学不太会写场面；有的同学不会写人的心理活动；还有的同学语言描写不够简练，不会用三五句话概括自己的看法。学生小组间通过交流发现问题，就像老师一样针对这些问题提出修改的意见。

改变了老师唱"独角戏"的现象，让学生走到前面，让学生成为老师，让每一位学生都动起来，由原来老师繁重的全评全讲，逐渐改为由学生自评自改、同伴互评、集体互评互改等模式。作文讲评可以由学生自主提出问题并交流，或学生直接提问，引发讨论；也可以由组长主导，针对某一个问题展开交流和讨论，学生善于听，并能发现问题，成为作文讲评课的老师。

(二)"学生自主讲评式"作文教学中学生学习方式的实践

1. 自评互改

自评互改的自主学习方式，是一种特别注重引导学生在自我修改和相互修改的过程中提高写作能力的学习方式，这种学习方式极大地改进了课堂结构。通过学生进行自评和同学间互改，取长补短，促进相互了解和合作，共同提高写作水平，让他们在作文讲评中学会修改，乐于修改，善于修改。在批改中，大家质疑问难，深入研究并解决问题。自评互改的自主学习方式，就是一次运用自主、合作、探究的学习方式的过程。

传统的作文讲评课，只有老师对学生作文的精批细改，往往会促使学生形成习作时的一种惰性——写作文是我的事，改作文是老师的事。习作中出现的许多问题，学生本来能够通过自己的修改得到解决，可是由于老师在教学中的这种大包大揽替代了学生主动参与的机会，学生往往由于老师在自己作文中的包揽代替而放弃自评自改。学生自改作文是整个作文训练过程中的一个重要环节。实践证明，学生反复而认真地修改一篇作文，往往比写一篇新作文更能有效地提高写作能力。

"学生自主讲评式"作文课应以学生为主体，增加学生主动活动的机会，尽量让学生参与作文讲评，老师尽可能多地对学生进行鼓励，而不是总让少数"写作尖子"频频亮相；课堂要充满民主气息，面对学生的作文，师生应当平等对话，甚至可以争鸣，以增强"学生自主讲评式"作文课堂对学生的吸引力。

在展示的过程中，我们会经常看到学生能从别人的作文中学到长处，并

第四章 "学生自主讲评式"作文教学中学生的学习方式

且能够虚心接受同学提出的意见,对自己的文章进行适当的修改。在课程结束时,小主持人可以请每组进步的同学走到台前,将自己的名字写在光荣榜上,学生们的自豪感会油然而生。

对于"学生自主讲评式"作文的批改,老师可以先略批粗改,然后发下作文本进行简单讲评,再引导学生根据老师的讲评和批改提示对自己的作文写出修改的意见,自己总结需要修改的地方,然后进行初步修改。学生自评后,四人一组交流评改:首先浏览,做常规批改(旁批)。批改时在短时间内完成对文章结构布局、错别字、标点符号使用、病句等的标注和修改。拿不准的问题及时在小组中讨论解决。在修改时要充分发挥作文评价量表的指导作用,按照作文评价量表,对自己的作文进行初步的修改。其次,小组合作发现作文中的具体问题,将修改意见写在评价量表上。学生自己根据小组的修改意见进行修改,小组重新评价修改的情况。

自评互改,一般先修改作文的结构。小组先就文章的结构、过渡的语句、题目的设置、首尾的特点提出修改的意见。平时作文中,同学们常常对分段不够重视,习惯于"老三段",两头小,中间大,在文章的结构布局上失分很多。修改时,老师在设计评价量表时要把结构布局放在首要的位置,分数要设置得多一些。小组评改时,可以在大段处添加或删减,把它分成二至三段,分段时要注意段与段之间的过渡,还可以适当调整叙述的顺序。在评价量表中老师可以根据作文的内容设计训练重点,比如适当运用倒叙、插叙等手段,让作文的层次结构看起来更加活泼。此外还可以采用"一线串珠"的写法来表达自己的思想。在自评互改中,大家集思广益,选择更适合的结构方式和写作手法。

接着,通过细读进行精批(旁批、总批),修改文章的遣词造句。对文章优美的语句、段落进行点评;批改时语言要简练。总批时先总评后具体,先优点后缺点。书写必须规范。自评时还应写出自己对本次作文的感觉,如在哪些方面有了进步,还有哪些困惑,希望得到怎样的帮助,等等。

一开始,学生评价语中出现频率最高的可能是"语言较为贫乏,缺少细节描写"等,学生的评价语言会十分单调匮乏。这时候老师要充分发挥作文评价量表的作用,及时修改评价量表,让学生的修改有依据。有时学生自评时能够看出作文在语言方面存在的问题，但修改起来却十分困难。这时候就要发挥小组互改的作用。通过小组讨论，结合学过的课内文章，寻找适合修改文章细节描写的方法，学会遣词造句。例如，写人的文章，有的学生会想到《背影》中描写父亲翻越铁道买橘子的片段，动作的描摹，让读者如见其人，如临其境，运用得有灵气，能增强文章的气韵，使文章活起来。有的同学还能想到《秋天的怀念》中对母亲的语言和动作的描写方法；还会想到《散步》中环境的烘托作用。大家通过与课内文章的对比，就会发现同学的作文的语言不是"朴实"而是"贫乏"，尽管同学学了那么多篇课文，老师也让同学积累，但只是"纸上谈兵"，写作上不知如何运用。经过学生的相互讨论、提醒，学生在原有的文章中用心修改，然后再品读，效果就会很好。

最后，四人一组交流，推荐小组中的好文章或好段落，总结本次作文的优劣得失。老师巡视，参与批改并及时捕捉学生的优、缺点，做到心中有数，以备参考与进一步讲评。课后，老师根据写作思路对所有的作文进行归纳分析，以学生自评互改为主确定了相对写得好的作文及学生作文中的精彩片段。

【操作举例】

（1）学生自评：

按三个步骤来完成。

第一步，大声朗读自己的习作，读时要注意每一句话中的每一个字，边读边把错字改过来。对错误的标点符号进行修改。老师根据学生的写作能力差异有针对性地进行辅导。

第二步，逐段细读习作。错字、错误标点已解决，下一步就要注意句子的准确性。学生一段一段地细读习作，若发现用词不当、句子写得不准确，要一一进行修改。这一步用的时间多，一遍下来还不够，要反复地读，多次修改，直到自己觉得段落通顺为止。

第三步，通读全篇习作。如果发现字、词、句用得不当，要再一次修改。

第四步，根据作文评价量表思考自己本次作文从结构到遣词造句、到写作手法的运用，哪些地方需要修改，写出自己的修改意见和存在的困惑。

（2）学生互评：

分四个步骤完成。

第四章 "学生自主讲评式"作文教学中学生的学习方式

第一步，明确作文训练的重点。要求认真阅读同学的习作，明白本次写作的内容、要点是什么，选怎样的材料才适合。这一步完成后，在头脑中拟定一个大略的提纲，再按以下步骤进行：

全班以四人为一小组，按次序分别说出自己要写的习作题目及内容，要注意这几个方面：第一，详写什么，略写什么，按提纲说。第二，所要表达的中心是什么。一人表述，其他三人听，并商讨该生的选材是否合理，四人都说了，统一了意见，方可动笔批阅修改。

根据小组讨论结果开始审读同学习作。在修改时，注意句子的表达、用词的准确性，尽量做到把自己平时积累的经验教训总结进去。批改完后按如下步骤进行：首先，自己独立全面地检查作文；其次，四人一小组合作修改；再次，再一次统一修改意见；最后，要求作者本人誊写在作文本上。

这样做的好处是，学生认真听、仔细看，然后畅所欲言，积极性高，课堂气氛活跃。团结就是力量，三个臭皮匠顶个诸葛亮，集中多个同学的智慧，一篇更完美的佳作就这样诞生了。

第二步，典型例文和差作剖析。找一篇不是很成功的文章，作者自己读文章，其他同学边听边找不足之处，然后自由发言。根据学生所提缺点，组长在文章中画出存在不足的地方，让多个学生提出建议、办法，老师或同学给予点评，并当堂修改，修改完成后，让该文章作者再读。

第三步，小组分层次批改。把作文按好、中、差分类，分发给各个小组。由组长负责，一本一本地批阅。组长读习作，其他人听、看，自由提出优点和缺点，小组商讨好后，由组长执笔，写好评语。

第四步，老师审阅，展示结果。把文章收上来，老师进行审阅，根据不同等次装订成作文集，在班上传阅，让每个同学都能欣赏到其他同学的作文。

明确互改要求，可以先给出一个总体标准，什么样的文章可算是好文章，好文章又分为几等，让学生在脑海中树立整体的批改意识和目标。评改标准可分为常规评分标准和特定评分标准。

常规评分标准：

(1)错别字，1个错别字扣0.5分(扣5分为限)；

(2)遣词造句，是否通顺，用错一个词扣1分(扣5分为限)；

（3）语言是否简洁、生动、连贯，一个病句扣2分(扣10分为限)；

（4）标点符号的运用是否规范，用错2个标点符号扣1分(扣3分为限)；

（5）卷面是否整洁，书写是否工整，涂改2字扣1分(扣5分为限)；

（6）审题立意错误，重扣(10~40分)；

（7）谋篇布局，层次是否清楚(视情况扣10~20分)。

特定评分标准：

根据写作指导时提出的具体写作要求，从文章的审题、立意、选材组材、谋篇布局等方面，制定本次作文评改的特定标准，可以板书在黑板上，供学生参考。在自评互改作文步入正轨时，即可使用"作文评价量表"，把它印在修改的例文上，每篇一张；可以成批印刷，直接印在作文纸上使用，这样自评互改作文操作起来更方便。

2. 共改升华

共改升华式学习方式是一种在明确修改侧重点的前提下，引导学生共同修改一段、几段或一篇文章，相互取长补短，共同提高写作水平的学习方式。这种方式可以有效地促进学生相互了解和合作，能够更加直观地分享写作感受，沟通见解。操作过程中，不仅要特别注意考察学生共同修改作文的情况，还要关注学生修改作文的态度、过程、内容和方法。

作文是思维的产物，优秀的作文来源于优秀的思维。学生每进行一次共同修改，就是一次很好的思维过程的训练。师生共同修改作文，思维训练的目标非常明确，他们必须思考"为什么这样写"和"怎样改"，他们在批改中必须始终处在不断发现问题、提出问题、分析问题、解决问题的思维中，必须敏锐地发现和准确地选择，必须揣摩作者的命题立意、谋篇布局、遣词造句。他们的思维一直处于紧张的活动状态，应该说共同修改的过程就是一个动态的创作过程，共改升华式学习方式确实锻炼了学生的写作思维。

先让学生集中改某段文字，畅所欲言，再去认认真真地改自己的习作，欣赏生动有趣的片段描写。例如，在写作中，明确了"如何将事例写具体、写生动"的要求后，部分学生依旧没有具体化的概念，依旧不知从何下笔，那就全班共改一文，进行实际的操练。在大家的思维碰撞中，同学们学到了很多，并且结合老师的适当指导，更有助于学生茅塞顿开，有所感悟。共改环节扎扎实实地落实，才有学生自改时习作能力切实的提高。

片段一："晚上，天空星星很少，月亮像只烧饼一样高高地挂在天空，看得我都有点饥饿了。条条树影飘飘扬扬，倒映到鱼塘里。周围蛙声叫个不断。"

修改后示例一："天空星星很少，只见一轮月亮像玉盘一样镶嵌在夜空。不远处，千条万条树影飘飘扬扬，飘到鱼塘里。小青蛙好像找不到自己的亲人一样，叫个不停，蛙声几乎传到了每一个人的耳朵里。"

修改后示例二："寂静的晚上，我心情烦躁，就到天台看月光。天空星星很少，只见一轮月亮像玉盘一样镶嵌在夜空。低头望远，不远处，千条万条树影飘飘扬扬，飘到鱼塘里。青蛙坐立不安，叫个不停，蛙声几乎传到了每一个人的耳朵里。"

老师教学反思：

好文章是修出来的

文章不厌百回改，反复推敲佳句来。过去的作文批改，一则耗时费力，二则收效甚微，一直以来是语文老师感到头疼的事。如何把新教材的作文教学工作做好，把学生的写作能力提到一个新的高度，这是摆在老师面前的重要任务。

一、改变认识，师生同责

作文在语文考试中几乎占有半壁江山，作文教学是现代语文教学的重头戏，面对如此重要的事情，我们的学生却无动于衷。我们的学生在作文时却很不注重修改，写完了就算完事了，认为修改是语文老师的事。这种看法是错误的，有害的。不会修改文章，不懂得修改的要求和方法，会妨碍表达，不利于作文水平的提高；不重视修改或缺乏修改能力，在平时作文和作文检测中就会出现不应出现的错误，这样会直接影响考试的成绩，因而中学生一定要对作文修改予以足够的重视。修改是整个写作训练过程中不可缺少的一个方面。老师要在平时的作文训练中培养学生修改文章的习惯和能力，要把修改习作作为作文课不可缺少的步骤，并及时检查。

二、让学生有法可依，有章可循

学生完全自改，要有个过程，不能急于求成。第一步，教给学生作文修改符号；第二步，按照写作要求，老师示范批改，让学生掌握批改的方法。我先统观全班作文以后，选出好、中、差各一篇作文，并打印出来，给学生每人一份。让学生通读后，引导学生先从大处着手。

(一)定标准，做框架

①研究体裁是否正确。让学生读后判断该文章是什么文体。

②分析立意是否积极或有新意。是从一个故事中感悟出一个道理呢，还是从一件亲身经历的事中看出了什么或懂得了什么，这个道理是否新颖等。

③选材是否典型。同样的材料，如果叙述的重点不同，会有不同的结果。这篇文章的结果或道理是否与叙述的重点相吻合等。

④记叙是否有条理。让学生读后思考这篇作文的记叙是否条理清晰、有条不紊。

⑤描写是否具体生动。对这件事的人物是否描写全面，因为每一个鲜活的人物形象都是从多角度、多侧面去写，这个人物才能给人留下深刻的印象。

⑥结构是否完整。一篇文章有头有尾，并且内容充实，这篇文章才算结构完整。

⑦详略是否得当。想把一件事情叙述完整，看他是否把紧扣主题的内容详写了，与主题无关的东西略写或不写，达到详略得当，主次分明。

(二)审细节，酌语言

①语言是否准确。看这句话或整篇文章的语言是否连贯，是否有病句等。

②用词是否恰当。中国的语言文字是非常博大精深的，每一种意思都会有多种表达，这就要仔细斟酌词句了。

③标点符号的运用是否正确。让学生考虑这篇文章中的标点是否正确，那就应注意平时在阅读中也要读出标点符号在文中的作用。因为标点是文章的有机组成部分，绝不能忽视。

④看有无错别字。如果在关键语句的关键部位出现错别字是会影响整篇文章的表达效果的。

(三)老师示范引领

把写给这三篇文章的评语分别打印出来，让学生根据我的评语进行补充和修改。这一步的主要目的是使学生进一步理解文章，让学生有一种"山重水

第四章 "学生自主讲评式"作文教学中学生的学习方式

复疑无路,柳暗花明又一村"的感觉,为以后的自批和集体小组批改打下一个良好的基础。

三、自我读改,提升能力

鲁迅先生曾说过:"写完至少看两遍,竭力将可有可无的字、句、段删去,毫不吝惜"。① 语言大师老舍先生也说过:"我写作中有一个窍门,一个东西写完了,一定要再念、再念、再念,念给别人听,看念的通顺不,逻辑性强不,看看句子是否有不够妥当处。"② 可见,用阅读的方法修改自己的作文,这对于培养学生修改作文的能力是十分重要的。平时,我要求学生写完文章后,至少读三遍,一是默读,检查文章中心是否明确,详略是否得当,层次是否分明;二是朗读,检查有无病句,段落之间衔接是否自然,是否拗口,前后是否连贯等;三是精读,检查有无错别字、添字、落字或标点符号使用不当等。

四、小组互批,品读评语

小组互批法是我们修改作文的主要方法。主要过程是:以四人为一组,小组内分工明确,共同讨论,共同发言,有记录员,有组长。修改作文的方法按"示范法"进行,当然不同的作文,还有一些具体要求。批改后在文后写上评语并评级,写上修改者的姓名。这样做的目的是表示负责,也便于老师和其他小组检查。

作文评语如果注入生命的活力,关注生命的成长,对于提升作文的导向品位、文化品位和育人品位有很重要的意义。所以对作文的评语的品读,能调动学生的写作热情。我经常把写给学生的评语打印成条目发给学生,让学生去品读或结合作文去品读,许多学生根据评语又写出了许多让人感动至深的日记来。品读评语,实际就是对写作知识和写作能力的又一次检验。让学生在"品"中"悟",在"悟"中"品",不断对写作有一个更纵深的认识。

可见,修改能力是写作的基本能力之一,修改是写作过程中不可缺少的一道工序,常言道"好文不厌百回改",作文是改出来的,不是写出来的。俄

---

① 龙飞. 契诃夫名言的启示[N]. 中华读书报, 2018-7-25(18).
② 何甫敏. "读"改文一法[J]. 江西教育, 1993(04).

国作家契诃夫曾说过:"写作的艺术,其实并不是写的艺术,而是删去写得不好的东西的艺术。"①古今中外成名作家均注重文章的修改,即能充分证明修改的重要性。

3. 体验感悟

体验是指由身体性活动与直接经验而产生的感情和认识。体验使学习进入了生命的领域。因为有了体验,知识的学习不再仅仅属于认知理性的范畴,它已扩展到情感、生理和人格的领域,从而使学习过程不仅是知识增长的过程,同时也是身心和人格健全与发展的过程。体验感悟就是心灵对外部世界的发现以及发现过程中的创造。"感"是感受,是"感之于外,受之于心",又是"目击事物,便以心击之"。"悟"是领悟,是在感受基础上的进一步领会。领悟因过程的长短和思维方式的不同而有渐悟和顿悟之分。感悟具有整体性、个体性、模糊性和不可重复性。即使处于同一情境,由于每个人的心态、经历不同,感悟也迥然各异。

"学生自主讲评式"作文教学中,学生体验感悟式学习方式是一种能够使学生的写作实践成为他们的生命活动、心灵活动的学习方式。它能引导学生进入写作的意境中,进行一次次精神探险,体味作文言语的魅力,感受文中之形、文中之境、文中之情、文中之趣、文中之韵味,在体验感悟中学习写作知识、技能和方法。

苏霍姆林斯基说过:"成功是一种重大的情绪力量,可以激发儿童好好学习的愿望。"②相对于传统的"注入式教学"与"填鸭式教学"向学生灌输知识,我宁愿选择"不愤不启"的教学方法,因为我们的学生需要的更多的是思考的时间和空间,只要我们把课堂放手给他们,在合适的时候给予他们合适的理论指导,他们一定能够给我们带来意想不到的惊喜。所以,在课堂上,还需要老师能敏感、及时地发现学生的闪光之处,给予适当的评价,当然也要注意,评价的话不在于多而在于有建设性,不在于深而在于能给人以激励,不在于好而在于能给人以希望,当学生被鼓舞、被信任能做重要的事情时,或

---

① 唐九林. 指导学生修改作文一二三[J]. 现代语文(教学研究版), 2010(08).
② 苏霍姆林斯基. 给教师的建议(上)[M]. 北京:教育科学出版社,1980:223.

有更高的自我期待时，他们才能始终保持自信愉悦的心情参与到整个教学过程中来，学生才有可能会学得更好。

"学生自主讲评式"作文教学中，老师要精心设计活动，无论是课堂活动，还是课外活动，吸引学生参与到活动中，在活动中"以身体之，以心验之"，从而产生体验。初春时节，校园里万物争春，百花绽放。操场边的长廊上，一根根葡萄藤静静地卧在长廊的藤架上，藤节处还看不到一丝绿意，腊梅花已经开得旺盛，这些场景都能激起学生的写作欲望。学生讲评作文时，让学生根据自身的感受和体验，通过联想和想象等手法丰富文章的内容，升华作文的主题。各种实际情景，或接触模拟情景，甚至是头脑中想象的情景，它只要能激起学生对事物的真切感受，深刻理解，并在此基础上形成真实的情感和丰富的联想，就能诱发学生的体验。

"学生自主讲评式"作文教学中，老师要运用多种手段营造情境，如联系生活展现情境，播放音乐渲染情境，运用实物演示情境等。最直接、最便利的诱发体验的方式，不能不说是阅读了。世事纷繁复杂，我们不可能都一一经历过，通过阅读交流等方式理解社会、理解他人，是体验生活的又一重要途径。"学生自主讲评式"作文教学中，学生在课堂上畅所欲言，相互借鉴，互为补充，形成佳作。

教学设计举例：

走进社会　感悟生活
——人物描写之神态动作

【课标分析】

①能利用工具书识字词；规范书写。

②能熟练地使用朗读、默读、略读、浏览等阅读方法。

③培养学生达成阅读理解的五个层次：了解课文涉及的文学常识；理清思路；理解分析主要内容；随文学习基本词汇、语法知识和修辞方法的表达效果，体味和推敲重要词句在语言环境中的意义和作用；结合课文的内容和主旨，表达自己的情感体验，初步领悟作品的内涵。

④在阅读中了解叙述、描写、说明、议论、抒情等表达方式；了解文章的体裁，能够区分写实与虚构作品。

⑤口语交际中培养学生学会复述、转述、即席讲话和主题演讲，提高学生表达、倾听和交流的水平。

⑥写作要抒发真情实感，表达观察生活的认识和感受。

【教学重点、难点】

1. 教材分析

九年级第三单元是小说单元，学习这些课文，要结合自己的生活经验，理解小说的主题，分析人物形象，体会艺术特色，从中得到人生的启示和艺术的享受。

2. 教学重点

向名家学习人物动作神态描写。

3. 教学难点

学以致用，在写作中表现出来。

【学情分析】

学生已经有了一定的自主阅读能力，对于小说这一文学体裁，也已不陌生，小说的三要素学生已经掌握。

①学生基本能通过自主学习与小组合作，梳理故事情节，理清思路，感知小说的内容，体验感悟人物的形象特点。

②学生在发表即席讲话上存在问题，教学中要注意使用学生自学和老师指导相结合的策略。

一、构建动场

学生上台表演"胡屠户收银子"故事情节，分析他贪财的嘴脸。

屠户把银子攥在手里紧紧的，把拳头舒过来，道：这个，你且收着。我原是贺你的，怎好又拿了回去？范进道：眼见得我这里还有几两银子，若用完了，再来问老爹讨来用。屠户连忙把拳头缩了回去，往腰里揣，口里说道：也罢，你而今相与了这个张老爷，何愁没有银子用？

二、自主学习

学生阅读原文，圈画出关于人物神态动作描写的相关语句。

三、合作探究

活动一：小组合作，品析下列语句。

第四章 "学生自主讲评式"作文教学中学生的学习方式

①其间有一个十一二岁的少年，项带银圈，手捏一柄钢叉，向一匹猹尽力的刺去，那猹却将身一扭，反从他的胯下逃走了。

我们沙地上，下了雪，我扫出一块空地来，用短棒支起一个大竹筛，撒下秕谷，看鸟雀来吃时，我远远地将缚在棒上的绳子只一拉，那鸟雀就罩在竹筛下了。

——勇敢、聪明机智的少年

②他站住了，脸上现出欢喜和凄凉的神情；动着嘴唇，却没有作声。他的态度终于恭敬起来了，分明的叫道："老爷！……"

母亲叫闰土坐，他迟疑了一会儿，终于就了坐，将长烟管靠在桌旁，递过纸包来，说：

"冬天没有什么东西了。这一点干青豆倒是自家晒在那里的，请老爷……"

我问问他的景况。他只是摇头。

——麻木、无奈、苦痛的中年。

分析原因：多子，饥荒，苛税，兵，匪，官，绅，都苦得他像一个木偶人了。

(旧制度下农民的典型)

③我孩子时候，在斜对门的豆腐店里确乎终日坐着一个杨二嫂，人都叫伊"豆腐西施"。

圆规一面愤愤的回转身，一面絮絮的说，慢慢向外走，顺便将我母亲的一副手套塞在裤腰里，出去了。杨二嫂发现了这件事，自己很以为功，便拿了那狗气杀，飞也似的跑了，亏伊装着这么高底的小脚，竟跑得这样快。

——自私自利的小市民形象。

总结根源：辛亥革命后小市民的生活更加窘迫。

④芦荡如万重大山围住了小船。杜小康有一种永远逃不走的感觉。他望着父亲，眼中露出了一个孩子的胆怯。

夜里睡觉时，他紧紧地挨着父亲，并且迟迟不能入睡。

杜小康忘记了父亲，朝一股鸭子追去。这股鸭子大概有六七十只。它们在轰隆隆的雷声中，仓皇逃窜着。他紧紧地跟随着它们。他不停地用手拨着

· 125 ·

眼前的芦苇。即使这样，脸还是一次又一次地被芦苇叶割破了。他感到脚钻心地疼痛。他顾不得去察看一下。他知道，这是头年的芦苇旧茬儿戳破了他的脚。

杜小康闻到了一股鸭身上的羽绒气味。他把头歪过去，几乎把脸埋进了一只鸭的蓬松的羽毛里。他哭了起来，但并不是悲哀。他说不明白自己为什么想哭。

——经历孤独风雨之后坚强成长的少年。

⑤父亲忽然看见两位先生在请两位打扮得漂亮的太太吃牡蛎。一个衣服褴褛的年老水手拿小刀一下撬开牡蛎，递给两位先生，再由他们递给两位太太。她们的吃法很文雅，用一方小巧的手帕托着牡蛎，头稍向前伸，免得弄脏长袍；然后嘴很快地微微一动，就把汁水吸进去，牡蛎壳扔到海里。

——爱慕虚荣，推动情节发展。

⑥我一直盯着父亲，看他郑重其事地带着两个女儿和女婿向那个衣服褴褛的年老水手走去。我父亲突然好像不安起来，他向旁边走了几步，瞪着眼看了看挤在卖牡蛎的身边的女儿女婿，就赶紧向我们走来，他的脸色十分苍白，两只眼也跟寻常不一样。他低声对我母亲说："真奇怪！这个卖牡蛎的怎么这样像于勒？"

我父亲脸色早已煞白，两眼呆直，哑着嗓子说："啊！啊！原来如此……如此……我早就看出来了！……

父亲神色很狼狈，低声嘟囔着："出大乱子了！"

——冷酷无情，唯利是图。

小结：揭露了资本主义社会人与人之间赤裸裸的金钱关系。

活动二：分析文段，总结写作手法。

①扫开一块雪，露出地面，用一枝短棒支起一面大的竹筛来，下面撒些秕谷，棒上系一条长绳，人远远地牵着，看鸟雀下来啄食，走到竹筛底下的时候，将绳子一拉，便罩住了。

第一招：顺承连接式

②主席也举起手来，举起他那顶深灰色的盔式帽。举得很慢很慢，像是在举一件十分沉重的东西，一点一点的，一点一点的，等到举过头顶，忽然

第四章 "学生自主讲评式"作文教学中学生的学习方式

用力一挥，便停在空中，一动不动了。

主席站在飞机舱口，用坚定的目光望着送行的人群，用宽大的手掌握住那顶深灰色的盔式帽，慢慢举起，举起，然后用力一挥，停在空中……

第二招：前呼后应式

③"温两碗酒，要一碟茴香豆。"便排出九文大钱。

他从破衣袋里摸出四文大钱，放在我手里，见他满手是泥，原来他便用这手走来的。

第三招：对照比较式

④我简直诧异得要爆炸了，这样残酷无情的诬蔑！……我简直弄得神经错乱，不知所措。我只好把那一天混过去，根本就没有采取任何步骤。

第四招：心理感受式

⑤有一个战士，他手里还紧握着一个手榴弹，弹体上沾满脑浆；和他死在一起的美国鬼子，脑浆迸裂，涂了一地。另一个战士，嘴里还衔着敌人的半块耳朵。

第五招：并列平行式

⑥这时候，我的脑里忽然闪出一幅神异的图画来：深蓝的天空中挂着一轮金黄的圆月，下面是海边的沙地，都种着一望无际的碧绿的西瓜，其间有一个十一二岁的少年，项带银圈，手捏一柄钢叉，向一匹猹尽力地刺去，那猹却将身一扭，反从他的胯下逃走了。

第六招：分合转换式

⑦扑的只一拳，正打在鼻子上，打得鲜血迸流，鼻子歪在半边，却便似开了个油酱铺，咸的、酸的、辣的一发都滚出来。……提起拳头来就眼眶际眉梢只一拳，打得眼棱缝裂，乌珠迸出，也似开了个彩帛铺，红的、黑的、紫的都绽将出来。

第七招：比喻连环式

⑧海自己醒了，喘着气，转侧着，打着呵欠，伸着懒腰，抹着眼睛。因为岛屿挡住了它的转动，它狠狠的用脚踢着，用手推着，用牙咬着。

第八式：拟人寄情

127

要想提高不同层次学生的习作修改能力，学生的习作感悟至关重要。"学生自主讲评式"作文教学中，一定要做到环节清晰，重点突出。在指导"如何把事例写具体、写生动"时，通过欣赏不同层次学生的习作段落，让学生从读中悟，在读中想，引导学生自己去发现，可以通过各种描写方法、修辞手法等将事例写具体、写生动。在"悟"的过程中，不同层次的学生都能说出一两点自己的体会，并从他人的发言中得到启发。充分利用"大家来帮忙"环节，让不同层次的学生都能表达出自己的想法，并从其他同学的回答中学到更多的写作方法。当不同层次的学生对"如何把事例写具体、写生动"都有所"悟"，再对每个人自己的习作进行切实的操练，不同层次的学生的修改能力能够得到有效提高。

4. 小组合作学习方式

小组合作学习方式是指学生在小组或团队中为了完成共同的任务，有明确的责任分工的互助性学习。这种学习方式，将学生置于核心，在与老师或他人的合作中，学习知识，发展技能，在发展中学会学习、学会合作、学会创造，有利于培养学生的主体性、合作能力、终身学习能力以及创新能力。

小组合作学习方式将传统班级教学的竞争型学习结构转变为合作型学习结构；小组合作学习把"不求人人成功，但求人人进步"作为教学评价的最终目标。充分重视学生习作的修改与讲评，既能激励学生写作的兴趣，调动学生练笔的积极性，又能有效地培养和提高学生的赏析和表达能力。其特征主要体现在以下几个方面：

（1）积极地相互支持、配合，特别是面对面促进性的互动。

（2）积极承担在完成共同任务中个人的责任。

（3）期望所有学生都能进行有效的沟通，建立并维护小组成员之间的相互信任，有效解决组内冲突。

（4）对于个人完成的任务进行小组加工。

（5）对共同活动的成效进行评估，寻求提高其有效性的途径。

开展小组合作学习活动并不是将桌椅形式一变就行的。为使小组合作学习不流于形式，达到实效，必须从技能与方式培养入手。可以采用不同方式：

第四章 "学生自主讲评式"作文教学中学生的学习方式

组长主持式、轮流发言式、分项讨论式、补充讨论式、小组讨论式。学生要成功、愉快地合作，必须培养良好的交往技能，锤炼合作品格。要具体做到五个"学会"：

学会独立准备：学生应针对老师提出的议题结合自己已有的生活经验和积累认真进行思考，形成自己的观点。

学会表述：在表述前，对自己的观点略加整理，表述时力求明白，条理清楚，简明扼要，同时还要善于对他人的观点或认同、或补充、或争辩。

学会倾听：不随意打断他人的发言，在情绪上要予以配合。

学会总结：善于在众人观点的基础上总结交流，形成成果，完善已有的观点，甚至生成新的观点，产生进一步的思考和探究。

学会欣赏：不瞧不起学习有困难的同学，不嫉妒、排斥影响自己获胜的同学，小组竞争失败后不相互埋怨指责。

这样便促使学生互勉、互助、互爱。这种良好的合作品格，最终形成"你好，我好，大家好"的良好学习氛围，从而达到学会认知与完善个性、做学问与做人的完美统一的目的。

利用小组合作进行作文评改，让学生全员参与习作的修改与讲评，让他们当一回评卷人，可以让学生真正成为习作的主人，也可以大大减少老师的工作量。针对作文批改讲评中"老师高投入、学生低收效"的现状，我们从学生的参与与合作入手，构建作文批改的"互动"模式。即在作文批改讲评中形成师生之间、生生之间的多种促动关系。其做法如下：

（1）分组抽作文。以四至六人为一组，分组时，主要考虑以下三个原则：一是自愿性原则，二是互补性原则，三是可变性原则。分好组后随机抽取要批改讲评的作文，原则上不能抽取同一小组同学的文章。

（2）制定标准。即合理设计本次作文的评价量表。标准的制定应在老师的指导下开展。一是制定共性标准，即评价修改作文的一般要求。二是围绕本次训练目的而制定的课时标准。标准的制定一定要简明，易于操作。

（3）互改习作。首先由学生按要求各自批改自己拿到的习作，然后在组内交流批改情况，互谈体会，拟写批语，给定分数。其间，老师要巡回把关，点拨指导，摸清学情，积累材料，为相关指导做必要准备。①主持人安排小组互评步骤及任务，调控课堂时间。②将本小组的作文随机分发到人（小组成员互评），学生默读同组学生的文章，重点批改字词、标点、病句等细节，进行基础互评，做到文从字顺。③学生轮流阅读手中的作文。根据老师下发的本次作文训练的重点及作文评价量表进行选材、构思等写作技巧方面的评价，给每篇作文写不少于20字的总评。作文水平较低点的学生可以请组长执笔。④以组为单位讨论评改，由组长主导，对本组每篇作文的立意、选材、结构等提出具体的修改方案。⑤将本组作文分为好、中、差三类作文，从本组作文中评选一篇典型例文，参加全班交流讲评。

（4）互推佳作。在批改讲评后，要求每一组至少推出一篇佳作，多者不限。指定推出佳作的同学在班上朗读该文章，读后提出推荐理由，共同赏析，老师在此环节中可提出鼓励性意见。

在作文批改讲评中，构建互动合作式学习模式，较好地克服了过去作文讲评中的弊端，在范围上、程度上均为其知识的内化、迁移直至运用提供了条件。在这样的机遇中，学生大多能创造性地审视、评价他人以及自己的习作，从而收到了良好的教学效果。

在开展合作式作文评改时，老师切不可甩手不管，而是要进行精心的组织，作文评改课要有目标、有计划、有坡度，不能胡子眉毛一把抓。可以从字迹、修辞、开头、结尾、审题、构思、选材等方面循序渐进。课前可以选出一些能代表本次作文优点或不足的典型习作和片段，印出来发到各合作小组，让全班学生都来评一评。老师要有意识地引导大家摆优点，评不足，找问题，提出修改意见。有时可以采用自主的形式，让学生自己选出最喜爱的文章，在小组里轮流朗读，其他人边听边用三言两语写出自己的简评并交流。为了让每一名学生都拥有更多的读者，除了在班级开展隔周一次的评（读）文活动，甚至还可以与其他班级进行大型的合作交流，把好文章推荐到报社或杂志社。通过这些教学活动，学生不仅养成敢于陈述自己观点、敢于展示自我的良好习惯，还学会了取长补短，提高了认知能力和表达能力。

"学生自主讲评式"作文教学中，充分利用小组合作的学习方式，更有利于激发学生写作的兴趣，提高学生的课堂参与度。

在操作过程中要注意以下三个方面：

第四章 "学生自主讲评式"作文教学中学生的学习方式

（1）要精选内容。精选合作内容是开展小组合作学习的前提。作文教学的内容可具体分解。合作学习是以学生互相学习，取长补短，达到共同提高，培养合作精神为目标的。因此，可让每个合作成员有明确的任务。作文内容要有探究的价值。有一定探究价值的作文内容就有一定的难度，答案多样，学生也会对参与小组合作学习比较感兴趣。合作学习中分工也很关键。既然是合作学习，就涉及小组成员的分工。首先是组内成员要有角色分工：确定组长、发言人、辩论员、记录人……其次是任务分工，例如，需要搜集一些作文资料，小组内可安排不同的任务，有的积累词语，有的积累优美语句。所以小组成员必须有明确的分工，这样才能发挥个人的长处。

（2）要积极引导。在学生小组合作学习中，老师不是旁观者，而是积极参与者和指导者，并且将合作的理念渗透到作文课堂教学的过程之中，通过师生合作带动生生合作。老师参与其中可以正确把握学生对题目的审题是否有偏差，并及时发现问题，正面引导。这样有助于学生顺利开展小组合作学习，达到小组合作学习的预期目标。

当完成一次小组合作学习后，首先要反馈小组合作学习的结果，因此必须组织全班交流汇报，以扩大小组合作的效益，从而获得成功的喜悦，并提高小组合作学习的兴趣。

（3）要及时评价。可以从合作技巧、合作效果、合作是否愉快、进步程度等四方面对合作小组和个人进行评分评奖，并做好记录，填写在各小组的学习卡里；也可以用喜讯的形式在班上公布或向家长报喜，激励学生再接再厉，更上一层楼。

评价要注意两个维度：

首先，老师应尽量让更多的小组充分展示其成果。每位学生的发言都是代表小组的意见而不是某个人的想法，组内的其他成员可以补充，其他组的成员有不理解的地方可以提问，但要注意问题的针对性，必须是围绕发言组所阐述的内容去发问，不能偏离到与之无关的内容上去。老师要鼓励学生对问题提出不同的看法、相互争论，以激发学生深入地思考问题。若课堂时间有限，老师可以根据对合作学习过程的观察选择较有特色的小组来发言，以便给学生提供最好的范例。

其次，评价可分层次进行。在小组内对每个同学的表现进行评价，主要从参与是否积极、合作是否友好、工作是否认真负责等方面进行，目的是让每个学生了解自己在小组活动中的表现。方法有两种：其一，学生自我评价。个人有什么收获、经验或教训，都可以在小组或班上进行自我评价；其二，小组成员相互评价。个人从组员相互的评价中发现自己的长处或不足，用以调整自己的学习策略。

在组与组之间进行评比，看一看哪个小组的活动开展得最好，哪个小组的同学最积极主动、团结友好，尤其要特别关注那些在学习上有一定困难的学生，关注他们是否积极参与。小组与小组之间的相互评价，能够促进组内的合作与组际之间的合理竞争。

教师对小组或个人的评价：一般以小组评价为主，个体评价为辅；评分可以分为"基础分"和"提高分"两种，重在发展性的评价导向，鼓励人人达标，组组夺标成功。对表现好的小组和个人经常发给一些小奖励，如小红花、金苹果、小旗子等，培养学生的团队精神。

相对于评价学生的个体学习，评价小组的合作学习，除了要赞扬合作有成果的小组，更要关注的是小组成员合作学习的过程，以培养学生的集体荣誉感和合作精神。可让学生先评议，然后教师再评价，以激发学生小组合作学习的积极性。因为教师正确及时激励那些小组内分工合作学习很成功的小组，能让学生在今后的小组合作学习中互相帮助、互相配合，从而培养学生的协作精神，让学生充分体验和感受到小组合作学习成功的喜悦，提高作文教学的课堂质量。

合作式学习方式决不是放羊式的学习方式，教师一定要有计划、有步骤地进行引导，只有教师认真组织，学生才能真正参与，学生的作文水平才能真正得到提高。新课标对合作式学习提出了明确要求，而新教材中的作文训练将更有利于培养学生的合作精神。作文教学中合作学习方式的构建体现了作文训练的人文性和主体性，其核心是把训练真正落实到每个学生身上，为学生作文创设更为宽松的氛围，提供更多的参与机会。事实证明，在作文教学中构建合作学习方式有利于大幅度提高作文教学质量，有利于大幅度提高学生的作文水平。

三、"学生自主讲评式"作文教学中学生学习方式的策略指导

(一) 合理确定学习目标

1. 学习目标确立的原则

(1)"学生自主讲评式"作文教学的目标应着眼于教学生学会学习，培养学生自主学习的能力，提高学生终身学习的能力。

(2)给学生提供自主探索的机会。让学生在观察、操作、讨论、交流、猜测、归纳、分析和整理的过程中，理解作文教学中问题的提出和解决的方式。

(3)学生在自主活动过程中，既能习得写作的基本方法，又能更好地发现并接受知识，对学生这种自主能力的培养，将使其终身受益。同时，也能让学生体验到成功的乐趣，树立起写好作文的自信心，使学生的学习具有持久的内在动力。

2. 具体学习目标的确立

教师课前要做好准备，浏览作文，确定讲评目标。

教师上讲评课前先把所有作文浏览一遍，找出好、中、差三类不同的作文，依据写作目标和学生作文实际以及作文中的优缺点，定出讲评目标，这个目标有较强的可控性、可操作性。

例如，在《从来没有这样过》"学生自主讲评式"作文教学中，认真进行学情分析：这次的作文题目为《从来没有这样过》，是一篇适合以叙事为主的半命题作文。大多数学生能够选择合适的材料来表达自己的情感，比如说有《从来没有这样紧张过》《从来没有这样失落过》《从来没有这样努力过》等，学生基本都能叙述自己身边的真人真事，表达真情实感，没有无话可说的现象。不足之处在于部分学生注意了选材新颖、真实，却忽视了心理描写要细致，还是出现较多的运用"我非常伤心""我很难过""我特别绝望"等抽象的语言来表现自己的感受，但读者并不能感受到他们的情感，像是无病呻吟。

在此基础上，确立了讲评目标：①学习在叙事中真实、具体地表达自己的独特感受。②通过讲评，引导学生细致地刻画人物的内心感受。③针对习

作要求，初步欣赏、评价习作片段，并尝试修改习作。

每一篇学生作文，都是一篇典型的阅读材料。学生可以根据作文评价量表进行不同深度的阅读。一篇文章的总体布局、选材、详略到语言的生动简洁、修辞的运用等，都在学生的自主学习和交流探究的过程中不断得到提升。教师可先提出问题，让学生带着问题去阅读并回答问题。随着学生阅读能力的提高，可以尝试让学生对作文进行独立阅读、思考，完成评价量表，进而对文本进行质疑、重组、超越，教师只充当点拨、修正的角色。比如写作主题是"写出人物的精神世界"，具体写作题目是《这样的人让我感到温暖》，作文讲评时定出本次讲评的评价量表如下：

表4.1 初中语文"学生自主讲评式"作文评价量表

项目		评价等级及指标	自评等级	得分	互评等级	得分
选材立意（10分）	选材（5分）	A级详细新颖(4~5分)； B级平淡无奇(2~3分)； C级过简不实(0~1分)				
	中心（5分）	A级切合题意，中心突出(4~5分)； B级符合题意，中心明确(2~3分)； C级偏离题意，中心不够明确(0~1分)				
谋篇布局（10分）	层次、段落（5分）	A级构思新颖，层次分明(4~5分)； B级平铺直叙，缺少变化(2~3分)； C级结构混乱，层次不清(0~1分)				
	首尾、过渡（5分）	A级新颖有文采(4~5分)； B级简洁实用(2~3分)； C级平淡无奇(0~1分)				
语言表达（10分）	表达、用语（5分）	A级生动形象，流畅精彩(4~5分)； B级较为通顺，但无亮点(2~3分)； C级语句不通，错误连篇(0~1分)				
	细节、修辞（5分）	A级细节生动，善用修辞(4~5分)； B级有细节，有修辞(2~3分)； C级无细节，无修辞(0~1分)				

第四章 "学生自主讲评式"作文教学中学生的学习方式

续表

项目		评价等级及指标	自评等级	得分	互评等级	得分
创新加分（10分）	（1）材料丰富；（2）材料新鲜；（3）见解新颖；（4）构思新巧；（5）有个性色彩；（6）推理想象有独到之处；（7）用词贴切；（8）句式灵活；（9）善用修辞；（10）文句有表现力	10项指标只要具备一项以上即可按等进行评分(1~10分)				
本次习作的重点（20分）	尝试观察人物特点，了解人物精神，掌握人物肖像、语言、动作、心理的描写方法	A级重点突出(16~20分)；B级重点较突出(11~15分)；C级重点不明显(0~10分)				
加分	书写（1~5分）	A级书写美观、有字体(4~5分)；B级书写认真、卷面整洁(2~3分)；C级书写不认真、卷面潦草(0~1分)				

续表

项目		评价等级及指标	自评等级	得分	互评等级	得分
减分	无题目、写错题目	扣2分				
	错别字、标点	每处错误扣1分,最多扣5分。重复的不计				
	字数不足	每少50字扣1分				
学生评语			合计		合计	
		从三个角度进行：1. 概括中心；2. 习作亮点；3. 存在的不足及建议				
教师评价					均分	

熟悉评价标准，确立具体学习目标。我们可以要求学生先明确本次习作的教学重点：初步掌握人物肖像、语言、动作、心理描写的方法。教学难点：选择典型事例，写出人物精神。进一步熟悉本次作文课的目标是尝试观察人物特点，了解人物精神；学会选择典型事例写出人物精神的方法；初步掌握人物肖像、语言、动作、心理描写的方法。通过认真阅读学生习作，可以学习作文中有关人物的描写方法，理解领会语言的表达技巧，促进作文写作语言的内化。在此基础上，还可以进一步鼓励学生归纳总结写出人物精神的好的方法，大胆地提出自己的看法，充分挖掘学生的内在动力，激发学生写作的欲望。

(二)规范使用小组合作

1. 小组的合理划分

(1)合理划分小组的原则：

在"学生自主讲评式"作文教学的分组上，采用传统的"组间同质、组内异

第四章 "学生自主讲评式"作文教学中学生的学习方式

质"的分组原则进行分组。

"组间同质"就是指针对每一个合作小组来说，他们之间的人员数目、小组综合竞争力等方面都基本相当，各组间无明显差异，小组之间不存在优劣之分，力求达到均衡，以便公平竞争。

"组内异质"指的是针对每个小组的成员来说，他们具有不同的性格特征，各项能力的发展也有着高低之分，他们是独特的个体，差异性是小组内成员的主要特点。

根据这样的思路，在分组时要充分考虑组内成员的学习成绩、性别、性格、能力、智力差异等多种因素，使每个小组之间力求达到实力均衡，同时小组内争取百花齐放、优劣互补等。

（2）小组划分具体方法示例：

A. 合理安排小组人数。根据学生作文水平的高低，将学生分为若干个作文组，一般来说，四人为一小组，每组由一名组织能力强、作文水平高的同学担当组长。

小组具体人数可以根据不同的班级人数和每次的作文讲评内容合理分配。合作小组人数一般以2人配对或4人相邻合作学习开始，循序渐进，取得经验之后再深化发展。在小组合作学习时，组内每个学生都有展示和交流的机会，有利于小组成员的共同发展。

B. 精心搭配小组成员。"学生自主讲评式"作文学习小组一般不提倡学生自愿组合，学生个人意愿只能作为参考。教师应按照学生的知识基础、学习能力、兴趣爱好、性格特征、性别等差异进行分组，让不同特质、不同作文水平的学生优化组合，使每个小组都有高、中、低三个作文层次的学生。另外，在分组的时候还要充分考虑小组成员的性格、性别、组织能力等方面的搭配，以加强小组成员之间的互补性，扩展合作的空间。由于每个小组成员都是异质的，所以就连带产生了全班各小组间的同质性，这就充分体现了"组内异质、组间同质"的原则。组内异质为小组成员间的互相帮助、互相促进提供了可能，而组间同质又为全班各小组创设了公平竞争的宽松环境。

C. 及时进行组间调整。小组合作的成员在一段时间内是相对稳定的，有利于学生间的互相了解、优势互补。但是在小组合作学习一段时间后，各小组的发展会很不平衡，甚至会有很大的差异。此时，教师应根据测试成绩、学生个别差异，以及教师平时了解到的各小组的合作状况，及时进行人员调整或重新搭配，不断改变学生的合作对象，使之更好地发挥自己的优势，更多地了解对方，从而进一步增强合作能力。

2. 明确责任分工

所谓"合作"必须有三个条件：有共同的目标任务，分工明确，自主完成共同的任务。在此过程中，先对自己的作文进行自评，然后通过小组合作的方式进行小组内互评，小组内交流写作实践中的优缺点，进行归纳总结，代表小组意见进行小组间的交流，从而达到思维的整体覆盖。充分锻炼学生的归纳、总结思维能力，分析思维能力，评价能力，语言组织能力，表达能力。

实施过程中要遵循两个原则，一是在经过一定的训练之后，采用轮流变换组长的方式调动所有学生参与的积极性；二是结合评改内容的细化，以文件表格的形式，将所有组员的任务细化，在实施训练的时候做好记录。

3. 引入竞争机制

什么样的方法才能切实提高学生习作的兴趣？提高他们的作文能力？可采用名次评比法和标准评比法。所谓名次评比法就是在班级的各个小组之间进行每周排名，鼓励相互竞争、互相促进。假设全班分八个小组，每次作文评比奖励前三名。根据各个小组平时的标准水平，设定三个层次：普通组、优秀组和特优组，教师制定详细的评价标准，在制定小组评价标准时，要重视对小组作文"二次修改"的评价，以此激励学生对自己的习作进行自主修改。教师可以设立丰富多彩的奖项："最佳团队奖""精彩语录奖""进步最快奖""最虚心团队奖""据理力争奖""最佳互评奖""最佳讨论奖"，这些奖项的获得，既让学生得到了一定的激励，又让他们逐渐明白了团队合作的重要性，让他们明白了自己才是作文的主人。

除了小组之间的竞争，还有组内的竞争。在讲评作文之前，教师可以先出示上次作文优胜者的名单，并请他们朗读自己的名字和作品的名称，还可以选择典型文章在班内朗读，或者在班级作文报上刊登他们的作文，计入小组的分数，这样会增强学生的自信心和竞争力。教师要积极引导榜上无名的学生努力，争取在写作和修改上都有较大的进步。

交流评分。按小组顺序轮流上台朗读本组推选的优秀作文(不公布作者),有条件的话可以同时用投影展示,并由另一名同学说明推荐理由,其他同学按编号顺序逐篇打分,并思考自己的评价意见。

投票评选。要求学生根据自己的打分表确定一名最佳人选,教师统计小组推荐的作文得票情况,请部分同学谈谈投票理由,也可以组织进一步讨论,然后鼓励没有入围的同学积极主动挑战入围的作文,最后根据得票多少及讨论情况确定本次最佳作文。

竞争机制,可以充分尊重学生,激发学生的写作兴趣和自主精神。将作文的主动权还给学生,极大地激发了他们的兴趣,激发了他们的自主精神。在合作讲评中,学生在自己习作的选材、构思等各个方面具有充分的话语权,可以对自己的习作进行点评,可以对别人的习作"说三道四",可以为自己的小组作文集取一个响亮的名字,还可以和教师"据理力争",从始至终参与作文的全过程。小组作文过程中,教师和孩子的关系由师生变成了"指导—参与"的关系,学生成了作文的主人。

竞争机制,创设了一个广阔的互动交流的平台。在每周的活动中,每个学生不仅要写一篇习作,还要认真点评同组成员的习作,欣赏其他组的优秀作文。更重要的是在小组和班级师生的互动交流中,克服了"自我中心主义","知其然,知其所以然",使每一个学生都有机会总结属于自己写作文的秘诀,提炼科学的学习方法。

(三)精选小主持人

教师在选择小主持人时,首先,要考虑学生的性格因素,要选择敢于发言、勇于思考的学生,这样学生自身的带动作用会非常明显;其次,教师要选择作文水平高、语言表达能力强的学生担任主持人,这样学生在协调各组的进度、及时点评时会得到同学的认可;再次,学生的课堂总结对学生的影响是非常深远的,所以"学生自主讲评式"作文课堂小主持人的选择是需要认真考虑的。

【优秀例文】

从来没有这样震撼过

八年级五班　陈佳怡

又下雪了。那一片片洁白柔软的雪花,正随风乱舞。静静的空间,任凭它们满天飞舞。房屋、庄稼、草木、地面都披上了一层无瑕的白色。雪仍不停地下着，雪花飘在我的脸上，凉凉的。

我正走在赶车的路上。路上的行人都行色匆匆，没有人注意到车牌旁的两个孤零零的小孩。那天下午原来要去学校上课的，因为我不愿意去，所以便向老师请假，说晚自习再去。天黑得像浓墨一样，加上雪花飘落，没有人愿意在街上待着。正值晚高峰，车上的人倒是不少。第一趟车没赶上，我就想回家，等明早再去上学。打算走时，我注意到了那两个小孩。其中一个稍微高一些，大概是哥哥。拖着一个黑皮大行李箱，背着一个大黄书包，比我的书包还鼓。另一个稍微矮一些，那应该就是弟弟。身上也背着个大书包，手里还提着一兜苹果。我看他俩身边也没有大人，踌躇了一会，便走过去问他俩："你们去哪啊？"哥哥说："去大门牙。"一听顺路，我便打消了回家的念头，打算陪他们一起等。

过了不一会儿，哥哥让弟弟从书包里拿东西，拉开书包拉链，我才看清楚原来是一书包的苹果。第一次弟弟拿出来一个红彤彤的苹果，哥哥叫他放回去拿一个不好的，弟弟乖巧地说："这个一定不好。"一书包的苹果，弟弟只拿出来一个，哥哥费了好大的劲才把苹果一分为二，兄弟俩幸福地吃了起来。

我不禁想起我吃苹果：吃着吃着，不想吃了，就丢掉。现在想想真让人脸红！我不知道这两个小孩儿到底经历了什么，这么小的年纪就独自大包小包地回家。我更不明白是什么让这两个小孩儿这么坚强，我被他们的坚强震撼到了。

"每个人都很苦，凭什么就你熬不住！"年纪如此小的孩子，都能坚强地面对生活，你能说你不震撼吗？

雪还在下，心里，却像泡了温泉似的，暖洋洋的。

四、"学生自主讲评式"作文教学中学生学习方式的评价

评价是教学的一个重要组成部分，它贯穿于教学活动的每一环节。在教学过程中，要善于捕捉学生的成功或不足之处，通过积极有效的"对话"进行及时评价和延时评价，使学生不断萌发写作的意愿，营造学习期待。

第四章 "学生自主讲评式"作文教学中学生的学习方式

(一)参与度评价

对学生作文的评价,有小组内的相互评价,也有集体评价;有书面评价,也有口头评价;有学生之间的评价,也有教师的评价;有上面所说的作文的常规评价,也有超越上面所谈的广义的评价(如参与班级及各种杂志投稿)。教师可以从时间和空间两个维度来引入竞争机制,拓展和深化作文评价的方式。比如将作文在校园网络上发表、结集出版或推荐发表等,这些可以在很大程度上增加评价方式的选择性,可以极大地提高学生写作的兴趣。

作文讲评组织设计得好,能够充分调动学生写作的积极性,进一步提高"学生自主讲评式"作文教学的参与度,增强学生写作的欲望,激发学生再创作的热情。例如,在片段欣赏(互评阶段)中,可以安排每组两位同学依次上台朗读自己作文中的精彩片段(这些片段,小组之间都在作文中用红笔勾画出来)。作文讲评不只是指出,不只是纠正,更是一种欣赏、一种激励、一种对话。评选出习作精彩片段展评优秀小组,充分体现出对尽可能多的学生的鼓励。教师在学生朗读前给全班学生提出几个注意点:捕捉有无好的细节,体会有无生动的描写(语言、动作、场面)、有没有精彩的语言呈现,注意前后照应合不合适等等。读后让学生合作评价。对小组合作情况进行参与度的评价,评选出小组活动活跃之星。

互评中,同学之间和小组之间,既要纠正学生的语病,更要以平等对话的姿态,从肯定学生的作文出发,多发现学生作文中的亮点,多激发学生的写作潜力。特别是作文成绩不理想的学生,更要降低要求,仅发现一个亮点也要化平淡为神奇,千方百计放大优点大做文章。通过捕捉较多学生的微亮点,激起大多数学生的参与热情,从而使作文讲评真正成为一个符合教学规律的多边交流的互动过程,成为一个能力螺旋上升的动态提升过程。

(二)学习效果评价

在整个"学生自主讲评式"作文教学中,学生学习效果的评价注重结果与过程、能力与情感、个体与整体,逐渐形成自评、互评、师评、激励的评价方式。首先,学习效果评价注重实用性与应用性,注重学生才是主体参与者,注重学生在教学活动中参与的积极程度,注重激发学生的主观能动性。其次是学习效果评价方法的多元化建立。语言能够帮助人类进行交流,进行信息传递、情感沟通，教师在教学评价中应当充分利用语言对学生进行评价。最后是评价主体的立体化，将单项评价转换为多元评价，充分突出被评价者的主体地位，促进学生与学生、教师与学生的互相作用，以多渠道反馈促进被评价者的发展。

（三）优秀小组学习方式展评

"学生自主讲评式"作文教学中，作文评改是一件学生能做且可以做得很好的事，教师完全可以放手。学生通过点评自己及同学的作文，能更客观、全面、清楚地发现自己作文的优劣，对写作有积极的促进作用。

新课程标准要求积极倡导自主、合作、探究的学习方式，语文教学应为学生创设良好的自主学习情境，帮助他们树立主体意识，根据各自的特点和需要，调整学习心态和策略，探寻适合自己的学习方法和途径。为改变过于强调接受学习、死记硬背、机械训练的状况，特别要重视探究的学习方式，老师应努力提高组织教学和引导学生学习的质量。小组合作学习有利于在互动中提高学习效率，有利于培养合作意识和团队精神。我们的课堂应鼓励学生在个人钻研的基础上，积极参与讨论及其他学习活动，善于倾听、吸纳他人的意见，学会宽容和沟通，学会协作和分享。

优秀小组学习方式展评示例一

学生先根据要求进行自评，然后四人一组交流评改。

批阅要求：

①各组成员在初阅作文时，用红笔找出错别字。

②小组成员在传阅后，讨论文中的问题，适当做旁批，填写评价量表。

③讨论确定作文等级，撰写作文总评语。

④总评语要围绕讲评的重点来评价。

⑤总评语要用语委婉，用语要公正恰当。先说优点，后说缺点；多说优点，少说缺点。

⑥总评语在围绕讲评重点评价的基础上，还可以就文章的特色及其他方面做评价。

⑦总评语也提倡有创新意识的评价。

第四章 "学生自主讲评式"作文教学中学生的学习方式

⑧总评语结束后，在评语的右下方写上"×××阅"，另起一行，在其下方书写上日期。

学生点评摘录：

①本篇作文语言简练，运用了比喻、拟人等手法，写出了秋天景色的韵味。通过描写秋风、秋山、秋菊等景勾画了一幅秋天的风景画。（组内互评）

②文章略显啰嗦，对冬描写得太多，对秋天的颂扬不够明显，文章情感有些杂乱。（自评）

使秋与春、夏、冬形成了对比，很有文采，但是对于其他季节的描写过多，导致主题不突出。（同学互评）

描写优美，但是有点喧宾夺主，令人感受不到题目中的"秋颂"。（师评）

③在这篇文章中我要通过春的张扬与秋的谦虚做对比，来表达自己对秋的喜爱。但感到遗憾的是文章中写秋的部分不够详细。（自评）

开头写出秋的特色，并且与春天相比较，更加突出了秋天的特点，描写得很好。但写春天的部分太多，使得主题不够鲜明。（同学互评）

④这篇文章不但题目新颖，而且文章结构以及表达方式都给人焕然一新的感觉，尤其对秋的喜爱与赞美之情，得到最为强烈的体现，亲切感、亲昵感十足。（组评）

⑤文章通过写北方与南方的秋，体现出作者对南方秋的喜爱，并通过写秋风、秋叶、人，产生鲜明的对比，文章中心明确，思路清晰明了。（同学互评）

文章主题鲜明，将北方的秋和南方的秋进行对比，来表现对南方的秋的喜爱和赞美。构思新颖，分成三小篇，从风、叶、人三方面来描写。偶尔的愁情也给文章增添了色彩。（三组生评）

⑥文章以菊写秋，以小见大，构思较巧妙。但菊与秋的联系太少，主题不够突出。秋与菊之间的联系没有衔接好，写菊时只是单一写菊，写秋就单一写秋，无法连接成一篇完整的文章。（组长评）

优秀小组学习方式展评示例二

首先，分组讨论。

将学生分成4人一组，组长轮流担任；然后将作文随机分发到每个人（确保学生手里的作文不是本组同学的），要求学生轮流阅读作文，同时给每篇作文写不少于20字的简评；全部读完后，组长组织讨论，从本组所读作文中评选一篇最佳作文，参加全班交流评选。

其次，交流评分。

按小组顺序轮流上台朗读本组推选的优秀作文（不公布作者），用投影仪来展示，并由另一名同学说明推荐理由；其他同学按编号顺序逐篇打分，并思考自己的评价意见。

再次，投票评选。

教师统计小组推荐的作文得票情况，根据得票多少确定本次的最佳作文。

最后，自我评价。

①主持人布置自我评价任务，根据自我评价情况把握时间。

②细读自己的文章，梳理并写下自己的写作提纲，明确写作思路、详略安排及中心。（如果写作前已完成本环节可省略）

③根据教师下发的作文训练重点及评价表写出自己的优缺点。着重阐述自己写作时运用的写作方法及自我反思后发现的缺点。根据前面的讨论，每个学生对自己的作文进行自我评价，写不少于50字的评语；对于教师阅读时发现的问题较大的，可要求做大范围修改，甚至重写或另写。

讲评课前，我仔细阅读了学生的作文，在备课笔记上逐一写了简评，并初选了若干篇我认为较好的作文。

上课时，我先宣布新的讲评课设想，以争取学生的支持，大多数学生的表情比较轻松，气氛也活跃了；然后根据设计方案进行操作。其间，有几组学生因为意见不统一而争得面红耳赤，不断有"公案"上诉到我这里，我则借机引导，平息"风波"。由于是初次，分组讨论进行了一课时，课间还听到学生的争论。

第二节课开始，学生轮流上台朗读作文，同时用投影仪展示，学生边听边看，津津有味，组长同时阐明本组的推荐意见。让我高兴的是，学生分组推荐的作文与我事先的"内定"基本一致，各组的推荐意见也都各有特色，有的看法也和我相近。投票开始，王某某的作文因想象合理，人物塑造生动，语言模仿原著风格，感情浓郁，获得了多数票，该同学平时作文并不出色，但这次作文确实写得不俗，入选当之无愧。我请他谈一谈写作体会，平时较少言语的他显得很激动，说了几方面的体会，对其他同学较有启发。

佳作共赏，可以提高学生的语言鉴赏能力和遣词造句的水平。这也是学生修改文章过程中不可缺少的重要环节。

优秀小组学习方式展评示例三

阳光，让美丽之花绽放；关爱，让幸福之花绽放；阅读，让智慧之花绽放；拼搏，让理想之花绽放……请以《绽放》为题目，写一篇不少于700字的文章。

这节课我们自评、互评同学们的作文，并根据提出的修改建议修改自己的作文。注意，我们本次写作的训练重点是要有生动的细节描写。下面有请主持人。

一、评例文，激兴趣

主持人：这次作文，同学们的写作都很认真，大多书写工整，字数合乎要求，老师为大家选了两篇例文印发给了同学们，下面请同学们快速朗读作文，为这两篇文章评定等级和得分，并说说你评定等级的理由。

（生读文后，小组进行评价、打分）

主持人：下面请各小组派代表将你们组的得分写到黑板上。

（小组派代表写分数）

主持人：各小组都对这两篇作文做出了自己的评价，下面请一组、二组评价"选材立意"方面，三组、四组评价"谋篇布局"方面，五组、六组评价"语言表达"方面，七组、八组评价"细节描写"方面，各组可以就一篇来谈，也可以谈两篇。各小组先交流探讨五分钟，然后各小组派代表上台发言。

（点拨、引导）

二、看细节，突重点

主持人：不知道同学们有没有发现，好的文章情节不一定惊天动地，语言不一定华丽，但一定要有细节描写。细节描写是最受老师青睐的，同学们务必要用上。

细节描写是对一些富有艺术表现力的细小事物，人物细微的举止行动、语言、外貌、神态、心理，以及景物片段等做具体细腻的描写，这样能传神地刻画出人物形象和内心世界。

曹文轩说过：人类看世界有两个动作：一个是"扫视"，另一个是"凝视"。"写不好作文是因为你只完成了第一个动作"，而只有仔细打量、凝视这个世界，"用慢镜头聚焦身边的生活"才能发现它的无比丰富和美妙，作文的素材也就取之不尽。

咱们回顾一下老师讲过的细节描写的方法：(1)综合描写；(2)调动感官；(3)巧用修辞；(4)景物渲染。

请同学们在下面的互评、修改时，注意文章的细节描写是不是具体生动、为文章添彩。

三、互评改，促提升

主持人：下面请同学们按学习小组进行互评，打等级得分，写评语后进行交流，组长总结学习成果，然后由各小组长在全班进行汇报交流。

(学生互评，小组交流)

各小组进行交流，可以从选材立意、谋篇布局、语言表达、细节描写中的一个方面来谈，也可以交流美文或片段。

(各小组派代表进行全班交流)

四、自修改，出佳作

学生根据评语和本节课同学们交流所受到的启发，修改自己的作文。

附例文：

绽　放

梨花摇曳着她洁白的身姿，在枝头开放，几片花瓣随风飘落，风中四处飘散着花香，让人陶醉其中。

老家门口有一棵梨树，我常与爷爷坐在梨花下的躺椅上，听爷爷讲故事，跟爷爷学雕刻。

爷爷年轻时是个木匠，不务正业是我对他的评价，一个木匠却总爱雕点什么，小椅子上的花纹、妈妈嫁妆柜上的梨花树都在显示着雕刻者的心灵手巧。我爷爷是一个心灵手巧的男人，爷爷最爱雕刻的，便是那绽放的梨花，花小且繁多，每雕一次都是一个大工程，但爷爷却乐此不疲，家中有许许多多开放着的梨花。

闲来无趣，在对梨花树下雕刻着的爷爷无数次撒娇耍赖后，爷爷终于答

第四章 "学生自主讲评式"作文教学中学生的学习方式

应我了,开始让我学雕刻。我手中拿着爷爷刻画好纹路的木头,按着纹路一点点刻着,刻了不长时间,我停下手中飞舞的雕刻刀。休息一会儿,我看着爷爷手中快成型的花,再一次拿着刀跟着爷爷一样,眼睛与心放在刻刀上,梨花香忽然浓烈起来,抬起头却发现几朵梨花,轻轻落在我的头上,闻着花香雕着手里的梨花,我停下手喝着茶,杯中的花茶仿佛置身于花的天堂。爷爷看见我这一副悠闲样子,开口让我雕完花,再坚持一会儿,我拿起刀慢慢刻,我手上的花快成型了,我欣喜地喊叫着,让爷爷看,可爷爷却只是笑着说再坚持做一会儿,一会儿就好了。

我的挑战欲被挑起,一点点细细地雕刻着,手中的动作越发熟练,甚至忽略了早已停下刀的爷爷,看我不知多久,当我停下手中的刀,杯中的花茶早已凉透,我看到手中绽放的花簪,眼前放了杯爷爷续的花茶,花香又跑了出来,不知是茶香,还是花香还是手中的木花香,爷爷接过我手中成型的花木,又细细加工了一番,我捧着热茶在梨花树下看梨花绽放,快过来,爷爷让我过去看,我惊奇地发现,眼前的木头竟然变成了一个簪子,在欣喜之余,心中却有些失落,爷爷的木花终究是比我精致太多了,花在爷爷手中有灵魂,我问爷爷我什么时候才能像他那样,他却只是用簪子给我梳了一个发髻,说坚持,再坚持一会儿,多做几个就好了。我使劲地点着头,对爷爷许下诺言说,我一定会做得比你好的。

梨花香,又开遍了那个季节,爷爷随着花香去了远方的国度,我哭着去送他,头上依然戴着那个木花簪,那个簪子上不仅有花的灵魂,更有爷爷的灵魂。

时间依然在飞逝着,我也要去面对更多的困难,那个簪子一直伴随着我,伴随着我的还有那句:"坚持,再坚持一下"。我想要在梨花开放之际,去迎接我一生中非常重要的考试,为此我不断地努力着,但伴随着身心疲惫,很累很累,每当我快坚持不下去的时候,那个簪子仿佛爷爷在我身边一样一直鼓励着我。

梨花快要绽放了,而绽放的木花簪,一直在我心里盛开着。它是我人生路上的一朵永不凋零的花,而我将会为此而努力,在飞逝的时光里像梨花般,绽放出最美的光彩。

不负梨花开,不负木花簪。

第五章 "学生自主讲评式"作文教学中评价量表的使用

一、作文评价量表的设计原则

作文评价是作文教学的重要环节，是对学生阶段性写作成果的认定，也是进行修改与升格的依据。初中生已经具备一定的写作能力和自主学习的能力，但不少学生对于如何评价一篇作文，如何修改、升格自己的作文，还是不得要领，需要教师给予引导。目前作文评价主要存在以下问题：一是教师的评语或指导过于笼统和概念化，不便于学生理解领会；二是缺少具体、显性的量化标准，学生无法将其用作标尺进行写作和修改；三是作文评价大多局限于师生之间，缺少多元的评价。

因此，指导学生依据一定的量化标准对作文进行评价与修改，值得我们思考和探索。在我们的"学生自主讲评式"作文研究中，我们重视作文评价量表的开发应用。不同的作文要求，可以开发不同的评价量表。那么，制定作文评价量表应遵循怎样的原则呢？经过不断地实践，笔者认为应该主要遵循以下原则。

（一）评价内容明确、有层次

以往的评价标准往往较为笼统、含混。在制定评价量表时，应该根据自己的训练重点，提出较为明确的评价标准，有些项目应该具有层次性。例如，在表5.1中，每一项都有较为明确的表述，特别是加分、减分项目就很有实际操作性。语言表达、谋篇布局等项目都有具体的层次得分要求。

第五章 "学生自主讲评式"作文教学中评价量表的使用

表 5.1 初中语文"写人类"作文学生自主评价量表

项目		目标要求	项目分值	自评得分	互评得分
习作重点（30分）	事例典型	能根据确定的中心选择典型事例体现人物特点	10分		
	记言述行	通过人物言行展现人物性格、情感	10分		
	人物肖像	通过肖像描写突出人物的气质	5分		
	真实可信	真实准确运用事实感人	5分		
常规评价（30分）	语言表达	A级细节生动，流畅精彩(12~15分)；B级语句较为通顺，但无亮点(7~11分)；C级语句不通，错误连篇(1~6分)	15分		
	谋篇布局	A级构思新颖，层次分明(12~15分)；B级平铺直叙，缺少变化(7~11分)；C级结构混乱，层次不清(1~6分)	15分		
	加分	A级书写美观、有字体(4~5分)；B级书写认真、卷面整洁(2~3分)；C级书写不认真、卷面潦草(0~1分)	5分		
	减分	无题目、写错题目扣2分	2分		
		错别字、标点：每处错误扣1分，最多扣5分。重复的不计	5分		
		字数不足：每少50字扣1分			
学生评语		从三个角度：1.概括中心；2.习作亮点；3.存在的不足及建议		教师评价	

（二）突出写作训练的重点

不同的作文训练内容、不同的作文题目，都会有不同的训练重点，因此，为了达成写作目标，应该突出本次的讲评重点。例如，游记类文章的讲评重点应该是如何立足事物的特点，抒发所思所悟，升华文章；托物言志类文章的讲评重点应该是如何细腻描写"物",展现"物"的风貌;写人类文章的讲评重点应该是如何借助典型事件,展现人物的精神风貌。比如,在讲评以《礼物》为题的作文时,设计了以下评价量表,对习作的重点提出了很明确的要求。

表 5.2　初中语文"记事类"作文学生自主评价量表

项目		目标要求	分值	得分	存在问题
习作重点	六要素	叙事过程中抓住要素,把事情来龙去脉说清楚	6分		
	细节描写	在叙事中运用语言、动作、心理、外貌、神态描写	5分		
	传神的动词	运用传神的动词刻画人物的动作	2分		
	修辞手法	描写中恰当运用修辞手法,使文章语言生动形象	2分		
	景物烘托	叙事中融入景物描写,烘托人物心情	2分		
	制造波澜	故事情节曲折,"一波三折"	3分		
	写出感受	礼物带给自己的感受和体验	5分		
	写出收获	写出对礼物的思考和收获	5分		
常规评价	选材立意	切合题意,中心突出	15分		
	谋篇布局	构思新颖,层次分明	15分		
	加分	书写美观、认真	5分		
	减分	无题目、写错题目扣2分	2分		
		错别字、标点:每处错误扣1分,最多扣5分。重复的不计	5分		
		字数不足:每少50字扣1分			
合计(满分60分)					

(三) 配合文体要求

不同文体有不同的写作要求，教师应该根据文体要求设计不同的量表。例如，记叙文需要学生掌握文章的记叙方法，注意人物以及场面的描写是否贴切，记叙的事件或者人物是否完整，能否给读者一个清晰的轮廓。而议论文则要求有明确的论点、充分的论据，论据能够有力地支撑论点。所以说，需要根据文体的不同特征来设计量表。初中阶段，主要是写好记叙文，所以，这一阶段以制定记叙文评价量表为主。

(四) 注意多元评价

集体是力量的源泉，众人是智慧的摇篮。通过师生、生生等的多元评价，让学生听取更多的意见，可以更好地做到优势互补。面对众多的学生，教师很难对每一篇作文都进行详细指导。我们可以引导带动同学的互评、小组的集体评价，再适当加上教师的意见，促使作者进行更多的思考。因此，在评价量表的设计上，要体现出多元评价的要素。

(五) 留下文字评论空间

除了量表里每项固定的评分标准以外，应该给予学生自由评论的空间，让学生写出对文章的其他意见以及观点，这样有利于学生下一步更好地进行修改，也有利于教师掌握学生的写作思路以及学生对写作的不同认识。

(六) 分数比例有轻重

在设计评价量表的时候，教师应根据教学内容的重难点，安排各项评价要点分数的比重分配，以达到检测学生写作水平的目的。

二、作文评价量表的开发应用(一)

本着调动学生的积极性，发挥学生的主体作用，让学生多参与讲评自己和别人的作文，从而提高学生的作文能力，促进学生的思维能力和思维品质发展的指导思想，为了让学生在讲评作文的时候，能够有"法"可依，评价有据，我们研讨开发了一系列"学生自主讲评式"作文评价量表，在使用过程中，根据存在的问题和不足，又适时做出修改。这个过程大致经历了三个阶段，形成三个版本，分别是1.0版、2.0版、3.0版。

(一)作文评价量表 1.0 版

在开始阶段,参考了魏书生老师互批作文的一些做法,设计了下面的作文评价量表,供教师们参考使用。

表 5.3　初中语文"学生自主讲评式"作文评价量表(1.0 版)

项目		自评	得分	互评	得分
文面	书写(5分)				
	格式、字数(7分)				
	错字、病句(5分)				
	标点符号(3分)				
选材立意	选材(7分)				
	中心(7分)				
谋篇布局	层次、段落(6分)				
	首尾、过渡(6分)				
语言	表达、用语(7分)				
	细节、修辞(7分)				
学生总评					
教师评价					

学生可以按照评价表中所列的项目进行自评。自评之后就可以进入互评。初始阶段,学生不会写评语,可以由教师提出具体要求并向学生进行讲解。例如:

1. 书写(5分)

(1)书写是否工整、漂亮。此项为 3 分。

(2)是否有勾画涂抹现象。此项为 2 分。

参考批语:书写工整/书写较工整/书写潦草。

2. 格式、字数(7分)

(1)有题目，题目居开头正中。段落开头空两格。此项为2分。

(2)字数符合要求，此项为5分。每少20字扣1分(作文格一般是20字一行，便于计算)，扣完为止。

参考批语：格式正确，字数符合要求/格式基本正确，字数偏少。

3. 错别字和病句(5分)

(1)错别字用圆圈圈起来，并在文中写上正字。每个0.5分。

(2)病句用横线画出来，并在文中改正。每个1分。

参考批语：书写完全正确，无病句/有几个错别字，有几个病句。

4. 标点符号(3分)

找明显错误，重点关注句号、问号、感叹号、引号，每2个扣1分，扣满3分止。

参考批语：运用正确/有几处明显错误。

5. 选材(7分)

选材应围绕中心(主题)、符合生活实际(生活真实)、具有典型性和代表性，并做到详略得当。

参考批语：内容真实具体，事例典型，选材新颖，详略得当/加上"尚""欠""希"等词语。

6. 中心(7分)

看主题、中心是否明确突出。

参考批语：思想健康，切合题意，中心突出/符合题意，中心明确/偏离题意，中心不够明确。

7. 层次、段落(6分)

看层次、段落是否清晰合理。

参考批语：思路清晰，谋篇布局合理/加上"比较""欠"等词语。

8. 首尾、过渡(6分)

开头是否点题，结尾是否扣题，是否首尾呼应。过渡是否自然。

参考批语：开头点题，结尾扣题，首尾呼应。过渡自然。

9. 表达、用语(7分)

(1)表达是否符合文体要求，如记叙文应以记叙(包括描写)为主；是否符合特定要求:有的记叙文要求夹叙夹议,有的说明文要求有描写,有的要求叙、议、抒相结(这是作文的常规要求)且结合得如何。

(2)语言是否通顺,不重复啰嗦;语言是否流畅、精练、准确。

参考批语:能以……为主,合理运用……等表达方式。语句通顺、简洁。

10. 细节、修辞(7分)

是否有细节描写,是否能恰当运用一些修辞方法。

参考批语:细节描写真实、生动,善用修辞,文句有表现力。

以上的每一项也并不是让学生一次性掌握,可以一次着重从两三项来看,做到逐步熟练。经过多次批改实践,学生不但能准确地记住写作的基本要求,而且理解也越来越深刻。学生在评价同伴的同时,自然也提高了自己的作文能力。

教师在使用的时候,可以在此基础上进行修改使用。比如,有的教师修改成了下面的评价量表,去掉了自评,主要是互评,项目上也变得简单一些,我们姑且称它为1.1版。

表 5.4 初中语文"学生自主讲评式"作文评价量表(1.1版)

项目	评语	得分
格式(6分)		
卷面(6分)		
错别字(6分)		
病句(6分)		
字数(6分)		
开头结尾(6分)		
语言(6分)		
选材(6分)		
表达方式(6分)		
结构(6分)		
总分		

第五章 "学生自主讲评式"作文教学中评价量表的使用

(二) 作文评价量表2.0版

经过一个阶段的使用之后,我们发现,1.0版的作文评价量表在具体的实践中有它的优点,也存在一些不足。优点是学生能较快地掌握评价的方法,也容易写出评语,比较适合刚开始学习互批的学生,比如七年级的学生,特别是七年级上学期。不足之处主要有以下三条:

一是没有突出本次习作的训练重点。每一次作文都有自己的训练重点,例如,这一次可能是细节描写,下一次可能是景物描写,在上面的评价量表中没有体现出来,或者说不明显。

二是评语套话多。学生的评语缺少新意,很多都是教师教的那几句,套话比较多。

三是学生打分花费时间长。因为有的项目没有一个具体的得分标准,学生对于打分就容易变得纠结,在打分上花费的时间较多。

针对以上存在的问题,我们又做了深入的思考,经过研讨,我们又开发制作了"学生自主讲评式"作文评价量表2.0版。有两个样式,分别称之为2.1版、2.2版,可以供教师选择使用。

表5.5 作文评价量表2.1版

项目		评价等级及指标	自评等级	得分	互评等级	得分
选材立意 (10分)	选材(5分)	A级详细新颖(4~5分) B级平淡无奇(2~3分) C级过简不实(0~1分)				
	中心(5分)	A级切合题意,中心突出(4~5分) B级符合题意,中心明确(2~3分) C级偏离题意,中心不够明确(0~1分)				
谋篇布局 (10分)	层次、段落 (5分)	A级构思新颖,层次分明(4~5分) B级平铺直叙,缺少变化(2~3分) C级结构混乱,层次不清(0~1分)				
	首尾、过渡 (5分)	A级新颖有文采(4~5分) B级简洁实用(2~3分) C级平淡无奇(0~1分)				

续表

项目		评价等级及指标	自评等级	得分	互评等级	得分
语言表达（10分）	表达、用语（5分）	A级生动形象，流畅精彩(4~5分) B级较为通顺，但无亮点(2~3分) C级语句不通，错误连篇(0~1分)				
	细节、修辞（5分）	A级细节生动，善用修辞(4~5分) B级有细节，有修辞(2~3分) C级无细节，无修辞(0~1分)				
创新加分（10分）		(1)材料丰富；(2)材料新鲜；(3)见解新颖；(4)构思新巧；(5)有个性色彩；(6)推理想象有独到之处；(7)用词贴切；(8)句式灵活；(9)善用修辞；(10)文句有表现力 10项指标只要具备一项以上即可按等级评分(1~10分)				
本次习作重点（20分）	根据当次学生写作情况确定习作讲评重点	A级重点突出(16~20分) B级重点较突出(11~15分) C级重点不明显(0~10分)				
加分	书写(1~5分)	A级书写美观、有字体(4~5分) B级书写认真、卷面整洁(2~3分) C级书写不认真、卷面潦草(0~1分)				
减分	无题目、写错题目	扣2分				
	错别字、标点	每处错误扣1分，最多扣5分。重复的不计				
	字数不足	每少50字扣1分				
学生评语	三个角度：1概括中心；2习作亮点；3.存在的不足及建议		合计		合计	
			教师评价			

第五章 "学生自主讲评式"作文教学中评价量表的使用

表5.6 作文评价量表2.2版

项目		评价等级及指标	自评等级	得分	互评等级	得分
选材立意 (15分)	基础分 (10分)	A级切合题意，中心突出(7~10分)； B级符合题意，中心明确(4~6分)； C级偏离题意，中心不够明确(1~3分)				
	创新分 (5分)	(1)材料丰富 (2)材料新鲜 (3)见解新颖				
谋篇布局 (15分)	基础分 (10分)	A级构思新颖，层次分明(7~10分)； B级平铺直叙，缺少变化(4~6分)； C级结构混乱，层次不清(1~3分)				
	创新分 (5分)	(4)构思新巧 (5)有个性色彩 (6)推理想象有独到之处				
语言表达 (15分)	基础分 (10分)	A级细节生动，流畅精彩(7~10分)； B级较为通顺，但无亮点(4~6分)； C级语句不通，错误连篇(1~3分)				
	创新分 (5分)	(7)用词贴切 (8)句式灵活 (9)善用修辞 (10)文句有表现力				
本次习作重点(15分)		A级习作重点突出(11~15分)； B级习作重点较突出(6~10分)； C级习作重点不明显(0~5分)				
加分	书写 (1~5分)	A级书写美观、有字体(4~5分)； B级书写认真、卷面整洁(2~3分)； C级书写不认真、卷面潦草(0~1分)				
减分	无题目、写错题目	扣2分				
	错别字、标点	每处错误扣1分，最多扣5分。重复的不计				
	字数不足	每少50字扣1分				
学生评语	从三个角度：1. 概括中心；2. 习作亮点；3. 存在的不足及建议		合计		合计	
			教师评价			

· 157 ·

这两个表的思路基本相同。不同之处在于：2.1版中，创新加分是单独的一项，2.2版中，把创新加分项目分到选材立意、谋篇布局、语言表达各项之中了。相比于1.0版，这个版本的好处有以下几方面：

一是能够突出写作训练的重点。学生可以把每一次的作文训练重点内容，写在相应的方格中，评价时就能够有的放矢了。

二是学生所写的评语自由度更高一些。学生评语可以根据提示来写，也可以自己发挥，能够提出中肯的建议、表达自己的真实感受即可，避免了套话。

三是学生可以根据等级标准来打分，写评语的项目也减少了，因此评价时花费的时间也能够相应地减少。

在平时的习作训练评价中，这两个表的可操作性、实用性还是比较强的。

(三)作文评价量表3.0版

虽然教师和同学对2.0版的作文评价量表使用起来比较得心应手，但是随着"学生自主讲评式"作文实践研究的深入，我们感觉到，作文评价不是一成不变的。同样一个评价量表，放到不同的作文训练当中，所起到的作用可能会有所不同，特别是在每次写作训练重点的把握上，教师可能会有个性化的要求。因此，我们也鼓励教师根据自己的作文训练重点，开发具有个性化的作文评价量表。

比如，下面就是一位教师在让学生写以《礼物》为题目的作文时，设计的评价量表，做到了训练重点突出，非常具有实效性。

第五章 "学生自主讲评式"作文教学中评价量表的使用

表 5.7 初中语文"学生自主讲评式"作文评价量表(以"礼物"为题)

项目		目标要求	分值	得分	存在问题
习作重点	六要素	叙事过程中抓住要素,把事情来龙去脉说清楚	6分		
	细节描写	在叙事中运用语言、动作、心理、外貌、神态描写	5分		
	传神的动词	运用传神的动词刻画人物的动作	2分		
	修辞手法	描写中恰当运用修辞手法,使文章语言生动形象	2分		
	景物烘托	叙事中融入景物描写,烘托人物心情	2分		
	制造波澜	故事情节曲折,"一波三折"	3分		
	写出感受	礼物带给自己的感受和体验	5分		
	写出收获	写出对礼物的思考和收获	5分		
常规评价	选材立意	切合题意,中心突出	15分		
	谋篇布局	构思新颖,层次分明	15分		
	加分	书写美观、认真	5分		
	减分	无题目、写错题目扣2分	2分		
		错别字、标点:每处错误扣1分,最多扣5分。重复的不计	5分		
		字数不足:每少50字扣1分			
合计(满分60分)					

从表 5.7 可以看出,这位老师比较注重故事情节的曲折、细节描写和礼物带给人的感受及收获,在进行作文指导时,这位老师也是强调了这几方面。这样设计评价量表,也是为了提醒学生注意写作时要突出习作重点。

下面这个表是一位老师指导学生写"人物传记"作文时的评价量表,可以看出这位老师的训练重点是通过典型事例、记言述行来展现人物风貌,并且强调了肖像描写和习作的真实性。

表 5.8　初中语文"人物传记类"作文学生自主评价量表

项目		目标要求	项目分值	自评得分	互评得分
习作重点（30分）	事例典型	能根据确定的中心选择典型事例体现人物特点	10 分		
	记言述行	通过人物言行展现人物性格、情感	10 分		
	人物肖像	通过肖像描写突出人物的气质	5 分		
	真实可信	真实准确运用事实感人	5 分		
常规评价（30分）	语言表达	A 级细节生动，流畅精彩(12~15 分)；B 级较为通顺，但无亮点(7~11 分)；C 级语句不通，错误连篇(1~6 分)	15 分		
	谋篇布局	A 级构思新颖，层次分明(12~15 分)；B 级平铺直叙，缺少变化(7~11 分)；C 级结构混乱，层次不清(1~6 分)	15 分		
	加分	A 级书写美观、有字体(4~5 分)；B 级书写认真、卷面整洁(2~3 分)；C 级书写不认真、卷面潦草(0~1 分)	5 分		
	减分	无题目、写错题目扣 2 分	2 分		
		错别字、标点：每处错误扣 1 分，最多扣 5 分。重复的不计	5 分		
		字数不足：每少 50 字扣 1 分			
学生评语	从三个角度：1 概括中心；2. 习作亮点；3. 存在的不足及建议		教师评价		

下面这个表是一位老师在上《那一刻，我读懂了你》这篇作文的讲评课时所开发的评价表，可以看出，这次作文训练的重点是抓住细节描写，特别是人物的细节描写。

第五章 "学生自主讲评式"作文教学中评价量表的使用

表5.9 "抓住细节"评价量表

班级：		姓名：	互评人：	
评价要点		目标要求	自评得分	互评得分
习作重点（40分）	人物细节（20分）	通过具体的动作、语言、神态、心理、外貌等的描写，更好地刻画人物性格，揭示人物的身份，显示人物的内心世界，反映人物品质		
	环境细节（10分）	用自然环境（社会环境）描写烘托人物心情，塑造人物形象，推动故事情节发展		
	细节价值（10分）	立足全篇，所写细节是否是是文章的有机组成部分，并为文章中心服务		
常规评价（20分）	谋篇布局（10分）	选材合理，中心突出，详略得当		
	写法构思（10分）	运用设置悬念、线索、修辞、插叙、对比等写法加强文章的叙述效果，提升可读性		
	卷面	1. 卷面整洁，无错字 2. 标点符号使用正确 3. 段前空两格 4. 题目书写正确，无错字		
写作建议				
自我反思				

因为济南市初中语文作文分值是60分，所以以上量表的总分均以此为设分的依据。评价量表中，有自评，有互评，分项得分，有优缺点的评价，大多有加分项和扣分项。这样，加分项为学生的个性发展提供了空间，扣分项则着眼于培养学生的写作习惯，定量评价与定性评价相结合，学生容易找到自己的优势和不足，有助于对同伴的习作进行客观、有效的评价，使学生的写作能力获得适宜的发展。

三、作文评价量表的开发应用（二）

现行的部编版初中语文教材，每册有六个单元的作文训练，每个单元都有一个作文训练点，共有36个作文训练点，我们对所有的作文训练点进行了整理，如表5.10所示。

表 5.10 部编初中语文单元习作主题及写作训练点

教材	单元	课题	写作训练点
七年级上	一	热爱生活，热爱写作	观察自然，体验生活
	二	学会记事	把事情写清楚，传情达意
	三	写人要抓住特点	抓住特征刻画人物
	四	思路要清晰	条理清楚，层次分明
	五	如何突出中心	突出中心
	六	发挥联想和想象	运用联想和想象，丰富内容
七年级下	一	写出人物的精神	写出人物的精神
	二	学习抒情	抒发真情实感
	三	抓住细节	细节描写
	四	怎样选材	从生活中选材，围绕中心选材
	五	文从字顺	语言表达清楚，行文通顺流畅
	六	语言简明	语言精练
八年级上	一	新闻写作	把握新闻特点
	二	学写传记	选择典型事例，通过记言述行展现人物风貌
	三	学习景物描写	抓住景物特征，情景交融
	四	语言要连贯	语言连贯，衔接紧密
	五	说明事物要抓住特征	抓住事物的特征
	六	表达要得体	表达要得体
八年级下	一	学习仿写	仿写
	二	说明的顺序	合理安排说明顺序
	三	学写读后感	写读后感
	四	撰写演讲稿	把握演讲词的特点，学写演讲稿
	五	学写游记	学写游记
	六	学写故事	情节有波澜
九年级上	一	诗歌创作	诗歌创作
	二	观点要明确	观点要明确
	三	议论要言之有据	议论要言之有据
	四	学习缩写	把握文章要点、思路
	五	论证要合理	论证要合理
	六	学习改写	改写

第五章 "学生自主讲评式"作文教学中评价量表的使用

续表

教材	单元	课题	写作训练点
九年级下	一	学习扩写	扩写
	二	审题立意	审题立意
	三	布局谋篇	布局谋篇
	四	修改润色	修改润色
	五	演出与评议	写戏剧评论
	六	有创意地表达	表达有新意

我们为每一次的作文训练都制定了相应的作文评价量表，主要由作文评价重点、加分、减分、优点、修改建议等组成，格式基本相同。不同之处是每一次的作文评价重点部分，都有具体的评价指标。这样一来，每一个作文评价量表对于本单元的作文训练点都进行了重点聚焦和专项突破。

下面是我们开发的部编初中语文教材中36个单元的作文评价量表。

(一) 部编初中语文单元作文训练评价量表1.0版

表 5.11　七年级上第一单元《热爱生活，热爱写作》评价量表

项目		要求	分值	得分	扣分原因
观察自然，体验生活	真切感受	源于对生活真实的感受，是受到触动的事情，有趣味或有意义	20分		
	提炼瞬间	A级观察细致、细节描写生动(16~20分)； B级观察细致，语言较为生动(11~15分)； C级观察不细致、语言不生动(1~10分)	20分		
	启悟人生	融入了自己的感悟、思考	15分		
加分		A级书写美观、有字体(4~5分)； B级书写认真、卷面整洁(2~3分)； C级书写不认真、卷面潦草(0~1分)	5分		

续表

项目	要求	分值	得分	扣分原因
减分	无题目、写错题目扣2分	2分		
	错别字、标点：每处错误扣1分，最多扣5分。重复的不计	5分		
	字数不足：每少50字扣1分			
得分合计	满分60分			
优点				
修改建议				

表5.12 七年级上第二单元《学会记事》评价量表

项目		要求	分值	得分	扣分原因
把事情写清楚	巧选材	A级选材切合题意，中心突出(12~15分)； B级选材符合题意，中心明确(7~11分)； C级选材偏离题意，中心不够明确(1~6分)	15分		
	写清楚	A级能围绕中心交代清楚事情的起因、经过和结果(16~20分)； B级能大体说清楚事情的起因、经过和结果(11~15分)； C级事情的起因、经过和结果不清楚(1~10分)	20分		
	写具体	能运用方法添加细节，把事情写得生动具体	10分		
	写真切	能使用贴切表达情感的词语或句子，抓住感人的细节，恰如其分地表达感情	10分		
加分		A级书写美观、有字体(4~5分)； B级书写认真、卷面整洁(2~3分)； C级书写不认真、卷面潦草(0~1分)	5分		
减分		无题目、写错题目扣2分	2分		
		错别字、标点：每处错误扣1分，最多扣5分。重复的不计	5分		
		字数不足：每少50字扣1分			

第五章 "学生自主讲评式"作文教学中评价量表的使用

续表

项目	要求	分值	得分	扣分原因
得分合计	满分60分			
优点				
修改建议				

表5.13 七年级上第三单元《写人要抓住特点》评价量表

项目		要求	分值	得分	扣分原因
抓住特征刻画人物	人物描写	能运用外貌、语言、动作、神态等人物描写方式表现人物特点，传递人物内心情感	20分		
	典型事件	A级选取最能体现人物性格特点的事件(16~20分)； B级所选事件基本能表现出人物的性格特点(11~15分)； C级选材平淡，表现人物特点不明显(1~10分)	20分		
	人物特征	A级人物的性格特征鲜明(12~15分)； B级能感受到人物的性格特点(7~11分)； C级人物特点不明显(1~6分)	15分		
加分		A级书写美观、有字体(4~5分)； B级书写认真、卷面整洁(2~3分)； C级书写不认真、卷面潦草(0~1分)	5分		
减分		无题目、写错题目扣2分	2分		
		错别字、标点：每处错误扣1分，最多扣5分。重复的不计	5分		
		字数不足：每少50字扣1分			
得分合计		满分60分			
优点					
修改建议					

表 5.14　七年级上第四单元《思路要清晰》评价量表

项目		要求	分值	得分	扣分原因
条理清楚，层次分明	精心选材	A 级选材切合题意，中心突出(12~15 分)； B 级选材符合题意，中心明确(7~11 分)； C 级选材偏离题意，中心不够明确(1~6 分)	15 分		
	详略得当	A 级能强化中心的内容，详细叙述，中心关系较远的或不太典型的内容则简要叙述(16~20 分)； B 级内容平均用力，详略不清(11~15 分)； C 级能强化中心的内容，叙述简略，与中心关系较远的或不太典型的内容叙述详细(1~10 分)	20 分		
	顺序明晰	有行文线索，能根据文体特点选择合适的写作顺序(时间顺序、空间顺序、逻辑顺序)	20 分		
加分		A 级书写美观、有字体(4~5 分)； B 级书写认真、卷面整洁(2~3 分)； C 级书写不认真、卷面潦草(0~1 分)	5 分		
减分		无题目、写错题目扣 2 分	2 分		
		错别字、标点：每处错误扣 1 分，最多扣 5 分。重复的不计	5 分		
		字数不足：每少 50 字扣 1 分			
得分合计		满分 60 分			
优点					
修改建议					

第五章 "学生自主讲评式"作文教学中评价量表的使用

表 5.15 七年级上第五单元《如何突出文章中心》评价量表

项目		要求	分值	得分	扣分原因
突出中心	精心选材紧扣中心	A级选材切合题意，中心突出(16~20分)； B级选材符合题意，中心明确(11~15分)； C级选材偏离题意，中心不够明确(1~10分)	20分		
	详略得当强化中心	A级能强化中心的内容，详细叙述，与中心关系较远的或不太典型的内容则简要叙述(16~20分)； B级内容平均用力，详略不清(11~15分)； C级能强化中心的内容，叙述简略，与中心关系较远的或不太典型的内容叙述详细(1~10分)	20分		
	巧用技法凸显中心	(1)开门见山，点明中心(3分) (2)结尾点题，深化中心(3分) (3)一语反复，强化中心(3分) (4)运用细节，突显中心(3分) (5)巧设线索，表现中心(3分)	15分		
加分		A级书写美观、有字体(4~5分)； B级书写认真、卷面整洁(2~3分)； C级书写不认真、卷面潦草(0~1分)	5分		
减分		无题目、写错题目扣2分	2分		
		错别字、标点：每处错误扣1分，最多扣5分。重复的不计	5分		
		字数不足：每少50字扣1分			
得分合计		满分60分			
优点					
修改建议					

表 5.16　七年级上第六单元《发挥联想和想象》评价量表

项目		要求	分值	得分	扣分原因
运用联想和想象丰富内容	合情合理	联想要自然恰切(联想到的事物与其触发点之间要有一定的关联);想象要合情合理	20 分		
	新意深意	联想想象新颖有创意,主题明确有深意	20 分		
	内容丰富	能灵活运用多种修辞、转换联想思路、设置巧合等方式,使文章内容丰富	15 分		
加分		A 级书写美观、有字体(4~5 分); B 级书写认真、卷面整洁(2~3 分); C 级书写不认真、卷面潦草(0~1 分)	5 分		
减分		无题目、写错题目扣 2 分	2 分		
		错别字、标点:每处错误扣 1 分,最多扣 5 分。重复的不计	5 分		
		字数不足:每少 50 字扣 1 分			
得分合计		满分 60 分			
优点					
修改建议					

第五章 "学生自主讲评式"作文教学中评价量表的使用

表 5.17 七年级下第一单元《写出人物的精》评价量表

项目		要求	分值	得分	扣分原因
写出人物的精神	精心选材紧扣中心	A级选材切合题意，能够很好地写出人物的精神和品质(16~20分)； B级选材符合题意，能够写出一些人物的精神和品质(11~15分)； C级选材偏离题意，无法写出人物的精神和品质(1~10分)	20分		
	详略得当强化中心	A级能展现人物精神，详细叙述，事例详细(16~20分)； B级能展现人物一些精神，详略不清(11~15分)； C级不能表现人物精神，叙述简略，与中心关系较远的或不太典型的内容叙述详细(1~10分)	20分		
	巧用技法凸显中心	(1)开门见山，点明精神(3分) (2)结尾点题，深化精神(3分) (3)一语反复，强化精神(3分) (4)运用细节，突显精神(3分) (5)巧设线索，表现精神(3分)	15分		
加分		A级书写美观、有字体(4~5分)； B级书写认真、卷面整洁(2~3分)； C级书写不认真、卷面潦草(0~1分)	5分		
减分		无题目、写错题目扣2分	2分		
		错别字、标点：每处错误扣1分，最多扣5分。重复的不计	5分		
		字数不足：每少50字扣1分			
得分合计		满分60分			
优点					
修改建议					

表 5.18　七年级下第二单元《学习抒情》评价量表

项目		要求	分值	得分	扣分原因
抒发真情实感	言为心声直接抒情	A级用不同句式直接表达真情(16~20分)； B级用文字直接表达真情(11~15分)； C级情感不真实(1~10分)	20分		
	有据而发间接抒情	A级将情感蕴含于事件和景物，选择合适的事件、情境和景物来表达情感(16~20分)； B级将情感蕴含于事件和景物，选择不太合适的事件、情境和景物来表达情感(11~15分)； C级将情感蕴含于事件和景物，选择不合适的事件、情境和景物来表达情感(1~10分)	20分		
	精雕细镂描写抒情	A级采用恰当的写作手法，对形象(人、景、物)的主要特征进行细腻的描摹(11~15分)； B级采用不太恰当的写作手法，对形象(人、景、物)的主要特征进行不太细腻的描摹(6~10分)； C级采用不恰当的写作手法，对形象(人、景、物)的主要特征进行不细腻的描摹(1~5分)	15分		
加分		A级书写美观、有字体(4~5分)； B级书写认真、卷面整洁(2~3分)； C级书写不认真、卷面潦草(0~1分)	5分		
减分		无题目、写错题目扣2分	2分		
		错别字、标点：每处错误扣1分，最多扣5分。重复的不计	5分		
		字数不足：每少50字扣1分			
得分合计		满分60分			
优点					
修改建议					

第五章 "学生自主讲评式"作文教学中评价量表的使用

表 5.19 七年级下第三单元《抓住细节》评价量表

项目		要求	分值	得分	扣分原因
抓住细节进行人物描写	细心观察抓住细节	A级描写具体，细节突出(16~20分)； B级描写符合题意，细节明确(11~15分)； C级描写偏离题意，细节不够突出(1~10分)	20分		
	详略得当强化细节	A级能强化人物的细节，详细叙述，人物特点典型，人物形象鲜明、跃然纸上(16~20分)； B级内容平均用力，详略不清，细节不突出(11~15分)； C级能强化细节的内容，叙述简略，人物形象较远的或不太典型的特点叙述详细(1~10分)	20分		
	运用人物描写方法凸显细节	(1)语言描写，选择典型，以一当十(3分) (2)动作描写，深化细节，活灵活现(3分) (3)心理描写，强化细节，如见其人(3分) (4)肖像描写，突显细节，推动情节(3分)	15分		
加分		A级书写美观、有字体(4~5分)； B级书写认真、卷面整洁(2~3分)； C级书写不认真、卷面潦草(0~1分)	5分		
减分		无题目、写错题目扣2分	2分		
		错别字、标点：每处错误扣1分，最多扣5分。重复的不计	5分		
		字数不足：每少50字扣1分			
得分合计		满分60分			
优点					
修改建议					

· 171 ·

表5.20 七年级下第四单元《怎样选材》评价量表

项目		要求	分值	得分	扣分原因
精心选材	选材新颖紧扣中心	A级选材新颖，中心突出 16~20分）； B级选材平庸，中心明确（11~15分）； C级选材老套，中心不够明确（1~10分）	20分		
	选材真实强化中心	A级选材贴合实际，能强化中心（16~20分）； B级选材符合实际，能围绕中心（11~15分）； C级选材不符合实际，偏离中心（1~10分）	20分		
	选材深刻凸显中心	(1)选材深刻，点明中心(5分) (2)选材深刻，深化中心(5分) (3)选材典型，强化中心(5分)	15分		
加分		A级书写美观、有字体（4~5分）； B级书写认真、卷面整洁（2~3分）； C级书写不认真、卷面潦草（0~1分）	5分		
减分		无题目、写错题目扣2分	2分		
		错别字、标点：每处错误扣1分，最多扣5分。重复的不计	5分		
		字数不足：每少50字扣1分			
得分合计		满分60分			
优点					
修改建议					

· 172 ·

第五章 "学生自主讲评式"作文教学中评价量表的使用

表 5.21　七年级下第五单元《文从字顺》评价量表

项目		要求	分值	得分	扣分原因
文从字顺	语言表达准确	A级语言表达清晰，轻重合宜(16~20分)； B级语言用词准确，没有歧义(11~15分)； C级语言表达不准确，存在歧义(1~10分)	20分		
	行文连贯流畅	A级文章前后句子在意义上有明确的关联，衔接恰当，过渡自然(16~20分)； B级文意的承接转折合乎事理，容易理解(11~15分)； C级文章紧紧围绕中心，叙述角度、观点始终不变，但文章的衔接不当(1~10分)	20分		
	写作思路清晰	(1)层次段落合理(5分) (2)巧用构思与写作手法(5分) (3)详略得当(5分)	15分		
加分		A级书写美观、有字体(4~5分)； B级书写认真、卷面整洁(2~3分)； C级书写不认真、卷面潦草(0~1分)	5分		
减分		无题目、写错题目扣2分	2分		
		错别字、标点：每处错误扣1分，最多扣5分。重复的不计	5分		
		字数不足：每少50字扣1分			
得分合计		满分60分			
优点					
修改建议					

表 5.22　七年级下第六单元《语言简明》评价量表

项目		要求	分值	得分	扣分原因
语言简明	语言简洁简要精练	A级语言简洁精炼，没有重复啰嗦(16~20分)； B级较为简洁精练，重复啰嗦较少(11~15分)； C级语言重复啰嗦，拖泥带水(1~10分)	20分		
	表意清晰明白晓畅	A级语言表达十分清晰明确，无歧义(16~20分)； B级语言表达较为清晰明确，难以理解的句子较少(11~15分)； C级语言表意不明，产生多处歧义，令人费解(1~10分)	20分		
	抓住要点围绕中心	A级紧紧围绕中心组织语言，要点突出(12~15分)； B级语言能够准确表达中心，要点较突出(8~11分)； C级旁生枝节，表意不明，中心要点不突出(0~7分)	15分		
加分		A级书写美观、有字体(4~5分)； B级书写认真、卷面整洁(2~3分)； C级书写不认真、卷面潦草(0~1分)	5分		
减分		无题目、写错题目扣2分	2分		
		错别字、标点：每处错误扣1分，最多扣5分。重复的不计	5分		
		字数不足：每少50字扣1分			
得分合计		满分60分			
优点					
修改建议					

第五章 "学生自主讲评式"作文教学中评价量表的使用

表 5.23 八年级上第一单元《新闻写作》评价量表

项目		要求	分值	得分	扣分原因
新闻	新闻要素	A级新闻要素齐全，要素清晰(16~20分)； B级新闻要素基本齐全，表述不规范(11~15分)； C级新闻要素不齐全，表述不规范(1~10分)	20分		
	新闻结构	A级新闻基本结构完整，结构清晰(16~20分)； B级新闻结构基本完整，结构安排稍有不合理(11~15分)； C级新闻结构不完整，结构安排不合理(1~10分)	20分		
	新闻特点	(1)完全符合新闻写作准确性、时效性和真实性的要求(10~15分)； (2)个别新闻特点的要求体现不突出(5~10分)； (3)新闻写作不够准确、真实，不具有时效性(1~5分)	15分		
加分		A级书写美观、有字体(4~5分)； B级书写认真、卷面整洁(2~3分)； C级书写不认真、卷面潦草(0~1分)	5分		
减分		无新闻标题、写错新闻标题题目扣2分	2分		
		错别字、标点：每处错误扣1分，最多扣5分。重复的不计	5分		
		新闻格式不规范			
得分合计		满分60分			
优点					
修改建议					

表 5.24　八年级上第二单元《学写传记》评价量表

项目		要求	分值	得分	扣分原因
典型言行，详略得当	精选典型	A级选材凸显人物特点，中心突出(16~20分)； B级选材符合人物特点，中心明确(11~15分)； C级选材偏离人物形象，中心不够明确(1~10分)	20分		
	详略得当	A级能记录典型语言和重要行为，详细叙述，与中心关系较远的或不太典型的内容则简要叙述(16~20分)； B级内容平均用力，详略不清(11~15分)； C级能强化中心的内容，叙述简略，与中心关系较远的或不太典型的内容叙述详细(1~10分)	20分		
	巧用技法	(1)开门见山，点明中心(3分) (2)结尾点题，深化中心(3分) (3)一语反复，强化中心(3分) (4)运用细节，突显中心(3分) (5)巧设线索，表现中心(3分)	15分		
加分		A级书写美观、有字体(4~5分)； B级书写认真、卷面整洁(2~3分)； C级书写不认真、卷面潦草(0~1分)	5分		
减分		无题目、写错题目扣2分	2分		
		错别字、标点：每处错误扣1分，最多扣5分。重复的不计	5分		
		字数不足：每少50字扣1分			
得分合计		满分60分			
优点					
修改建议					

第五章 "学生自主讲评式"作文教学中评价量表的使用

表 5.25 八年级上第三单元《学习描写景物》评价量表

项目		要求	分值	得分	扣分原因
抓住景物特征	目的明确	A 级表达方式恰当，态度明确(16~20 分)； B 级表达方式模糊，态度明确(11~15 分)； C 级表达方式失当，态度模糊(1~10 分)	20 分		
	多种角度	A 级运用多种感官与视角相结合，动静结合，修辞手法与写作方法相结合(16~20 分)； B 级运用少量修辞手法，少量感官与视角相结合(11~15 分)； C 级语句不通顺，单一感官与视角(1~10 分)	20 分		
	融情于景	写景融入自己的情感(1~15 分)	15 分		
加分		A 级书写美观、有字体(4~5 分)； B 级书写认真、卷面整洁(2~3 分)； C 级书写不认真、卷面潦草(0~1 分)	5 分		
减分		无题目、写错题目扣 2 分	2 分		
		错别字、标点：每处错误扣 1 分，最多扣 5 分。重复的不计	5 分		
		字数不足：每少 50 字扣 1 分			
得分合计		满分 60 分			
优点					
修改建议					

·177·

表 5.26　八年级上第四单元《语言要连贯》评价量表

项目		要求	分值	得分	扣分原因
语言连贯	话题统一	A级前后话题统一，语言连贯(16~20分)； B级前后话题基本统一，语言较连贯(11~15分)； C级前后话题不统一，语言混乱(1~10分)	20分		
	顺序合理	A级句子围绕一个话题，顺序合理(16~20分)； B级句子基本围绕一个话题，顺序较合理(11~15分)； C级句子偏离话题，顺序混乱(1~10分)	20分		
	衔接过渡	适当运用关联词、提示语或过渡句(1~15分)	15分		
加分		A级书写美观、有字体(4~5分)； B级书写认真、卷面整洁(2~3分)； C级书写不认真、卷面潦草(0~1分)	5分		
减分		无题目、写错题目扣2分	2分		
		错别字、标点：每处错误扣1分，最多扣5分。重复的不计	5分		
		字数不足：每少50字扣1分			
得分合计		满分60分			
优点					
修改建议					

第五章 "学生自主讲评式"作文教学中评价量表的使用

表 5.27 八年级上第五单元《说明事物要抓任特征》评价量

项目		要求	分值	得分	扣分原因
抓住事物特征	精心选材突出事物特征	A级选材切合题意，事物特征突出(16~20分)； B级选材符合题意，事物特征明确(11~15分)； C级选材偏离题意，事物特征不够明确(1~10分)	20分		
	详略得当突出事物特征	A级能强化事物特征的内容，详细叙述，离事物特征较远的或不太典型的内容则简要叙述(16~20分)； B级内容平均用力，详略不清(11~15分)； C级能强化事物特征的内容，叙述简略，离事物特征较远的或不太典型的内容叙述详细(1~10分)	20分		
	巧用技法突出事物特征	(1)运用细节，突显事物特征(5分) (2)巧用修辞，表现事物特征(5分) (3)善用表现手法，突出事物特征(5分)	15分		
加分		A级书写美观、有字体(4~5分)； B级书写认真、卷面整洁(2~3分)； C级书写不认真、卷面潦草(0~1分)	5分		
减分		无题目、写错题目扣2分	2分		
		错别字、标点：每处错误扣1分，最多扣5分。重复的不计	5分		
		字数不足：每少50字扣1分			
得分合计		满分60分			
优点					
修改建议					

表 5.28 八年级上第六单元《表达要得体》评价量表

项目		要求	分值	得分	扣分原因
表达得体	目的明确	A 级表达方式恰当,态度明确(16~20 分); B 级表达方式模糊,态度明确(11~15 分); C 级表达方式失当,态度模糊(1~10 分)	20 分		
	读者对象	A 级符合读者对象的特点和应用的场合(16~20 分); B 级用语根据读者的年龄、性别等不同,使用场合不恰当(11~15 分); C 级用语不符合读者对象的特点,应用场合失当(1~10 分)	20 分		
	用语得当	书面用语礼貌得体,遵照格式行文(1~15 分)	15 分		
加分		A 级书写美观、有字体(4~5 分); B 级书写认真、卷面整洁(2~3 分); C 级书写不认真、卷面潦草(0~1 分)	5 分		
减分		无题目、写错题目扣 2 分	2 分		
		错别字、标点:每处错误扣 1 分,最多扣 5 分。重复的不计	5 分		
		字数不足:每少 50 字扣 1 分			
得分合计		满分 60 分			
优点					
修改建议					

· 180 ·

第五章 "学生自主讲评式"作文教学中评价量表的使用

表 5.29 八年级下第一单元《学习仿写》评价量表

项目		要求	分值	得分	扣分原因
仿写	模仿范文的篇章结构	A级选材结构切合题意(16~20分)； B级选材结构符合题意(11~15分)； C级选材结构偏离题意(1~10分)	20分		
	模仿范文的写作手法	A级能灵活运用人物描写方法、修辞手法等来强化中心的内容，详细叙述(16~20分)； B级能运用人物描写方法、修辞手法等，内容平均用力，详略不清(11~15分)； C级中心的内容叙述简略(1~10分)	20分		
	巧用技法凸显仿写	(1)开门见山(3分) (2)结尾点题(3分) (3)一语反复(3分) (4)运用细节(3分) (5)表现中心(3分)	15分		
加分		A级书写美观、有字体(4~5分)； B级书写认真、卷面整洁(2~3分)； C级书写不认真、卷面潦草(0~1分)	5分		
减分		无题目、写错题目扣2分	2分		
		错别字、标点：每处错误扣1分，最多扣5分。重复的不计	5分		
		字数不足：每少50字扣1分			
得分合计		满分60分			
优点					
修改建议					

表 5.30　八年级下第二单元《合理安排说明顺序》评价量表

项目		要求	分值	得分	扣分原因
合理安排说明顺序	精心选材明确说明对象	A级选材切合题意，能充分表现事物或事理本身特征，并且符合人们认识事物的规律，特征突出(16~20分)； B级选材符合题意，特征明确(11~15分)； C级选材偏离题意，特征不够明确(1~10分)	20分		
	顺序合理强化事物特征	A级能强化事物的特征，能根据说明对象及对象的特点，说明透彻，选择恰当的说明顺序(16~20分)； B级内容平均用力，介绍事物特征(事理)不够清楚，说明顺序不够明确(11~15分)； C级能强化事物的特征，介绍事物特征(事理)不清，不按照一定的说明顺序(1~10分)	20分		
	巧用技法凸显特征	(1)准确抓住事物的特征，讲究说明方法(3分) (2)准确使用方位词，表示时间顺序的词(3分) (3)使用生动的说明语言(3分) (4)语言简练平实(3分) (5)运用多种方法引出说明对象(3分)	15分		
加分		A级书写美观、有字体(4~5分)； B级书写认真、卷向整洁(2~3分)； C级书写不认真、卷面潦草(0~1分)	5分		
减分		无题目、写错题目扣2分	2分		
		错别字、标点：每处错误扣1分，最多扣5分。重复的不计	5分		
		字数不足：每少50字扣1分			
得分合计		满分60分			
优点					
修改建议					

第五章 "学生自主讲评式"作文教学中评价量表的使用

表 5.31 八年级下第三单元《学写读后感》评价量表

项目		要求	分值	得分	扣分原因
写读后感	读后感的篇章结构	A级能够清楚完整比较简练地写出内容,读后感结构清楚,读与写的结合点明确,能围绕读与感的结合点真实地表达自己的感受(16~20分); B级能够清楚完整地写出内容,读后感结构清楚,读与写的结合点明确,能围绕读与感真实地表达自己的感受(11~15分); C级够清楚完整地写出内容,读后感结构清楚,真实地表达自己的感受(1~10分)	20分		
	读后感的写作手法	A级叙述简洁清楚,议论切合引述且丰富,连接自然,结构严谨,段落合理(16~20分); B级叙述简洁,基本清楚,议论切合引述但单薄,连接自然,结构完整(11~15分); C级叙述费解,议论和引述切合度低,连接不自然(1~10分)	20分		
	巧用技法凸显仿写	(1)开门见山,点明中心(3分) (2)结尾点题,深化中心(3分) (3)一语反复,强化中心(3分) (4)运用纠节,突显中心(3分) (5)巧设线索,表现中心(3分)	15分		
加分		A级书写美观、有字体(4~5分); B级书写认真、卷面整洁(2~3分); C级书写不认真、卷面潦草(0~1分)	5分		
减分		无题目、写错题口扣2分	2分		
		错别字、标点:每处错误扣1分,最多扣5分。重复的不计	5分		
		字数不足:每少50字扣1分			
得分合计		满分60分			
优点					
修改建议					

· 183 ·

表 5.32　八年级下第四单元《撰写演讲》评价量表

项目		要求	分值	得分	扣分原因
撰写演讲稿	综合考虑有的放矢	A 级充分考虑听众情况，主题清晰，内容及语言风格恰当(9~10)； B 级适当考虑听众情况，主题较为清晰，内容及语言风格较为恰当(6~8)； C 级较少或没有考虑听众情况，主题不够清晰，内容及语言风格不够恰当(1~5)。	10 分		
	写好开头引人入胜	A 级开头精彩，抓住听众(8~10)； B 级开头较为精彩(6~8)； C 级开头普通(1~5)	10 分		
	明确观点展现思路	A 级观点明确，思路清晰(8~10)； B 级观点较为明确，思路较为清晰(6~8)； C 级观点不够明确，思路不够清晰(1~5)	15 分		
	语言精练有感染力	A 级语言表达效果好，大众化、口语化，短句多，修辞巧(9~10)； B 级语言表达效果较好(6~8)； C 级语言表达效果般(1~5)	10 分		
	设计结语引人深思	A 级结语精彩，提升演讲效果(9~10)； B 级结语较为精彩，有一定演讲效果(6~8)； C 级结语普通，没有演讲效果(1~5)	10 分		
加分		A 级书写美观、有字体(4~5 分)； B 级书写认真、卷面整洁(2~3 分)； C 级书写不认真、卷面潦草(0~1 分)	5 分		
减分		无题目、写错题目扣 2 分	2 分		
		错别字、标点：每处错误扣 1 分，最多扣 5 分。重复的不计	5 分		
		字数不足：每少 50 字扣 1 分			
得分合计		满分 60 分			
优点					
修改建议					

第五章 "学生自主讲评式"作文教学中评价量表的使用

表 5.33 八年级下第五单元《学写游记》评价量表

项目		要求	分值	得分	扣分原因
学写游记	游踪清晰线索分明	A 级游踪过程清楚，写作顺序清晰(16~20 分)； B 级游踪过程较清晰，写作顺序较清晰(11~15 分)； C 级游踪过程不够清晰，写作顺序不够明确(1~10 分)	20 分		
	详略得当抓住特征	A 级能抓住游记中的重点景物的特征来写，详细叙述，从不同角度用不同手法来呈现(16~20 分)； B 级能叙述游记中的景物，详略不清，运用较少的角度、手法来呈现(11~15 分)； C 级能简单叙述游记中的景物，叙述简略，单一角度或无角度呈现(1~10 分)	20 分		
	情景交融丰富内涵	(1)借景抒情独特体验(5 分) (2)融入感受丰富内涵(5 分) (3)人文要素拓宽深度(5 分)	15 分		
加分		A 级书写美观、有字体(4~5 分)； B 级书写认真、卷面整洁(2~3 分)； C 级书写不认真、卷面潦草(0~1 分)	5 分		
减分		无题目、写错题目扣 2 分	2 分		
		错别字、标点：每处错误扣 1 分，最多扣 5 分。重复的不计	5 分		
		字数不足：每少 50 字扣 1 分			
得分合计		满分 60 分			
优点					
修改建议					

表 5.34 八年级下第六里元《学与故事》评价童表

项目		要求	分值	得分	扣分原因
学写故事	叙事完整,一波三折	A级记叙六要素齐全,叙事完整,设置悬念、波折、意外(16~20分); B级记叙六要素较齐全,叙事较完整,有一定的波澜(11~15分); C级记叙六要素不够齐全,叙事不够完整,且情节没有波澜(1~10分)	20分		
	塑造人物多种描写	A级能运用多种丰富的人物描写方法,形象突出(16~20分); B级能运用较多的人物描写方法,形象较突出(11~15分); C级能描写人物;(1~10分)	20分		
	联想想象丰富情节	联想想象丰富情节,人物生动	15分		
加分		A级书写美观、有字体(4~5分); B级书写认真、卷面整洁(2~3分); C级书写不认真、卷面潦草(0~1分)	5分		
减分		无题目、写错题目扣2分	2分		
		错别字、标点:每处错误扣1分,最多扣5分。重复的不计	5分		
		字数不足:每少50字扣1分			
得分合计		满分60分			
优点					
修改建议					

第五章 "学生自主讲评式"作文教学中评价量表的使用

表5.35 九年级上第一单元《诗歌创作》评价量表

项目		要求	分值	得分	扣分原因
诗歌创作	有真情实感	A级内容积极向上，情感明确、丰富(16~20分)； B级内容积极向上，情感明确、简单(11~15分)； C级内容不积极，情感模糊、不明确(1~10分)	20分		
	展开联想和想象	A级联想和想象合理、充分(16~20分)； B级联想和想象欠合理、欠充分(11~15分)； C级联想和想象不合理，不充分(1~10分)	20分		
	巧用技巧抒发感受	(1)正确选择抒情方式(5分) (2)语言简洁凝练，自然流畅(5分) (3)韵律和节奏感强(5分)	15分		
加分		A级书写美观、有字体(4~5分)； B级书写认真、卷面整洁(2~3分)； C级书写不认真、卷面潦草(0~1分)	5分		
减分		无题目、写错题目扣2分	2分		
		错别字、标点：每处错误扣1分，最多扣5分。重复的不计	5分		
		字数不足：每少50字扣1分			
得分合计		满分60分			
优点					
修改建议					

·187·

表 5.36　九年级上第二单元《观点要明确》评价量表

项目		要求	分值	得分	扣分原因
观点要明确	态度鲜明，观点明确	A 级选材切合题意，观点明确(16~20 分)； B 级选材符合题意，态度欠鲜明(11~15 分)； C 级选材偏离题意，观点不够明确(1~10 分)	20 分		
	观点具体避免空泛	A 级论说范围恰当，切合实际(10~15 分)； B 级论说内容平均用力，详略不清(5~10 分)； C 级有观点但内容空洞(1~5 分)	15 分		
	观点鲜明，语言凝练	(1)观点鲜明，语言简明，言简意赅(5 分) (2)行文过程中语言表意准确(5 分) (3)不大量堆积辞藻，语言凝练(5 分)	15 分		
加分		A 级书写美观、有字体(4~5 分)； B 级书写认真、卷面整洁(2~3 分)； C 级书写不认真、卷面潦草(0~1 分)	5 分		
减分		无题目、写错题目扣 2 分	2 分		
		错别字、标点：每处错误扣 1 分，最多扣 5 分。重复的不计	3 分		
		字数不足：每少 50 字扣 1 分			
得分合计		满分 60 分			
优点					
修改建议					

第五章 "学生自主讲评式"作文教学中评价量表的使用

表 5.37 九年级上第三单元《议论要言之有据》评价量表

项目		要求	分值	得分	扣分原因
议论要言之有理	材料真实准确	A级所使用的材料真实具体，所列举事例有历史依据，名言警句真实准确(16~20分)； B级所使用材料的真实性无从考证，无法确定其真实性(11~15分)； C级所使用材料明显是虚构的，或者所列举的事例张冠李戴(1~10分)	20分		
	材料支撑观点	A级所使用的材料能有效支撑论点(16~20分)； B级所使用的材料支撑论点的作用有限(11~15分)； C级所使用的材料无法支撑论点(1~10分)	20分		
	材料丰富多样	(1)有事实论据与道理论据(5分) (2)事实论据包括历史事件、生活事件、统计数据等(5分) (3)道理论据包括名言警句、谚语、精辟的理论等(5分)	15分		
加分		A级书写美观、有字体(4~5分)； B级书写认真、卷面整洁(2~3分)； C级书写不认真、卷面潦草(0~1分)	5分		
减分		无题目、写错题目扣2分	2分		
		错别字、标点：每处错误扣1分，最多扣5分。重复的不计	5分		
		字数不足：每少50字扣1分			
得分合计		满分60分			
优点					
修改建议					

表 5.38　九年级上第四单元《学习缩写》评价量表

项目		要求	分值	得分	扣分原因
学习缩写	尊重原作	A 级在把握原文的基础上进行缩写(16~20 分)； B 级基本保持原文的面貌，(11~15 分)； C 级没有保留原文的面貌(1~10 分)	20 分		
	取舍详略	A 级能强化中心的内容，详细叙述，与中心关系较远的或不太典型的内容则简要叙述(16~20 分)； B 级内容平均用力，详略不清(11~15 分)； C 级能强化中心的内容，叙述简略，与中心关系较远的或不太典型的内容叙述详细(1~10 分)	20 分		
	语言流畅文意通达	(1)简洁凝练(3 分) (2)语言准确生动(3 分) (3)上下文过渡、衔接顺畅(3 分) (4)保留原文的行文脉络与结构(3 分) (5)语言流畅(3 分)	15 分		
加分		A 级书写美观、有字体(4~5 分)； B 级书写认真、卷面整洁(2~3 分)； C 级书写不认真、卷面潦草(0~1 分)	5 分		
减分		无题目、写错题目扣 2 分	2 分		
		错别字、标点：每处错误扣 1 分，最多扣 5 分。重复的不计	5 分		
		字数不足：每少 50 字扣 1 分			
得分合计		满分 60 分			
优点					
修改建议					

第五章 "学生自主讲评式"作文教学中评价量表的使用

表 5.39　九年级上第五单元《论证要合理》评价量表

项目		要求	分值	得分	扣分原因
论证要合理	符合逻辑，观点一致，概念统一	A 级观点明确，论证有理有据(11~15 分)； B 级观点清晰，论证较好(5~10 分)； C 级观点不明确，论证不够恰当(1~5 分)	15 分		
	材料支持观点，分析恰到好处	A 级材料支持观点，分析恰当，使读者明白两者之间的关系(11~15 分)； B 级观点较明确，论证较充分(5~10 分)； C 级有观点，材料不能证明观点，出现论据与论点不相干或证据不足的情况(1~5 分)	15 分		
	巧用技法，论证有力	(1)论证要符合逻辑，观点要一致，概念要统一(5 分) (2)论据要能支持论点(5 分) (3)选择恰当的论证方法(5 分)	15 分		
	结构合理，思路清晰	(1)采取设置分论点的形式，从多方面多角度论证(5 分) (2)采用"提出问题—分析问题—解决问题"的结构层层论证(5 分)	10 分		
加分		A 级书写美观、有字体(4~5 分)； B 级书写认真、卷面整洁(2~3 分)； C 级书写不认真、卷面潦草(0~1 分)	5 分		
减分		无题目、写错题目扣 2 分	2 分		
		错别字、标点：每处错误扣 1 分，最多扣 5 分。重复的不计	5 分		
		字数不足：每少 50 字扣 1 分			
得分合计		满分 60 分			
优点					

·191·

表 5.40　九年级上第六单元《学习改写》评价量表

项目		要求	分值	得分	扣分原因
学习改写	把握情节，忠于原作	A级在把握原文的基础上进行改写(16~20分)； B级基本保持原文的情节走向(11~15分)； C级原文的情节改变明显(1~10分)	20分		
	创新形式，中心突出	A级能根据改写需要变换选择改写形式，改写形式能突出中心(16~20分)； B级改写形式和改写角度单一，不能体现个人特色(11~15分)； C级基本未进行改写，原作痕迹明显(1~10分)	20分		
	合理想象，体现个性	A级能根据原作内容，确定多个改写点，发挥丰富的想象进行改写(11~15分)； B级能通过想象对原文进行改写，补充的内容不够丰富(6~10分)； C级基本未发挥想象对原文进行补充和改写(1~5分)	15分		
加分		A级书写美观、有字体(4~5分)； B级书写认真、卷面整洁(2~3分)； C级书写不认真、卷面潦草(0~1分)	5分		
减分		无题目、写错题目扣2分	2分		
		错别字、标点：每处错误扣1分，最多扣5分。重复的不计	5分		
		字数不足：每少50字扣1分			
得分合计		满分60分			
优点					
修改建议					

第五章 "学生自主讲评式"作文教学中评价量表的使用

表 5.41 九年级下第一单元《扩写》评价量表

项目		要求	分值	得分	扣分原因
扩写	忠于原文，紧扣中心	A级扩写内容忠于原文，中心突出(16~20分)； B级扩写内容忠于原文，中心明确(11~15分)； C级扩写内容基本忠于原文，中心不够明确(1~10分)	20分		
	详略得当，扩写重点突出	A级根据表达中心的需要，能选择、确定适合的点，安排好扩写的主次，有针对性地进行扩写，做到详略分明，重点突出(16~20分)； B级根据表达中心的需要，能选择、确定适合的点，安排好扩写的主次，有针对性地进行扩写，做到详略较分明，重点较突出(11~15分)； C级内容平均用力，详略不清(1~10分)	20分		
	内容一致，文章连贯	(1)人称和语气保持前后一致(3分) (2)情节的发展或论述的推进合乎逻辑(3分) (3)有必要的过渡(3分) (4)增添的细节要和全文相协调(3分) (5)避免枝大于干(3分)	15分		
加分		A级书写美观、有字体(4~5分)； B级书写认真、卷面整洁(2~3分)； C级书写不认真、卷面潦草(0~1分)	5分		
减分		无题目、写错题目扣2分	2分		
		错别字、标点：每处错误扣1分，最多扣5分。重复的不计	5分		
		字数不足：每少50字扣1分			
得分合计		满分60分			
优点					
修改建议					

· 193 ·

表 5.42　九年级下第二单元《审题立意》评价量表

项目		要求	分值	得分	扣分原因
审准题意	审清题意准确立意	A级能正确审清题意，立意新颖准确，思想深刻(16~20分)； B级能正确审清题意，立意准确(11~15分)； C级审题不清，立意不准确(1~10分)	20分		
	恰当选材深刻立意	A级选材新颖，能准确体现文章主旨(16~20分)； B级选材恰当，能准确体现文章主旨(11~15分)； C级选材不恰当，不能体现文章主旨(1~10分)；	20分		
	巧用技法深刻立意	(1)开门见山，点明中心(3分) (2)结尾点题，深化中心(3分) (3)一语反复，强化中心(3分) (4)运用细节，突显中心(3分) (5)巧设线索，表现中心(3分)	15分		
加分		A级书写美观、有字体(4~5分)； B级书写认真、卷面整洁(2~3分)； C级书写不认真、卷面潦草(0~1分)	5分		
减分		无题目、写错题目扣2分			
		错别字、标点：每处错误扣1分，最多扣5分。重复的不计	5分		
		字数不足：每少50字扣1分			
得分合计		满分60分			
优点					
修改建议					

第五章 "学生自主讲评式"作文教学中评价量表的使用

表 5.43 九年级下第三单元《布局谋篇》评价量表

项目		要求	分值	得分	扣分原因
谋篇布局	合理选材	A级选材切合题意，具有时代特点(16~20分)； B级选材符合题意，写出个人感受(11~15分)； C级选材偏离题意，中心不够明确(1~10分)	20分		
	精心组材	A级围绕中心，详略得当，重点突出，结构合理(16~20分)； B级内容平均用力，详略不清(11~15分)； C级层次模糊，结构混乱(1~10分)	20分		
	巧用技法	(1)过渡自然(5分) (2)首尾呼应(5分) (3)点题恰当(5分)	15分		
加分		A级书写美观、有字体(4~5分)； B级书写认真、卷面整洁(2~3分)； C级书写不认真、卷面潦草(0~1分)	5分		
减分		无题目、写错题目扣2分	2分		
		错别字、标点：每处错误扣1分，最多扣5分。重复的不计	5分		
		字数不足：每少50字扣1分			
得分合计		满分60分			
优点					
修改建议					

· 195 ·

表 5.44　九年级下第四单元《修改润色》评价量表

项目		要求	分值	得分	扣分原因
修改润色	内容	A级立意深刻新颖，内容充实，中心突出，有真情实感(16~20分)； B级基本符合题意，内容尚算充实，中心基本明确，感情较真实(11~15分)； C级不符合题意，内容空泛，中心不明确，感情不真实(1~10分)	20分		
	语言	A级文体规范，条理清楚，结构合理，语言通顺(16~20分)； B级条理基本清楚，结构基本完整，语言基本通顺，有部分语病(11~15分)； C级条理不清楚，结构不完整，语言不通顺，语病较多(1~10分)	20分		
	巧用技法	(1)开门见山，点明中心(3分) (2)结尾点题，深化中心(3分) (3)环境描写，渲染气氛(3分) (4)运用细节，突显中心(3分) (5)句式活泼，整散结合(3分)	15分		
加分		A级书写美观、有字体(4~5分)； B级书写认真、卷面整洁(2~3分)； C级书写不认真、卷面潦草(0~1分)	5分		
减分		无题目、写错题目扣2分	2分		
		错别字、标点：每处错误扣1分，最多扣5分。重复的不计	5分		
		字数不足：每少50字扣1分			
得分合计		满分60分			
优点					
修改建议					

第五章 "学生自主讲评式"作文教学中评价量表的使用

表 5.45 九年级下第五单元《演出与评议》评价量表

项目		要求	分值	得分	扣分原因
演出与评议	剧本评议	A级主题积极向上，故事完整，故事情节发展符合逻辑，人物性格鲜明(16~20分)； B级主题积极，故事完整，情节较为平淡，人物性格较为鲜明(11~15分)； C级故事情节较为完整，人物语言、动作等设计缺少感染力(1~10分)	20分		
	演员评议	A级正确把握剧本主题，表演自然大方，感情充沛，表演丰富(16~20分)； B级理解剧本主题，对人物的性格理解比较到位，基本能展示出戏剧中的冲突(11~15分)； C级较完整地把剧本内容表演出来(1~10分)	20分		
	导演评议	A级团队领导协调能力比较好，准备充分，能很好地指导本剧组人员出色完成演出(5分)； B级完成剧本的制作，演员分工合理，对演员的细节指导不到位(5分)； C级基本完成剧本的制作，但质量欠佳(5分)	15分		
加分		A级服装、道具符合剧情，入场、谢幕有新意(4~5分)； B级服装整洁，有入场和谢幕(2~3分)； C级服装、道具等细节方面准备不够充分(0~1分)	5分		
减分		观众无反应	5分		
		剧本不完整	5分		
得分合计		满分60分			
优点					
修改建议					

表 5.46　九年级下第六单元《有创意的表达》评价量表

项目		要求	分值	得分	扣分原因
有创意的表达	形式新	A级标题深刻有内涵，结构新颖有创意，角度独特有情感(16~20分)； B级标题准确，结构较新颖，角度较为独特，较有情感(11~15分)； C级标题不准确，结构不新颖，角度不新颖(1~10分)	20		
	立意新	A级立意新颖独特(8~10分)； B级立意较为新颖(5~7分)； C级立意不新颖(1~4分)	10		
	选材新	A级选材重生活，真切感人有体验(8~10分)； B级选材符合题意，中心明确(5~7分)； C级选材偏离题意，中心偏移(1~4分)	10		
	语言新	A级语言生动形象，多用修辞等手法(12~15分)； B级用词准确、恰当，较为优美(7~11分)； C级语言干瘪，表述基本清楚(1~6)	15分		
加分		A级书写美观、有字体(4~5分)； B级书写认真、卷面整洁(2~3分)； C级书写不认真、卷面潦草(0~1分)	5分		
减分		无题目、写错题目扣2分	2分		
		错别字、标点：每处错误扣1分，最多扣5分。重复的不计	5分		
		字数不足：每少50字扣1分			
得分合计		满分60分			
优点					
修改建议					

第五章 "学生自主讲评式"作文教学中评价量表的使用

(二)部编初中语文单元作文训练评价量表 2.0 版

《义务教育语文课程标准(2022年版)》将思维能力列入义务教育语文课程培养的四大核心素养,并特别指出,思维能力是指学生在语文学习过程中的联想想象、分析比较、归纳判断等认知表现,主要包括直觉思维、形象思维、逻辑思维、辩证思维和创造思维。思维具有一定的敏捷性、灵活性、深刻性、独创性、批判性。语言是重要的交际工具和思维工具,语言发展的过程也是思维发展的过程,二者相互促进。为立足学生自主讲评作文,培养学生的思维能力,我们对评价量表又进行了完善,形成部编初中语文单元作文训练评价量表 2.0 版。本版本的评价量表突出了单元作文训练的思维发展重点,并指向创新思维发展的习作亮点的挖掘。

下面是我们开发的部编初中语文 36 个单元的作文训练评价量表 2.0 版(思维发展评价版)。

表 5.47　七年级上第一单元《热爱生活,热爱写作》评价量表

项目		要求	分值	得分	扣分原因
观察自然,体验生活	真切感受	源于对生活真实的感受,是受到触动的事情,有趣味或有意义	15 分		
	提炼瞬间	A级观察细致,细节描写生动(11~15 分); B级观察细致,语言较为生动(6~10 分); C级观察不细致,语言不生动(1~5 分)	15 分		
	启悟人生	融入了自己的感悟、思考	15 分		
加分		A级书写美观、有字体(4~5 分); B级书写认真、卷面整洁(2~3 分); C级书写不认真、卷面潦草(0~1 分)	5 分		
减分		无题目、写错题目扣 2 分	2 分		
		错别字、标点:每处错误扣 1 分,最多扣 5 分。重复的不计	5 分		
		字数不足:每少 50 字扣 1 分			

199

续表

项目		要求	分值	得分	扣分原因
思维发展重点	直觉思维、形象思维	A级:观察细致,文句富有表现力,内容充实,中心突出,感情真挚,语句顺畅,选材新颖,构思独特,布局安排匠心独运(8~10分); B级:语句通畅,内容比较充实,中心明确,感情真实,结构比较完整,层次比较清晰(5~7分); C级:内容比较空泛,中心不够明确,感情虚假,语句混乱,结构不完整,层次不清晰(1~4分)	10分		
得分合计		满分60分			
习作亮点					
修改建议					

表5.48 七年级上第二单元《学会记事》评价量表

项目		要求	分值	得分	扣分原因
把事情写清楚	巧选材	A级选材切合题意,中心突出(8~10分); B级选材符合题意,中心明确(5~7分); C级选材偏离题意,中心不够明确(1~4分)	10分		
	写清楚	A级能围绕中心交代清楚事情的起因、经过和结果(11~15分); B级能大体说清楚事情的起因、经过和结果(6~10分); C级事情的起因、经过和结果不清楚(1~5分)	15分		
	写具体	能运用方法添加细节,把事情写得生动具体	10分		
	写真切	能使用贴切表达情感的词语或句子,抓住感人的细节,恰如其分地表达感情	10分		

第五章 "学生自主讲评式"作文教学中评价量表的使用

续表

项目		要求	分值	得分	扣分原因
加分		A级书写美观、有字体(4~5分); B级书写认真、卷面整洁(2~3分); C级书写不认真、卷面潦草(0~1分)	5分		
减分		无题目,写错题目扣2分	2分		
		错别字、标点:每处错误扣1分,最多扣5分。重复的不计	5分		
		字数不足:每少50字扣1分			
思维发展重点	逻辑思维、创造思维	A级:细节生动,内容充实,中心突出,感情真挚,语句顺畅,选材新颖,构思独特,布局安排匠心独运(8~10分); B级:有细节描写,内容比较充实,中心明确,感情真实,语句通畅,结构比较完整,层次比较清晰(5~7分); C级:内容比较空泛,中心不够明确,感情虚假,语句混乱,结构不完整,层次不清晰(1~4分)	10分		
得分合计		满分60分			
习作亮点					
修改建议					

· 201 ·

表 5.49　七年级上第三单元《写人要抓住特点》评价量表

项目		要求	分值	得分	扣分原因
抓住特征刻画人物	人物描写	能运用外貌、语言、动作、神态等人物描写方式表现人物特点,传递人物内心情感	15 分		
	典型事件	A 级选取最能体现人物性格特点的事件(11～15 分); B 级所选事件基本能表现出人物的性格特点(6～10 分); C 级选材平淡,表现人物特点不明显(1～5 分)	15 分		
	人物特征	A 级人物的性格特征鲜明(11～15 分); B 级能感受到人物的性格特点(6～10 分); C 级人物特点不明显(1～5 分)	15 分		
加分		A 级书写美观、有字体(4～5 分); B 级书写认真、卷面整洁(2～3 分); C 级书写不认真、卷面潦草(0～1 分)	5 分		
减分		无题目、写错题目扣 2 分	2 分		
		错别字、标点:每处错误扣 1 分,最多扣 5 分。重复的不计	5 分		
		字数不足:每少 50 字扣 1 分			
思维发展重点	形象思维	A 级:观察细致,能抓住人物的个性特点,内容充实,中心突出,语句顺畅,选材新颖,构思独特,布局安排匠心独运(8～10 分); B 级:能写出人物的特点,内容比较充实,中心明确,语句通畅,结构比较完整,层次比较清晰(5～7 分); C 级:内容比较空泛,中心不够明确,语句混乱,结构不完整,层次不清晰(1～4 分)	10 分		
得分合计		满分 60 分			
习作亮点					
修改建议					

第五章 "学生自主讲评式"作文教学中评价量表的使用

表 5.50 七年级上第四单元《思路要清晰》评价量表

项目		要求	分值	得分	扣分原因
条理清楚，层次分明	精心选材	A级选材切合题意,中心突出(12~15分); B级选材符合题意,中心明确(7~11分); C级选材偏离题意,中心不够明确(1~6分)	15分		
	详略得当	A级能强化中心的内容,详细叙述,与中心关系较远的或不太典型的内容则简要叙述(11~15分); B级内容平均用力,详略不清(6~10分); C级能强化中心的内容,叙述简略,与中心关系较远的或不太典型的内容叙述详细(1~5分)	15分		
	顺序明晰	有行文线索,能根据文体特点,选择合适的写作顺序(时间顺序、空间顺序、逻辑顺序)	15分		
加分		A级书写美观、有字体(4~5分); B级书写认真、卷面整洁(2~3分); C级书写不认真、卷面潦草(0~1分)	5分		
减分		无题目、写错题目扣2分	2分		
		错别字、标点:每处错误扣1分,最多扣5分。重复的不计	5分		
		字数不足:每少50字扣1分			
思维发展重点	逻辑思维	A级:内容充实,中心突出,语句顺畅,选材新颖,思路清晰,顺序合理,布局安排匠心独运(8~10分); B级:内容比较充实,中心明确,语句通畅,层次比较清晰(5~7分); C级:内容比较空泛,中心不够明确,结构不完整,层次不清晰(1~4分)	10分		
得分合计		满分60分			
习作亮点					
修改建议					

203

表 5.51　七年级上第五单元《如何突出文章中心》评价量表

项目		要求	分值	得分	扣分原因
突出中心	精心选材 紧扣中心	A级选材切合题意,中心突出(11~15分); B级选材符合题意,中心明确(6~10分); C级选材偏离题意,中心不够明确(1~5分)	15分		
	详略得当 强化中心	A级能强化中心的内容,详细叙述,与中心关系较远的或不太典型的内容则简要叙述(11~15分); B级内容平均用力,详略不清(6~10分); C级能强化中心的内容,叙述简略,与中心关系较远的或不太典型的内容叙述详细(1~5分)	15分		
	巧用技法 凸显中心	(1)开门见山,点明中心(3分) (2)结尾点题,深化中心(3分) (3)一语反复,强化中心(3分) (4)运用细节,突显中心(3分) (5)巧设线索,表现中心(3分)	15分		
加分		A级书写美观、有字体(4~5分); B级书写认真、卷面整洁(2~3分); C级书写不认真、卷面潦草(0~1分)	5分		
减分		无题目、写错题目扣2分	2分		
		错别字、标点:每处错误扣1分,最多扣5分。重复的不计	5分		
		字数不足:每少50字扣1分			
思维发展重点	创造思维(训练发散和集中思维;纵向和横向思维;逆向和侧向思维;感性和理性思维;个性思维)	A级:有明晰的线索,有突出的事件,有鲜明的人物,有生动的描写,内容充实,中心突出,文章具有思想性和感染力;选材新颖,构思独特,布局安排匠心独运(8~10分); B级:内容比较充实,中心明确,结构比较完整,层次比较清晰(5~7分); C级:内容比较空泛,中心不够明确,结构不完整,层次不清晰(1~4分)	10分		
得分合计		满分60分			
习作亮点					
修改建议					

第五章 "学生自主讲评式"作文教学中评价量表的使用

表 5.52 七年级上第六单元《发挥联想和想象》评价量表

项目		要求	分值	得分	扣分原因
运用联想和想象来丰富内容	合情合理	联想要自然恰切(联想到的事物与其触发点之间要有一定的关联);想象要合情合理	15分		
	创新立意	联想想象新颖有创意,主题明确有深意	15分		
	内容丰富	能灵活运用多种修辞、转换联想思路、设置巧合等方式,使文章内容丰富	15分		
加分		A级书写美观、有字体(4~5分); B级书写认真、卷面整洁(2~3分); C级书写不认真、卷面潦草(0~1分)	5分		
减分		无题目、写错题目扣2分	2分		
		错别字、标点:每处错误扣1分,最多扣5分。重复的不计	5分		
		字数不足:每少50字扣1分			
思维发展重点	创造思维(联想、想象思维)	A级:联想合情合理,想象有独到之处,内容充实、有新意,中心突出,语句顺畅,选材新颖,构思独特,布局安排匠心独运(8~10分); B级:有联想、想象,内容比较充实,中心明确,语句通畅,结构比较完整,层次比较清晰(5~7分); C级:内容比较空泛,缺乏新意,中心不够明确,语句混乱,结构不完整,层次不清晰(1~4分)	10分		
得分合计		满分60分			
习作亮点					
修改建议					

· 205 ·

表 5.53　七年级下第一单元《写出人物的精神》评价量表

项目		要求	分值	得分	扣分原因
写出人物的精神	精心选材紧扣中心	A级:选材切合题意,能够很好地写出人物的精神和品质(11~15分); B级:选材符合题意,能够写出一些人物的精神和品质(6~10分); C级:选材偏离题意,无法写出人物的精神和品质(1~5分)	15分		
	详略得当强化中心	A级:能展现人物精神,详细叙述,事例详细(11~15分); B级:展现人物的一些精神,详略不清(6~10分); C级:不能表现人物精神,叙述简略,与中心关系较远的或不太典型的内容叙述详细(1~5分)	15分		
	巧用技法凸显中心	(1)开门见山,点明精神(3分) (2)结尾点题,深化精神(3分) (3)一语反复,强化精神(3分) (4)运用细节,突显精神(3分) (5)巧设线索,表现精神(3分)	15分		
加分		A级:书写美观、有字体(4~5分); B级:书写认真、卷面整洁(2~3分); C级:书写不认真、卷面潦草(0~1分)	5分		
减分		无题目、写错题目扣2分	2分		
		错别字、标点:每处错误扣1分,最多扣5分。重复的不计	5分		
		字数不足:每少50字扣1分			
思维发展重点	形象思维训练(记叙文离不开想象、联想、幻想等形象思维活动。训练感性、理性思维、个性思维)	A级:文章结构明晰,选材新颖,构思独特。人物形象丰满,中心突出,很好地表现了人物的精神。富有文采,人物形象富有感染力(8~10分); B级:结构较明晰,中心明确,人物形象较丰满,能写出人物的精神(5~7分); C级:结构不完整,思路不清,语言欠通顺,人物形象不具体(1~4分)	10分		
得分合计		满分60分			
习作亮点					
修改建议					

206

第五章 "学生自主讲评式"作文教学中评价量表的使用

表 5.54　七年级下第二单元《学习抒情》评价量表

项目		要求	分值	得分	扣分原因
抒发真情实感	言为心声直接抒情	A级用不同句式直接表达真情(11~15分)； B级用文字直接表达真情(6~10分)； C级情感不真实(1~5分)	15分		
	有据而发间接抒情	A级将情感蕴含于事件和景物,选择合适的事件、情境和景物来表达情感(11~15分)； B级将情感蕴含于事件和景物,选择不太合适的事件、情境和景物来表达情感(6~10分)； C级将情感蕴含于事件和景物,选择不合适的事件、情境和景物来表达情感(1~5分)	15分		
	精雕细镂描写抒情	A级采用恰当的写作手法,对形象(人、景、物)的主要特征进行细腻的描摹(11~15分)； B级采用不太恰当的写作手法,对形象(人、景、物)的主要特征进行不太细腻的描摹(6~10分)； C级采用不恰当的写作手法,对形象(人、景、物)的主要特征进行不细腻的描摹(1~5分)	15分		
加分		A级书写美观、有字体(4~5分)； B级书写认真、卷面整洁(2~3分)； C级书写不认真、卷面潦草(0~1分)	5分		
减分		无题目、写错题目扣2分	2分		
		错别字、标点:每处错误扣1分,最多扣5分。重复的不计	5分		
		字数不足:每少50字扣1分			
思维发展重点	创造性思维(训练分析比较、归纳判断。感性和理性、个性思维)	A级:线索明晰、中心突出、观察细致,借景抒情,寓情于景,抒情灵活自然,富有创造性和感染力(8~10分)； B级:结构较清晰,中心明确,观察较细致,描写较具体,直接抒情,较为自然(5~7分)； C级:思路不清晰,结构不完整,语言欠通顺,抒情不自然,缺乏真实性(1~4分)	10分		
得分合计		满分60分			
习作亮点					
修改建议					

· 207 ·

表 5.55 七年级下第三单元《抓住细节》评价量表

项目		要求	分值	得分	扣分原因
抓住细节进行人物描写	细心观察抓住细节	A级描写具体,细节突出(11~15分); B级描写符合题意,细节明确(6~10分); C级描写偏离题意,细节不够突出(1~5分)	15分		
	详略得当强化细节	A级能强化人物的细节,详细叙述,人物特点典型,人物形象鲜明、跃然纸上(11~15分); B级内容平均用力,详略不清,细节不突出(6~10分); C级能强化细节的内容,叙述简略,人物形象较远的或不太典型的特点叙述详细(1~5分)	15分		
	运用人物描写方法凸显细节	(1)语言描写,选择典型,以一当十 3分 (2)动作描写,深化细节,活灵活现 3分 (3)心理描写,强化细节,如见其人 3分 (4)肖像描写,突显细节,推动情节 3分	15分		
加分		A级书写美观、有字体(4~5分); B级书写认真、卷面整洁(2~3分); C级书写不认真、卷面潦草(0~1分)	5分		
减分		无题目、写错题目扣2分	2分		
		错别字、标点:每处错误扣1分,最多扣5分。重复的不计	5分		
		字数不足:每少50字扣1分			
思维发展重点	逻辑思维(训练学生分析比较、归纳判断,从形象到抽象的理性思维)	A级:线索清晰,中心突出,选材新颖,视角独特,语言生动、详略得当,细节刻画鲜活,有较强的感染力(8~10分); B级:思路较为清晰,中心明确,语言较通顺,符合题意,细节刻画较细致(5~7分); C级:结构不清,详略不当,内容空泛,中心不明确(1~4分)	10分		
得分合计		满分60分			
习作亮点					
修改建议					

表 5.56　七年级下第四单元《怎样选材》评价量表

项目		要求	分值	得分	扣分原因
精心选材	选材新颖 紧扣中心	A级选材新颖,中心突出 11~15分); B级选材平庸,中心明确(6~10分); C级选材老套,中心不够明确(1~5分)	15分		
	选材真实 强化中心	A级选材贴合实际,能强化中心(11~15分); B级选材符合实际,能围绕中心(6~10分); C级选材不符合实际,偏离中心(1~5分)	15分		
	选材深刻 凸显中心	(1)选材深刻,点明中心(5分) (2)选材深刻,深化中心(5分) (3)选材典型,强化中心(5分)	15分		
加分		A级书写美观、有字体(4~5分); B级书写认真、卷面整洁(2~3分); C级书写不认真、卷面潦草(0~1分)	5分		
减分		无题目、写错题目扣2分	2分		
		错别字、标点:每处错误扣1分,最多扣5分。重复的不计	5分		
		字数不足:每少50字扣1分			
思维发展重点	辩证思维(训练学生发散性的广度、深度。有一定的独创性、批判性)	A级:思路清晰,中心突出,围绕题旨,选材贴合实际,真实可靠,有独创性,新颖有趣,感情真挚(8~10分); B级:思路较清,中心明确,选材较好,符合题意(5~7分); C级:中心不明确,思路不清,结构较乱,选材不贴合实际,偏离中心(1~4分)	10分		
得分合计		满分60分			
习作亮点					
修改建议					

表5.57　七年级下第五单元《文从字顺》评价量表

项目		要求	分值	得分	扣分原因
文从字顺	语言表达准确	A级语言表达清晰,轻重合宜(11~15分); B级语言用词准确,没有歧义(6~10分); C级语言表达不准确,存在歧义(1~5分)	15分		
	行文连贯流畅	A级文章前后句子在意义上有明确的关联,衔接恰当,过渡自然(11~15分); B级文意的承接转折合乎事理,容易理解（6~10分）; C级文章紧紧围绕中心,叙述角度、观点始终不变,但文章的衔接不当(1~5分)	15分		
	写作思路清晰	(1)层次段落合理(5分) (2)巧用构思与写作手法(5分) (3)详略得当(5分)	15分		
加分		A级书写美观、有字体(4~5分); B级书写认真、卷面整洁(2~3分); C级书写不认真、卷面潦草(0~1分)	5分		
减分		无题目、写错题目扣2分	2分		
		错别字、标点:每处错误扣1分,最多扣5分。重复的不计	5分		
		字数不足:每少50字扣1分			
思维发展重点	创造性思维(训练发散和集中思维,纵向和横向思维,逆向和侧向思维,感性和理性思维;有一定的深刻性、创造性)	A级:思路清晰,结构合理,中心突出,语言表达有创意,过渡自然,语句畅达,井井有条,独具匠心,文章富有感染力(8~10分); B级:思路较清,结构清晰,中心明确,衔接较为恰当,语句通顺,有条理(5~7分); C级:思路不清,结构较乱,语句不通顺,衔接不当,偏离中心(1~4分)	10分		
得分合计		满分60分			
习作亮点					
修改建议					

第五章 "学生自主讲评式"作文教学中评价量表的使用

表 5.58 七年级下第六单元《语言简明》评价量表

项目		要求	分值	得分	扣分原因
语言简明	语言简洁简要精练	A 级语言简洁精练,没有重复啰嗦(11~15 分); B 级较为简洁精练,重复啰嗦较少(6~10 分); C 级语言重复啰嗦,拖泥带水(1~5 分)	15 分		
	表意清晰,明白晓畅	A 级语言表达十分清晰明确,无歧义(11~15 分); B 级语言表达较为清晰明确,难以理解的句子较少(6~10 分); C 级表意不明,产生多处歧义,令人费解(1~5 分)	15 分		
	抓住要点,围绕中心	A 级紧紧围绕中心组织语言,要点突出(12~15 分); B 级语言能够准确表达中心,要点较突出(8~11 分); C 级旁生枝节,表意不明,中心要点不突出(0~7 分)	15 分		
加分		A 级书写美观、有字体(4~5 分); B 级书写认真、卷面整洁(2~3 分); C 级书写不认真、卷面潦草(0~1 分)	5 分		
减分		无题目、写错题目扣 2 分	2 分		
		错别字、标点:每处错误扣 1 分,最多扣 5 分。重复的不计	5 分		
		字数不足:每少 50 字扣 1 分			
思维发展重点	逻辑思维(通过分析比较、归纳判断,训练思维的敏捷性、灵活性、深刻性、批判性)	A 级:选材新颖,思路清晰,构思独特,中心突出,语言精练,表意清晰,明白晓畅,生动有趣,富有感染力(8~10 分); B 级:选材贴切,中心明确,构思较好,语言表达较为清晰(5~7 分); C 级:思路不清,结构混乱,语言重复啰嗦,表意不明,偏离中心(1~4 分)			
得分合计		满分 60 分			
习作亮点					
修改建议					

表 5.59　八年级上第一单元《新闻写作》评价量表

项目		要求	分值	得分	扣分原因
新闻	新闻要素	A 级新闻要素齐全,要素清晰(11~15 分); B 级新闻要素基本齐全,表述不规范(6~10 分); C 级新闻要素不齐全,表述不规范(1~5 分)	15 分		
	新闻结构	A 级新闻基本结构完整,结构清晰(11~15 分); B 级新闻结构基本完整,结构安排稍有不合理(6~10 分); C 级新闻结构不完整,结构安排不合理(1~5 分)	15 分		
	新闻特点	(1)完全符合新闻写作准确性、时效性和真实性的要求(11~15 分); (2)个别新闻特点的要求体现不突出(6~10 分); (3)新闻写作不够准确、真实,不具有时效性(1~5 分)	15 分		
加分		A 级书写美观、有字体(4~5 分); B 级书写认真、卷面整洁(2~3 分); C 级书写不认真、卷面潦草(0~1 分)	5 分		
减分		无新闻标题、写错新闻标题题目扣 2 分	2 分		
		错别字、标点:每处错误扣 1 分,最多扣 5 分。重复的不计	5 分		
		新闻格式不规范			
思维发展重点	创造思维(训练学生的联想与想象能力、感性与理性思维、个性化思维)	A 级:选材经典,新闻要素齐全,重点突出,具有时效性、新颖性和思想性,谋篇布局独具匠心(8~10 分); B 级:新闻要素基本齐全,内容较为充实,语言顺畅,表述基本规范,谋篇布局合理(5~7 分); C 级:新闻要素不齐全,表述不规范,不具有时效性,内容空洞,叙述简略,书写潦草(1~4 分)	10 分		
得分合计		满分 60 分			
习作亮点					
修改建议					

第五章 "学生自主讲评式"作文教学中评价量表的使用

表 5.60 八年级上第二单元《学写传记》评价量表

项目		要求	分值	得分	扣分原因
典型言行，详略得当	精选典型	A级选材凸显人物特点,中心突出(11~15分); B级选材符合人物特点,中心明确(6~10分); C级选材偏离人物形象,中心不够明确(1~5分)	15分		
	详略得当	A级能记录典型语言和重要行为,详细叙述,与中心关系较远的或不太典型的内容则简要叙述(11~15分); B级内容平均用力,详略不清(6~10分); C级能强化中心的内容,叙述简略,与中心关系较远的或不太典型的内容叙述详细(1~5分)	15分		
	巧用技法	(1)开门见山,点明中心(3分) (2)结尾点题,深化中心(3分) (3)一语反复,强化中心(3分) (4)运用细节,突显中心(3分) (5)巧设线索,表现中心(3分)	15分		
加分		A级书写美观、有字体(4~5分); B级书写认真、卷面整洁(2~3分); C级书写不认真、卷面潦草(0~1分)	5分		
减分		无题目、写错题目扣2分	2分		
		错别字、标点:每处错误扣1分,最多扣5分。重复的不计	5分		
		字数不足:每少50字扣1分			
思维发展重点	创造思维(训练感性和理性思维;形象思维与抽象思维)、直觉思维(训练学生的联想与想象、分析归纳的能力)	A级:选材经典,线索明晰,人物鲜明,综合运用多种描写方法,中心突出,详略得当,文章具有新颖性和思想性,突出细节,构思新颖,谋篇布局独具匠心(8~10分); B级:选材较好,内容较为充实,语言顺畅,结构较为完整,谋篇布局合理,层次较为分明(5~7分); C级:选材较差,内容空洞,中心不够明确,叙述简略,结构不够完整,书写较差,层次不清晰(1~4分)	10分		
得分合计		满分60分			
习作亮点					
修改建议					

表 5.61　八年级上第三单元《学习描写景物》评价量表

项目		要求	分值	得分	扣分原因
抓住景物特征	目的明确	A级表达方式恰当,态度明确(11~15分); B级表达方式模糊,态度明确(6~10分); C级表达方式失当,态度模糊(1~5分)	15分		
	多种角度	A级运用多种感官与视角相结合,动静结合,修辞手法与写作方法相结合(11~15分); B级运用少量修辞手法,少量感官与视角相结合(6~10分); C级语句不通顺,运用单一感官与视角(1~5分)	15分		
	融情于景	写景融入自己的情感(1~15分)	15分		
加分		A级书写美观、有字体(4~5分); B级书写认真、卷面整洁(2~3分); C级书写不认真、卷面潦草(0~1分)	5分		
减分		无题目、写错题目扣2分	2分		
		错别字、标点:每处错误扣1分,最多扣5分。重复的不计	5分		
		字数不足:每少50字扣1分			
思维发展重点	创造思维(训练感性和理性思维;纵向与横向思维)、逻辑思维(训练学生的联想与想象、分析比较的能力)	A级:语言经典,综合运用多种描写方法和修辞手法,运用多种感官与视角相结合,动静结合,详略得当,构思新颖,谋篇布局独具匠心(8~10分); B级:语言较为顺畅,运用少量描写方法和修辞手法,较少感官与视角相结合,结构较为完整,谋篇布局合理,层次较为分明(5~7分); C级:语句不通顺,单一感官与视角,结构不够完整,书写较差,层次不清晰(1~4分)	10分		
得分合计		满分60分			
习作亮点					
修改建议					

· 214 ·

第五章 "学生自主讲评式"作文教学中评价量表的使用

表 5.62 八年级上第四单元《语言要连贯》评价量表

项目		要求	分值	得分	扣分原因
语言连贯	话题统一	A级前后话题统一,语言连贯(11~15分); B级前后话题基本统一,语言较连贯(6~10分); C级前后话题不统一,语言混乱(1~5分)	15分		
	顺序合理	A级句子围绕一个话题,顺序合理(11~15分); B级句子基本围绕一个话题,顺序较合理(6~10分); C级句子偏离一个话题,顺序混乱(1~5分)	15分		
	衔接过渡	适当运用关联词、提示语或过渡句(1~15分)	15分		
加分		A级书写美观、有字体(4~5分); B级书写认真、卷面整洁(2~3分); C级书写不认真、卷面潦草(0~1分)	5分		
减分		无题目、写错题目扣2分	2分		
		错别字、标点:每处错误扣1分,最多扣5分。重复的不计	5分		
		字数不足:每少50字扣1分			
思维发展重点	逻辑思维(训练感性和理性思维;纵向思维与横向思维感)、辩证思维(训练分析归纳的能力,训练学生思维的灵活性和深刻性)	A级:围绕话题,线索明晰,人物鲜明,中心突出,详略得当,文章具有新颖性和思想性,突出细节,构思新颖,谋篇布局独具匠心(8~10分); B级:基本能够围绕话题展开,内容较为充实,语言顺畅,结构较为完整,谋篇布局合理,层次较为分明(5~7分); C级:偏离话题,内容空洞,中心不够明确,叙述简略,结构不够完整,书写较差,层次不清晰(1~4分)	10分		
得分合计		满分60分			
习作亮点					
修改建议					

· 215 ·

表 5.63　八年级上第五单元《说明事物要抓住特征》评价量表

项目		要求	分值	得分	扣分原因
抓住事物特征	精心选材 突出事物 特征	A 级选材切合题意,事物特征突出(11~15 分); B 级选材符合题意,事物特征明确(6~10 分); C 级选材偏离题意,事物特征不够明确(1~5 分)	15 分		
	详略得当 突出事物 特征	A 级能强化事物特征的内容,详细叙述,离事物特征较远的或不太典型的内容则简要叙述(11~15 分); B 级内容平均用力,详略不清(6~10 分); C 级能强化事物特征的内容,叙述简略,离事物特征较远的或不太典型的内容叙述详细(1~5 分)	15 分		
	巧用技法 突出事物 特征	(1)运用细节,突显事物特征(5 分) (2)巧用修辞,表现事物特征(5 分) (3)善用表现手法,突出事物特征(5 分)	15 分		
加分		A 级书写美观、有字体(4~5 分); B 级书写认真、卷面整洁(2~3 分); C 级书写不认真、卷面潦草(0~1 分)	5 分		
减分		无题目、写错题目扣 2 分	2 分		
		错别字、标点:每处错误扣 1 分,最多扣 5 分。重复的不计	5 分		
		字数不足:每少 50 字扣 1 分			
思维发展重点	直觉思维(训练纵向和横向思维;形象思维与抽象思维;发散和集中思维)、创造思维(训练思维的敏捷性和灵活性)	A 级:精心选材,语言精当,事物特征突出,综合运用多种说明方法,运用细节,凸显事物特征,详略得当,谋篇布局独具匠心(8~10 分); B 级:选材较好,事物特征不够突出,语言顺畅,详略不够精当,结构较为完整,谋篇布局合理,层次较为分明(5~7 分); C 级:选材较差,偏离题意,叙述简略,详略不当,平均用力,结构不够完整,书写较差,层次不清晰(1~4 分)	10 分		
得分合计		满分 60 分			
习作亮点					
修改建议					

第五章 "学生自主讲评式"作文教学中评价量表的使用

表 5.64 八年级上第六单元《表达要得体》评价量表

项目		要求	分值	得分	扣分原因
表达得体	目的明确	A级表达方式恰当,态度明确(11~15分); B级表达方式模糊,态度明确(6~10分); C级表达方式失当,态度模糊(1~5分)	15分		
	对人对事	A级符合读者对象的特点和应用的场合(11~15分); B级用语根据读者的年龄、性别等不同,使用场合不恰当(6~10分); C级用语不符合读者对象的特点,应用场合失当(1~5分)	15分		
	用语得当	书面用语礼貌得体,遵照格式行文(1~15分)	15分		
加分		A级书写美观、有字体(4~5分); B级书写认真、卷面整洁(2~3分); C级书写不认真、卷面潦草(0~1分)	5分		
减分		无题目、写错题目扣2分	2分		
		错别字、标点:每处错误扣1分,最多扣5分。重复的不计	5分		
		字数不足:每少50字扣1分			
思维发展重点	辩证思维(训练学生分析归纳的能力,提高学生思维的灵活性和深刻性)直觉思维(训练训练感性和理性思维;形象思维与抽象;横向与纵向思维)	A级:语言顺畅,人物鲜明,符合读者对象的特点和应用的场合,综合运用多种表达方式及修辞手法,中心突出,详略得当,表达具有新颖性和思想性,构思新颖,谋篇布局独具匠心(8~10分); B级:语言较为顺畅,内容较为充实,基本符合读者对象的特点和应用的场合,结构较为完整,谋篇布局合理,层次较为分明(5~7分); C级:语言不够流畅,内容空洞,用语不符合读者对象的特点,应用场合失当,结构不够完整,书写较差,层次不清晰(1~4分)	10分		
得分合计		满分60分			
习作亮点					
修改建议					

表 5.65　八年级下第一单元《学习仿写》评价量表

项目		要求	分值	得分	扣分原因
仿写	模仿范文的篇章结构	A级选材结构切合题意(11~15分); B级选材结构符合题意(6~10分); C级选材结构偏离题意(1~5分)	15分		
	注意模仿范文的写作手法	A级能灵活运用人物描写方法、修辞手法等,强化中心的内容,详细叙述(11~15分); B级能运用人物描写方法、修辞手法等,内容平均用力,详略不清(6~10分); C级中心的内容,叙述简略(1~5分)	15分		
	巧用技法凸显仿写	(1)开门见山(3分) (2)结尾点题(3分) (3)一语反复(3分) (4)运用细节(3分) (5)表现中心(3分)	15分		
加分		A级书写美观、有字体(4~5分); B级书写认真、卷面整洁(2~3分); C级书写不认真、卷面潦草(0~1分)	5分		
减分		无题目、写错题目扣2分	2分		
		错别字、标点:每处错误扣1分,最多扣5分。重复的不计	5分		
		字数不足:每少50字扣1分			
思维发展重点	逻辑思维(训练分析比较能力;联想想象能力;模仿创造能力)	A级:可以模仿范文的篇章结构;注意模仿范文的写作手法;有独特的视角和创意的表达(8~10分); B级:结构比较完整,层次比较清晰;能模仿范文的部分写作手法;有具体的仿写点(5~7分); C级:结构不完整,层次不清晰,没有创意表达(1~4分)	10分		
得分合计		满分60分			
习作亮点					
修改建议					

第五章 "学生自主讲评式"作文教学中评价量表的使用

表 5.66　八年级下第二单元《合理安排说明顺序》评价量表

项目		要求	分值	得分	扣分原因
合理安排说明顺序	精心选材明确说明对象	A级选材切合题意,能充分表现事物或事理本身特征,并且符合人们认识事物的规律,特征突出(11~15分); B级选材符合题意,特征明确(6~10分); C级选材偏离题意,特征不够明确(1~5分)	15分		
	顺序合理强化事物特征	A级能强化事物的特征,能根据说明对象及对象的特点,说明透彻,选择恰当的说明顺序(11~15分); B级内容平均用力,介绍事物特征(事理)不够清楚,说明顺序不够明确(6~10分); C级能强化事物的特征,介绍事物特征(事理)不清,不按照一定的说明顺序(1~5分)	15分		
	巧用技法凸显特征	(1)准确抓住事物的特征,讲究说明方法(3分) (2)准确使用方位词、表示时间顺序的词(3分) (3)使用生动的说明语言(3分) (4)语言简练平实(3分) (5)运用多种方法引出说明对象(3分)	15分		
加分		A级书写美观、有字体(4~5分); B级书写认真、卷面整洁(2~3分); C级书写不认真、卷面潦草(0~1分)	5分		
减分		无题目、写错题目扣2分	2分		
		错别字、标点:每处错误扣1分,最多扣5分。重复的不计	5分		
		字数不足:每少50字扣1分			
思维发展重点	逻辑思维(借助于概念、判断、推理等思维形式训练客观的理性认识)	A级:能抓住事物的特征进行说明;能巧妙运用多种说明方法;能合理安排说明顺序,层次清晰(8~10分)。 B级:能抓住事物的特征进行说明;能运用某种说明方法;说明顺序比较合理,层次较清晰(5~7分)。 C级:事物特征不够明显;结构不完整,层次不清晰,说明方法欠恰当(1~4分)	10分		
得分合计		满分60分			
习作亮点					
修改建议					

219

表 5.67　八年级下第三单元《学写读后感》评价量表

项目		要求	分值	得分	扣分原因
写读后感	读后感的篇章结构	A级能够清楚完整、比较简练地写出内容,读后感结构清楚,读与写的结合点明确,能围绕读与感的结合点真实地表达自己的感受(11~15分); B级能够清楚完整地写出内容,读后感结构清楚,读与写的结合点明确,能围绕读与感真实地表达自己的感受(6~10分); C级能够清楚完整地写出内容,读后感结构清楚,真实地表达自己的感受(1~5分)	15分		
	读后感的写作手法	A级叙述简洁清楚,议论切合引述且丰富,连接自然,结构严谨,段落合理(11~15分); B级叙述简洁、基本清楚,议论切合引述但单薄,连接自然,结构完整(6~10分); C级叙述费解,议论和引述切合度低,连接不自然(1~5分)	15分		
	巧用技法凸显仿写	(1)开门见山,点明中心(3分) (2)结尾点题,深化中心(3分) (3)一语反复,强化中心(3分) (4)运用细节,突显中心(3分) (5)巧设线索,表现中心(3分)	15分		
加分		A级书写美观、有字体(4~5分); B级书写认真、卷面整洁(2~3分); C级书写不认真、卷面潦草(0~1分)	5分		
减分		无题目、写错题目扣2分	2分		
		错别字、标点:每处错误扣1分,最多扣5分。重复的不计	5分		
		字数不足:每少50字扣1分			
思维发展重点	创造思维(训练发散思维和集中思维;感性思维和理性思维)	A级:能适当引述或概括原文;能深入思考,有较深入的感受,能联系阅读积累或生活经验(8~10分); B级:引述原文较多,能文章思考比较深入,有一定的感受,能联系阅读积累或生活经验(5~7分); C级:没有引述原文,对文章思考不深入,没有深入的感受,不能联系阅读积累或生活经验(1~4分)	10分		
得分合计		满分60分			
习作亮点					
修改建议					

第五章 "学生自主讲评式"作文教学中评价量表的使用

表 5.68 八年级下第四单元《撰写演讲稿》评价量表

项目		要求	分值	得分	扣分原因
撰写演讲稿	综合考虑 有的放矢	A 级充分考虑听众情况,主题清晰,内容及语言风格恰当(9~10); B 级适当考虑听众情况,主题较为清晰,内容及语言风格较为恰当(6~8); C 级较少或没有考虑听众情况,主题不够清晰,内容及语言风格不够恰当(1~5)	10 分		
	写好开头 引人入胜	A 级开头精彩,抓住听众(8~10); B 级开头较为精彩(6~8); C 级开头普通(1~5)	10 分		
	明确观点 展现思路	A 级观点明确,思路清晰(8~10); B 级观点较为明确,思路较为清晰(6~8); C 级观点不够明确,思路不够清晰(1~5)	10 分		
	语言精练 有感染力	A 级语言表达效果好,大众化、口语化、短句多、修辞巧(9~10); B 级语言表达效果较好(6~8); C 级语言表达效果一般(1~5)	10 分		
	设计结语 引人深思	A 级结语精彩,能够提升演讲效果(9~10); B 级结语较为精彩,有一定的演讲效果(6~8); C 级结语普通,没有演讲效果(1~5)	5 分		
加分		A 级书写美观、有字体(4~5 分); B 级书写认真、卷面整洁(2~3 分); C 级书写不认真、卷面潦草(0~1 分)	5 分		
减分		无题目、写错题目扣 2 分	2 分		
		错别字、标点:每处错误扣 1 分,最多扣 5 分。重复的不计	5 分		
		字数不足:每少 50 字扣 1 分			
思维发展重点	运用辩证思维,学会一分为二地分析问题,用思辨的眼光去写作	A 级:有鲜明的观点;有明确的态度;思路清晰;内容充实(8~10 分); B 级:观点较鲜明;态度较明确;思路较清晰;内容较充实(5~7 分); C 级:观点欠鲜明;态度欠明确;思路欠清晰;内容欠充实(1~4 分)	10 分		
得分合计		满分 60 分			
习作亮点					
修改建议					

· 221 ·

表 5.69　八年级下第五单元《学写游记》评价量表

项目		要求	分值	得分	扣分原因
学写游记	游踪清晰线索分明	A级游踪过程清楚,写作顺序清晰(11~15分); B级游踪过程较清晰,写作顺序较清晰(6~10分); C级游踪过程不够清晰,写作顺序不够明确(1~5分)	15分		
	详略得当抓住特征	A级能抓住游记中的重点景物的特征来写,详细叙述,从不同角度用不同手法来呈现(11~15分); B级能叙述游记中的景物,详略不清,运用较少的角度、手法呈现(6~10分); C级能简单叙述游记中的景物,叙述简略,单一角度或无角度呈现(1~5分)	15分		
	情景交融丰富内涵	(1)借景抒情 独特体验(5分) (2)融入感受 丰富内涵(5分) (3)人文要素 拓宽深度(5分)	15分		
加分		A级书写美观、有字体(4~5分); B级书写认真、卷面整洁(2~3分); C级书写不认真、卷面潦草(0~1分)	5分		
减分		无题目、写错题目扣2分	2分		
		错别字、标点:每处错误扣1分,最多扣5分。重复的不计	5分		
		字数不足:每少50字扣1分			
思维发展重点	创造思维(引导学生发挥想象力,以新颖的方式和全新的思维视角来探索世界)	A级:能抓住最富有特征或代表性,或感受最深的事物来写;能从不同角度,运用不同的表现手法,鲜明地呈现其独特之处;能写出游览过程中的所见所闻并能渗透自己的情感(8~10分)。 B级:能抓住富有特征或代表性的事物来写;能运用不同的表现手法;能写出游览过程中的所见所闻并能适当表达自己的情感(5~7分)。 C级:不能抓住富有特征或代表性的事物来写;不能恰当运用表现手法;能写出游览过程中的所见所闻但不能适当表达自己的情感(1~4分)	10分		
得分合计		满分60分			
习作亮点					
修改建议					

第五章 "学生自主讲评式"作文教学中评价量表的使用

表 5.70　八年级下第六单元《学写故事》评价量表

项目		要求	分值	得分	扣分原因
学写故事	叙事完整，一波三折	A级记叙六要素齐全,叙事完整,设置悬念、波折、意外(11~15分); B级记叙六要素较齐全,叙事较完整,有一定的波澜(6~10分); C级记叙六要素不够齐全,叙事不够完整,且情节没有波澜(1~5分)	15分		
	塑造人物多种描写	A级能运用多种丰富的人物描写方法,形象突出(11~15分); B级能运用较多人物描写方法,形象较突出(6~10分); C级能描写人物(1~5分)	15分		
	联想想象丰富情节	联想想象　丰富情节　人物生动	15分		
加分		A级书写美观、有字体(4~5分); B级书写认真、卷面整洁(2~3分); C级书写不认真、卷面潦草(0~1分)	5分		
减分		无题目、写错题目扣2分	2分		
		错别字、标点:每处错误扣1分,最多扣5分。重复的不计	5分		
		字数不足:每少50字扣1分			
思维发展重点	创造性思维(引导学生发挥想象力,以新颖方式和全新的思维视角来探索世界)	A级:能完整地叙述故事;能设置悬念,增加波折,结尾能出人意料;人物有血有肉,形象丰满,有趣味;能适当运用联想和想象来丰富细节(8~10分); B级:能较完整地叙述故事;情节较曲折;人物形象较鲜明;能较适当运用联想和想象来丰富细节(5~7分); C级:不能较完整地叙述故事;情节平淡;人物形象不够鲜明;不能较适当地运用联想和想象来丰富细节(1~4分)	10分		
得分合计		满分60分			
习作亮点					
修改建议					

· 223 ·

表 5.71　九年级上第一单元《诗歌创作》评价量表

项目		要求	分值	得分	扣分原因
诗歌创作	有真情实感	A 级内容积极向上,情感明确、丰富(11~15 分); B 级内容积极向上,情感明确、简单(6~10 分); C 级内容不积极、情感模糊、不明确(1~5 分)	15 分		
	展开联想和想象	A 级联想和想象合理、充分(11~15 分); B 级联想和想象欠合理、欠充分(6~10 分); C 级联想和想象不合理、不充分(1~5 分)	15 分		
	巧用技巧抒发感受	(1)正确选择抒情方式(5 分) (2)语言简洁凝练,自然流畅(5 分) (3)韵律和节奏感强(5 分)	15 分		
加分		A 级书写美观、有字体(4~5 分); B 级书写认真、卷面整洁(2~3 分); C 级书写不认真、卷面潦草(0~1 分)	5 分		
减分		无题目、写错题目扣 2 分	2 分		
		错别字、标点:每处错误扣 1 分,最多扣 5 分。重复的不计	5 分		
		字数不足:每少 50 字扣 1 分			
思维发展重点	创造性思维和直觉思维(训练形象思维、联想思维、灵感思维、独立思维、细节思维)	A 级:有鲜明的意象作为诗歌创作的情感寄托;能够充分发挥个人的联想和想象力;能够创作出富有表现力的语言,凝练而且简洁;保持一定的节奏和韵律,读起来朗朗上口;感情抒发真挚,与意象高度吻合(8~10 分); B 级:有意象,能够比较明显地在意象上寄托情感;联想和想象能够体现,但是不够新颖;能够比较明显体现出诗歌的韵律(5~7 分)。 C 级:缺乏诗歌的意象,无法通过意象来表达情感;语言散乱,不能体现诗歌语言凝练简洁的特点(1~4 分)	10 分		
得分合计		满分 60 分			
习作亮点					
修改建议					

第五章 "学生自主讲评式"作文教学中评价量表的使用

表 5.72 九年级上第二单元《观点要明确》评价量表

项目		要求	分值	得分	扣分原因
观点要明确	态度鲜明，观点明确	A级选材切合题意，观点明确(11~15分)； B级选材符合题意，态度欠鲜明(6~10分)； C级选材偏离题意，观点不够明确(1~5分)	15分		
	观点具体，避免空泛	A级论说范围恰当切合实际(11~15分)； B级论说内容平均用力，详略不清(6~10分)； C级有观点但内容空洞(1~5分)	15分		
	观点简洁，语言凝练	(1)观点鲜明，语言简明，言简意赅(5分) (2)行文过程中语言表意准确(5分) (3)不大量堆积辞藻，语言凝练(5分)	15分		
加分		A级书写美观、有字体(4~5分)； B级书写认真、卷面整洁(2~3分)； C级书写不认真、卷面潦草(0~1分)	5分		
减分		无题目、写错题目扣2分	2分		
		错别字、标点：每处错误扣1分,最多扣5分。重复的不计	3分		
		字数不足：每少50字扣1分			
思维发展重点	逻辑思维和辩证思维(训练发散思维、逆向思维、收敛思维、独立思维)	A级：对生活中的现象提炼明确的观点，能够体现个人独特的逻辑思维和辩证思维，形成个人鲜明的看法，明确自己的观点；明确区分观点与叙述和态度的差异；表达观点时准确、简洁、鲜明；能够选择恰当的材料来论证自己的观点(8~10分)。 B级：能够提炼出自己的观点，形成自己的看法，但是看法不够准确、鲜明；有材料证明观点，但材料欠恰当(5~7分)。 C级：无法形成自己的观点，不能体现对生活中现象的辩证看法，无法提供材料证明自己的观点(1~4分)	10分		
得分合计		满分60分			
习作亮点					
修改建议					

九表 5.73　上年级第三单元《议论要言之有据》评价量表

项目		要求	分值	得分	扣分原因
议论要言之有理	材料真实准确	A级所使用的材料真实具体,所列举事例有历史依据,名言警句真实准确(11~15分); B级所使用材料真实性无从考证,无法确定真实性(6~10分); C级所使用材料明显是虚构的,或者所列举的事例张冠李戴(1~5分)	15分		
	材料支撑观点	A级所使用材料能有效支撑论点(11~15分); B级所使用材料支撑论点的作用有限(6~10分); C级所使用的材料无法支撑论点(1~5分)	15分		
	材料丰富多样	(1)有事实论据与道理论据(5分) (2)事实论据包括历史事件、生活事件、统计数据等(5分) (3)道理论据包括名言警句、谚语、精辟的理论等(5分)	15分		
加分		A级书写美观、有字体(4~5分); B级书写认真、卷面整洁(2~3分); C级书写不认真、卷面潦草(0~1分)	5分		
减分		无题目、写错题目扣2分	2分		
		错别字、标点:每处错误扣1分,最多扣5分。重复的不计	5分		
		字数不足:每少50字扣1分			
思维发展重点	逻辑思维和辩证思维(训练发散思维、逆向思维、收敛思维、独立思维)	A级:能够运用鲜明的事实论据和道理论据阐述自己的观点,逻辑清晰,论据真实,与论点高度一致,辨析言之有理,议论有针对性,不能空乏议论,能展开联想和思考,能够由此及彼(8~10分); B级:能够使用论证方法,观点明确,能有一定的论据证明自己的观点(5~7分); C级:观点不明确,无法提供鲜明有效的论据证明自己的观点,论据指向性不明确(1~4分)	10分		
得分合计		满分60分			
习作亮点					
修改建议					

第五章 "学生自主讲评式"作文教学中评价量表的使用

表5.74 九年级上第四单元《学习缩写》评价量表

项目		要求	分值	得分	扣分原因
学习缩写	尊重原作	A级在把握原文的基础上进行缩写(11~15分); B级基本保持原文的面貌(6~10分); C级没有保留原文的面貌(1~5分)	15分		
	取舍详略	A级能强化中心的内容,详细叙述,与中心关系较远的或不太典型的内容则简要叙述(11~15分); B级能强化中心的内容,叙述简略,与中心关系较远的或不太典型的内容叙述详细(1~5分); C级内容平均用力,详略不清(6~10分)	15分		
	语言流畅,文意通达	(1)语言简洁凝练(3分) (2)语言准确生动(3分) (3)上下文过渡、衔接顺畅(3分) (4)保留原文的行文脉络与结构(3分) (5)语言流畅(3分)	15分		
	加分	A级书写美观、有字体(4~5分); B级书写认真、卷面整洁(2~3分); C级书写不认真、卷面潦草(0~1分)	5分		
	减分	无题目、写错题目扣2分	2分		
		错别字、标点:每处错误扣1分,最多扣5分。重复的不计	5分		
		字数不足:每少50字扣1分			
思维发展重点	创造性思维和形象思维(训练形象思维、发散思维、收敛思维、直觉思维、独立思维)	A级:能够创造性地把握文章内容,与原文主要内容高度一致,保留原貌;取舍内容能够集中体现原文中心,情感梯度价值观不可扭曲,掌握缩写技巧,缩写内容之间的过渡自然、顺畅,行文脉络清晰,并且详略得当,典型情节内容体现明显(8~10分); B级:能够保留原文鲜明的中心和主要内容情节,整体把握文章发展脉络,行文比较流畅,过渡比较自然,内容取舍比较精当(5~7分); C级:能够体现基本中心情感,内容取舍不够精当,无法体现主要内容和次要内容的区分,材料缩减平均用力,过渡不自然,概括能力不足(1~4分)	10分		
得分合计		满分60分			
习作亮点					
修改建议					

· 227 ·

表 5.75　九年级上第五单元《论证要合理》评价量表

项目		要求	分值	得分	扣分原因
论证要合理	符合逻辑,观点一致,概念统一	A 级观点明确,论证有理有据(11~15 分); B 级观点清晰,论证较好(6~10 分); C 级观点不明确,论证不够恰当(1~5 分)	15 分		
	材料支持观点,分析恰到好处	A 级材料支持观点,分析恰当,使读者明白两者之间的关系(11~15 分); B 级观点较明确,论证较充分(6~10 分); C 级有观点,材料不能证明观点,出现论据与论点不相干或证据不足的情况(1~5 分)	15 分		
	巧用技法,论证有力	(1)论证要符合逻辑,观点要一致,概念要统一(5 分)。 (2)论据要能支持论点(5 分)。 (3)选择恰当的论证方法(5 分)	15 分		
	结构合理,思路清晰	(1)采取设置分论点的形式,从多方面、多角度论证(5 分); (2)采用"提出问题—分析问题—解决问题"的结构层层论证(5 分)	10 分		
加分		A 级书写美观、有字体(4~5 分); B 级书写认真、卷面整洁(2~3 分); C 级书写不认真、卷面潦草(0~1 分)	5 分		
减分		无题目、写错题目扣 2 分	2 分		
		错别字、标点:每处错误扣 1 分,最多扣 5 分。重复的不计	5 分		
		字数不足:每少 50 字扣 1 分			
思维发展重点	逻辑思维和辩证思维(训练发散思维、逆向思维、收敛思维、独立思维)	A 级:文章观点明确、集中,能够使用多种论证方法,使文章结构合理;论证材料能够有力支持观点,关系紧密,论证严密;论证材料要符合逻辑,观点一致,概念统一,通过恰当的分析使读者明白论证材料和观点的关系(8~10 分)。 B 级:能够提出自己的观点,使用一种或几种论证方法进行论证,论证材料比较能体现观点,与观点基本保持一致(5~7 分)。 C 级:观点不明确,不能够选取适合的论证材料进行论证,论证材料与观点之间逻辑关系混乱(1~4 分)	10 分		
得分合计		满分 60 分			
习作亮点					
修改建议					

第五章 "学生自主讲评式"作文教学中评价量表的使用

表 5.76 九年级上第六单元《学习改写》评价量表

项目		要求	分值	得分	扣分原因
学习改写	把握情节，忠于原作	A级在把握原文的基础上进行改写(11~15分)； B级基本保持原文的情节走向(6~10分)； C级原文的情节改变明显(1~5分)	15分		
	创新形式，中心突出	A级能根据改写需要变换选择改写形式，改写形式能突出中心(11~15分)； B级改写形式和改写角度单一，不能体现个人特色(6~10分)； C级基本未进行改写，原作痕迹明显(1~5分)	15分		
	合理想象，体现个性	A级能根据原作内容确定多个改写点，发挥丰富的想象进行改写(11~15分)； B级能通过想象对原文进行改写，改变补充的内容不够丰富(6~10)分； C级基本未发挥想象对原文进行补充和改写(1~5分)	15分		
加分		A级书写美观、有字体(4~5分)； B级书写认真、卷面整洁(2~3分)； C级书写不认真、卷面潦草(0~1分)	5分		
减分		无题目、写错题目扣2分	2分		
		错别字、标点：每处错误扣1分，最多扣5分。重复的不计	5分		
		字数不足：每少50字扣1分			
思维发展重点	创造性思维和形象思维(训练形象思维、发散思维、收敛思维、直觉思维、独立思维)	A级：能够运用适合的改写形式，如文体、语体和叙述角度变化等，改写能够突出中心，可以从多个改写点发挥丰富的想象进行改写，能够发挥出创造力，改写内容符合原文脉络设定(8~10分)； B级：改写内容基本忠于原作，改写形式比较单一，改写点不够丰富，不能体现个人特色，未发挥丰富的想象力(5~7分)； C级：改写内容与原文出入较大，改写形式单一，不能够体现个人想象力(1~4分)	10分		
得分合计		满分60分			
习作亮点					
修改建议					

· 229 ·

表 5.77 九年级下第一单元《扩写》评价量表

项目		要求	分值	得分	扣分原因
扩写	忠于原文，紧扣中心	A级扩写内容忠于原文,中心突出(11~15分); B级扩写内容忠于原文,中心明确(6~10分); C级扩写内容基本忠于原文,中心不够明确(1~5分)	15分		
	详略得当，扩写重点突出	A级根据表达中心的需要,能选择、确定适合的点,安排好扩写的主次,有针对性地进行扩写。做到详略分明,重点突出(11~15分); B级根据表达中心的需要,能选择、确定适合的点,安排好扩写的主次,有针对性地进行扩写。做到详略较分明,重点较突出(6~10分); C级内容平均用力,详略不清(1~5分)	15分		
	内容一致，文章连贯	(1)人称和语气保持前后一致(3分) (2)情节的发展或论述的推进合乎逻辑(3分) (3)有必要的过渡(3分) (4)增添的细节要和全文相协调(3分) (5)避免枝大于干(3分)	15分		
加分		A级书写美观、有字体(4~5分); B级书写认真、卷面整洁(2~3分); C级书写不认真、卷面潦草(0~1分)	5分		
减分		无题目、写错题目扣2分	2分		
		错别字、标点:每处错误扣1分,最多扣5分。重复的不计	5分		
		字数不足:每少50字扣1分			
思维发展重点	创造性思维、想象思维(训练发散和集中思维;纵向和横向思维;逆向和侧向思维;个性思维)	A级:忠实于原文,准确把握扩写点,发散思维,大胆想象创造。根据表达中心的需要,选择、确定适合的点,有针对性地进行扩写。有生动的描写,内容充实,中心突出,文章具有思想性和感染力;内容新颖,构思独特,布局安排匠心独运(8~10分)。 B级:想象创造较为合理,内容比较充实,中心明确,结构比较完整,层次比较清晰(5~7分)。 C级:想象创造不太合理,内容比较空泛,中心不够明确,结构不完整,层次不清晰(1~4分)	10分		
得分合计		满分60分			
习作亮点					
修改建议					

第五章 "学生自主讲评式"作文教学中评价量表的使用

表 5.78 九年级下第二单元《审题立意》评价量表

项目		要求	分值	得分	扣分原因
审题立意	审准题意 准确立意	A级能正确审清题意,立意新颖准确,思想深刻(11~15分); B级能正确审清题意,立意准确(6~10分); C级审题不清,立意不准确(1~5分)	15分		
	恰当选材 深刻立意	A级选材新颖,能准确体现文章主旨(11~15分); B级选材恰当,能准确体现文章主旨(6~10分); C级选材不恰当,不能体现文章主旨(1~5分)	15分		
	巧用技法 深刻立意	(1)开门见山,点明中心(3分) (2)结尾点题,深化中心(3分) (3)一语反复,强化中心(3分) (4)运用细节,突显中心(3分) (5)巧设线索,表现中心(3分)	15分		
加分		A级书写美观、有字体(4~5分); B级书写认真、卷面整洁(2~3分); C级书写不认真、卷面潦草(0~1分)	5分		
减分		无题目、写错题目扣2分	2分		
		错别字、标点:每处错误扣1分,最多扣5分。重复的不计	5分		
		字数不足:每少50字扣1分			
思维发展重点	逻辑思维、创造性思维(训练正确、合理思考的能力;训练发散思维;纵向和横向思维;逆向和侧向思维;感性和理性思维;个性思维)	A级:准确审题、深刻立意。有明晰的线索,有突出的事件,有鲜明的人物,有生动的描写,内容充实,符合题意,中心突出,文章具有思想性和感染力;围绕中心,选材恰当新颖;立意深刻,构思独特,布局安排匠心独运(8~10分)。 B级:能围绕中心选材,内容比较充实,中心明确,立意较为深刻(5~7分)。 C级:不能围绕中心选材,内容比较空泛,中心不够明确,立意不深,无思想深度(1~4分)	10分		
得分合计		满分60分			
习作亮点					
修改建议					

表 5.79　九年级下第三单元《布局谋篇》评价量表

项目		要求	分值	得分	扣分原因
谋篇布局	合理选材	A级选材切合题意,具有时代特点(11~15分); B级选材符合题意,写出个人感受(6~10分); C级选材偏离题意,中心不够明确(1~5分)	15分		
	精心组材	A级围绕中心,详略得当,重点突出,结构合理(11~15分) B级内容平均用力,详略不清(6~10分); C级层次模糊,结构混乱(1~5分)	15分		
	巧用技法	(1)过渡自然(5分) (2)首尾呼应(5分) (3)点题恰当(5分)	15分		
加分		A级书写美观、有字体(4~5分); B级书写认真、卷面整洁(2~3分); C级书写不认真、卷面潦草(0~1分)	5分		
减分		无题目、写错题目扣2分	2分		
		错别字、标点:每处错误扣1分,最多扣5分。重复的不计	5分		
		字数不足:每少50字扣1分			
思维发展重点	逻辑思维、创造性思维(训练发散和集中思维;纵向和横向思维;逆向和侧向思维;感性和理性思维;个性思维)	A级:紧扣主题,谋篇布局,结构匀称,有明晰的线索,有突出的事件,有鲜明的人物,有生动的描写,内容充实,中心突出,文章具有思想性和感染力;选材新颖,构思独特,布局安排匠心独运(8~10分)。 B级:切合主题,内容比较充实,中心明确,结构比较完整,层次比较清晰(5~7分)。 C级:内容比较空泛,中心不够明确,结构不完整,层次不清晰(1~4分)	10分		
得分合计		满分60分			
习作亮点					
修改建议					

第五章 "学生自主讲评式"作文教学中评价量表的使用

表5.80 九年级下第四单元《修改润色》评价量表

项目		要求	分值	得分	扣分原因
修改润色	内容	A级选材新颖,立意深刻,内容充实,中心突出,感情真挚(11~15分); B级选材较为新颖,基本符合题意,内容尚算充实,中心基本明确,感情较真实(6~10分); C级选材不符合题意,内容空泛,中心不明确,感情不真实(1~5分)	15分		
	语言	A级文体规范,条理清楚,结构合理,语言通顺有特色(11~15分); B级条理基本清楚,结构基本完整,语言基本通顺,有部分语病(6~10分); C级条理不清楚,结构不完整,语言不通顺,语病较多(1~5分)	15分		
	巧用技法	(1)开门见山,点明中心(3分) (2)结尾点题,深化中心(3分) (3)环境描写,渲染气氛,深化中心(3分) (4)运用细节,突显中心(3分) (5)句式活泼,整散结合(3分)	15分		
加分		A级书写美观、有字体(4~5分); B级书写认真、卷面整洁(2~3分); C级书写不认真、卷面潦草(0~1分)	5分		
减分		无题目、写错题目扣2分	2分		
		错别字、标点:每处错误扣1分,最多扣5分。重复的不计	5分		
		字数不足:每少50字扣1分			
思维发展重点	逻辑思维、创造性思维(训练发散和集中思维;纵向和横向思维;逆向和侧向思维;个性思维)	A级:紧扣主题,发散思维,大胆想象,创造性修改润色,结构匀称,有突出的事件,人物形象丰满,有血肉。有生动的描写,内容充实,中心突出,文章具有思想性和感染力;选材新颖,构思独特,布局安排匠心独运(8~10分)。 B级:切合主题,内容比较充实,中心明确,有鲜明的人物,结构比较完整,层次比较清晰(5~7分)。 C级:内容比较空泛,中心不够明确,结构不完整,层次不清晰(1~4分)	10分		
得分合计		满分60分			
习作亮点					
修改建议					

表 5.81　九年级下第五单元《演出与评议》评价量表

项目		要求	分值	得分	扣分原因
演出与评议	剧本评议	A级主题积极向上,故事完整,故事情节发展符合逻辑,人物性格鲜明(11~15分); B级主题积极,故事完整,情节较为平淡,人物性格较为鲜明(6~10分); C级故事情节较为完整,人物语言、动作等设计缺少感染力(1~5分)	15分		
	演员评议	A级正确把握剧本主题,表演自然大方,感情充沛,表演丰富(11~15分); B级理解剧本主题,对人物的性格理解比较到位,基本能展示出戏剧中的冲突(6~10分); C级较完整地把剧本内容表演出来(1~5分)	15分		
	导演评议	A级团队领导协调能力比较好,准备充分,能很好地指导本剧组人员出色完成演出(11~15分); B级完成剧本的制作,演员分工合理,对演员的细节指导不到位(6~10分); C级基本完成剧本的制作,但质量欠佳(1~5分)	15分		
加分		A级服装、道具符合剧情,入场、谢幕有新意(4~5分); B级服装整洁,有入场和谢幕(2~3分); C级服装、道具等细节方面准备不够充分(0~1分)	5分		
减分		观众无反应,剧本不完整;无题目、写错题目扣2分	2分		
		错别字、标点:每处错误扣1分,最多扣5分。重复的不计	5分		
		字数不足:每少50字扣1分			
思维发展重点	逻辑思维、创造性思维(训练扩展性思维;发散和集中思维;纵向和横向思维;个性思维)	A级:观点鲜明,评论内容精彩恰当。文章具有思想性和感染力;有很强的指导意义(8~10分)。 B级:观点较为鲜明,内容比较充实,中心明确,有指导意义(5~7分)。 C级:观点不明确,评论语言干瘪,没有指导意义(1~4分)	10分		
得分合计		满分60分			
习作亮点					
修改建议					

第五章 "学生自主讲评式"作文教学中评价量表的使用

表 5.82 九年级下第六单元《有创意的表达》评价量表

项目		要求	分值	得分	扣分原因
有创意的表达	形式新	A 级标题深刻有内涵,结构新颖有创意,角度独特有情感(11~15 分); B 级标题准确,结构较新颖,角度较为独特,较有情感(6~10 分); C 级标题不准确,结构不新颖,角度不新颖(1~5 分)	15		
	立意新	A 级立意新颖独特(11~15 分); B 级立意较为新颖(6~10 分); C 级立意不新颖(1~5 分)	15		
	选材新	A 级选材重生活,真切感人有体验(8~10 分); B 级选材符合题意,中心明确(5~7 分); C 级选材偏离题意,中心偏移(1~4 分)	10		
	语言新	A 级语言生动形象,多用修辞等手法(12~15 分) B 级用词准确、恰当,较为优美(7~11 分) C 级语言干瘪,表述基本清楚(1~6)	15 分		
加分		A 级书写美观、有字体(4~5 分); B 级书写认真,卷面整洁(2~3 分); C 级书写不认真、卷面潦草(0~1 分)	5 分		
减分		无题目、写错题目扣 2 分	2 分		
		错别字、标点:每处错误扣 1 分,最多扣 5 分。重复的不计	5 分		
		字数不足:每少 50 字扣 1 分			
思维发展重点	逻辑思维、创造性思维(训练发散和集中思维;纵向和横向思维;逆向和侧向思维;感性和理性思维;个性思维)	A 级:紧扣主题,发散思维,大胆想象,创造性地拟标题,立意选材,文章具有思想性和感染力;构思独特,布局安排匠心独运;形式有创意(8~10 分)。 B 级:标题较为深刻有内涵,选材比较重生活,形势较有创意(5~7 分)。 C 级:内容脱离生活,语言不生动,形式无创意,中心不明确(1~4 分)	10 分		
得分合计		满分 60 分			
习作亮点					
修改建议					

235

四、作文评价量表课堂教学应用案例

(一)《我努力，我快乐》作文讲评课教学实录

导入：

师：在上次的作文指导课中，我们的训练重点是突出文章中心，并且布置完成了一篇作文《我努力，我快乐》。古人说：下笔欲生风，磨砻日有功。推敲诗益炼，骈俪语尤工。这节课让我们一起去体会文章讲评与修改的魅力。有请今天我们作文讲评课的主持人——刘语梦同学。

活动一：评价典型作文

主持人：文章有了中心，也就有了主心骨，中心不明确，文章就会像一盘散沙。王夫之说过：文以意为先，意犹帅也，无帅之兵，谓之乌合。"意"，就是文章的中心思想，可见，它是文章的灵魂，统帅着全篇的内容。我们作文，只有突出了中心，才能写出有神采的文章。首先，我们回顾一下上节课学习的突出文章中心的方法，我们一起来读一读：

1. 观点明确，表现中心。
2. 精心选材，紧扣中心。
3. 详略得当，凸显中心。
4. 巧用技法，强化中心。(1)开门见山(2)卒章显志(3)抑扬对比(4)铺垫渲染

主持人：老师在翻阅了我们的作文之后，从中挑选了两篇典型作文，已经提前下发了，要求同学们对这两篇作文进行评价，下面请小组进行研讨，要求是：

(1)使用作文评价量表，1~5组重点评价第一篇，6~10组重点评价第二篇。

(2)小组研讨，给出小组的共同意见。

(3)小组交流评价侧重点分工。(请各小组看清分工)

第五章 "学生自主讲评式"作文教学中评价量表的使用

作文	精心选材，详略得当	巧用技法、景物烘托、制造波澜	语言表达	谋篇布局	加、减分
第1篇	一组	二组	三组	四组	五组
第2篇	六组	七组	八组	九组	十组

主持人：下面请各小组按要求研讨。时间是5分钟。

学生作文一：我努力，我快乐

李琳

第一缕晨光射穿薄雾，越过层层叠叠的山，穿过青翠欲滴的树，透过晶莹剔透的露珠，洒向了大地。这时，人们总能看到学校后面的小山坡上，有一群排着长长队伍的初中生。我们着装统一，步伐一致，向着阳光奔跑，宛若一段天蓝色的绸缎向天空的远方靠拢。

还记得我第一次晨跑时，前半程是相对稳定轻松的，坡度并没有要为难我，呼吸平稳，紧紧跟随着大队伍，步伐轻盈，秩序井然。我沐浴着阳光，还会欣赏路边不起眼的野花，聆听大自然的交响曲，一脸享受地奔跑着。可谁知后半程的陡坡愈来愈多，刚要慢下来想要歇一会，前面就会有一个陡坡在兴奋地向我招手。我一口一口喘着粗气，汗水霸占了我的身体，红红的脸颊就像是在脸上镶了两个熟透了的大苹果，阳光肆无忌惮地射向我，把脸照得生疼。我的力量在疯狂输出着，正在耗尽的边缘，看着一名名同学超过了我，心里属实不是滋味，望向远处，已有几名同学通过努力到达了目的地。我紧紧地攥起拳头，疲惫不堪的腿被拉扯开，挥汗如雨。离终点越来越近了，我攒起所剩无几的全部力气，奋力冲向了终点。我一下子瘫坐在地上，风胡乱地吹拂起我湿漉漉的头发，为我按摩着累到麻木的双腿，吹干了脸上的汗珠，只感觉脸上涩涩的。我艰难地站起身来，头还猛地晕眩了一下，我也想感受一下"会当凌绝顶，一览众山小"的豪情壮志，我挪动到路边往下看，视野一下子开阔了。映入眼帘的有我们亲爱的学校，静静地卧在山脚，校园里的一切都小成一个点，尽收眼底；有几座娇小的山丘，在暖阳之下闪闪发光，细小之处都凝聚成了绿；我们跑过的被汗水浸湿的小路也蜿蜒在我的脚下，连接起学校与远方，直通天际。我享受此刻，享受登顶的喜悦，享受成功，享受着我所获得的一切。

苏格拉底曾说过，世界上最快乐的事，莫过于为理想而奋斗。梦想不分高低贵贱，不需要用金钱或是生活阅历去衡量。当我们真正执着于一件事时，一切都不是阻挡你前进的理由。

下山的时间到了，我们又排好长长的队伍，向学校奔去……

学生作文二：我努力，我快乐

崔铭润

人生中会经历很多次失败、成功。有的人遇到困难会向它低头，就与成功擦肩而过；有的人遇到困难就会微笑面对，永远面向成功，站起来成了生活的强者。

我记得，我上四年级时的暑假里，我晚上看电视的时候，一条广告引起了我的兴趣：有一个很大的游泳馆，里面有很多的小朋友在水中游来游去，有仰泳的，有蛙泳的，欢声笑语，一时之间，我很向往。我也要去游泳馆，我也要学会游泳。我问爸爸："你明天休班吗？"爸爸说："明天休班，你想干什么？"我说："明天你带我去游泳馆好吗？"爸爸同意了，我就兴奋得一晚上没睡好觉。

第二天，我老早就起床了。我摇着爸爸说："起床了，要出去玩了！"爸爸说；"你急什么？又不是不去，再说了，我们还没有刷牙、洗脸、吃饭呢！"吃完了饭，坐上车，开始向游泳馆进发。路边的树一排一排的，很整齐，像是在迎接我一样。

到了之后，我发现这个游泳馆可真大。一想我还没有游泳裤呢，赶紧买好游泳裤。我还不会游泳，眼巴巴地看着别人在那里跳水，畅游，我是多么想尽快学会游泳啊！可是我又害怕下水了，在爸爸的一再鼓励之下，终于敢下水了。爸爸教我要先练憋气，要憋够至少半分钟，我就按爸爸说的做，一开始我只能憋十几秒，经过我不断地努力尝试，终于我能做到了。然后爸爸就开始传授我各种游泳技巧，可是我就像一只旱鸭子似的，只会乱扑腾，不断地往下沉，好在爸爸在旁边扶着我。经过我的努力，我终于学会了最容易

第五章 "学生自主讲评式"作文教学中评价量表的使用

的一种——狗刨。一开始只能在原地撑着游,经过我不断的努力,我终于能游得比较远了。我成功了,我学会游泳了,我兴奋地在水中游来游去。

我相信,只要经过我们不懈的努力,我们终会成功,我们也会为我们的成功感到快乐。

表5.83 作文评价量表

项目		要求	分值	得分	扣分原因
突出中心	精心选材紧扣中心	A级选材切合题意,中心突出(11~15分); B级选材符合题意,中心明确(6~10分); C级选材偏离题意,中心不够明确(1~5分)	15分		
	详略得当强化中心	A级能强化中心的内容,详细叙述,与中心关系较远的或不太典型的内容则简要叙述(11~15分); B级内容平均用力,详略不清(6~10分); C级能强化中心的内容,叙述简略,与中心关系较远的或不太典型的内容叙述详细(1~5分)	15分		
	巧用技法凸显中心	A级巧妙运用恰当的技法,凸显文章中心,增强文章的表现力与感染力(11~15分); B级能围绕文章中心,运用恰当的技法,有一定的表现力与感染力(6~10分); C级没有运用恰当的写作手法来突出文章中心,文章表现力不强(1~5分)	15分		
加分		A级书写美观、有字体(4~5分); B级书写认真、卷面整洁(2~3分); C级书写不认真、卷面潦草(0~1分)	5分		
减分		无题目、写错题目扣2分	2分		
		错别字、标点:每处错误扣1分,最多扣5分。重复的不计	5分		
		字数不足:每少50字扣1分			

续表

项目		要求	分值	得分	扣分原因
思维发展重点	创造思维	A级构思独特,布局安排匠心独运(8~10分); B级思路清晰,谋篇布局恰当(5~7分); C级文意通畅,结构完整(1~4分)	10分		
习作亮点					
修改建议					

（学生分小组依据评价量表对两篇作文进行研讨）

主持人：下面，我们来交流一下。对于第一篇李琳的作文，各组代表说一下本组的看法。

一组：选材方面，她选的是第一次晨跑时虽然疲惫不堪，但还是坚持着跑向终点，并从中感受到了付出之后的喜悦，我们觉得选材切合题意，可以得到7分。详略方面，我觉得她还是能够做到重点突出的，能突出努力和快乐的主题，这方面也给她7分。

二组：巧用技法方面，我们觉得在卒章显志、抑扬对比、铺垫渲染方面写得很好，特别是对艰难跑在路上的情景和到达目的地时看到眼前景物时的喜悦渲染得很生动，这方面我们组给她打7分。景物烘托方面，第一、二段中，多处使用了景物描写，描写生动，对于突出人物的心情用得恰到好处，我们组给她打3分。制造波澜方面，虽然说没有一波三折，但也有起伏，给她打2分。

三组：语言表达方面，李琳的作文运用景物描写渲染烘托得很好。人物动作描写也很生动，比如这几句："我的力量在疯狂输出着，正在耗尽的边缘，看着一名名同学超过了我，心里属实不是滋味，望向远处，已有几名同学通过努力到达了目的地。我紧紧地攥起拳头，疲惫不堪的腿被拉扯开，挥汗如雨。离终点越来越近了，我攒起所剩无几的全部力气，奋力冲向了终点。我一下子瘫坐在地上，风胡乱地吹拂起我湿漉漉的头发，为我按摩着累到麻木的双腿，吹干了脸上的汗珠，只感觉脸上涩涩的。我艰难地站起身来，头

第五章 "学生自主讲评式"作文教学中评价量表的使用

还猛地晕眩了一下。"看到这几句,我就感觉眼前像是看到了当时的场景,就像说的是我似的,我也有这样的感受。(这名学生比较胖,学生都笑了)总之,语言表达这方面 A 级,我给她打 14 分。

四组:谋篇布局方面,一开始用一段美丽的景物描写,吸引了读者,文末引用名人名言深化主题,中间的烘托渲染也较到位,只是构思上缺少一点起伏,我们组给她评为 A 级,打 12 分。

五组:加、减分方面,我觉得她的书写认真、整洁,可以得 4 分,字数符合要求,有 1 处明显的标点错误,有 3 个错别字,减 4 分。

主持人:感谢以上同学的交流,刚才同学们对第一篇作文的评价和打分都比较高,算下来,李琳的作文得到了 52 分,同时也指出了存在的一些问题。下面我们来交流评价一下第二篇作文。

六组:我们组认为,崔铭润的作文,写的是从不会游泳,到经过自己的努力学习学会了游泳,选材切合题意,中心明确,选材方面可得 8 分。详略得当这方面我们组认为他做得不好,这次作文的重点应该是写自己如何通过努力,使自己感受到了快乐,努力的过程应该详写。但是第四段学习游泳的过程还不够生动,第二、三段的内容该略写的却写得不少,造成了详略不当的问题。因此详略这方面我们组给他打 3 分。

七组:巧用技法方面,能做到开门见山、卒章显志,但在别的方面,似乎缺少创新,这方面我们组给他打 5 分。景物烘托方面,全文只有第三段最后一句是借景抒情的文字,给他打 1 分。制造波澜这方面可以说就很一般了,给他打 1 分。

八组:语言表达方面,这篇作文语句较为通顺,用词还算贴切,但是文句缺乏表现力,没有什么修辞,人物刻画上运用最多的就是语言描写,对话也很平淡。可以评为 B 级,得 10 分。

九组:谋篇布局方面,作文的结构上能够开篇点题,首尾呼应,层次清晰,缺点是内容平铺直叙,缺少变化,可评为 B 级,我们给他打 9 分。

十组:加、减分方面,这篇作文虽然字体不算好,但是能够做到认真书写,卷面整洁,给他打 3 分。字数符合要求。有两处明显的标点错误,有 4 个错别字,减掉 5 分。

主持人：感谢以上同学的交流。同学们对第二篇作文的评价和打分都不高，算下来，崔铭润同学的作文只得到了35分。同学们提出了很多存在的问题，特别是详略不当的问题。其他同学有没有不同看法？

（学生议论后，有三名同学发言，基本赞同以上同学的发言，只是在个别方面的得分上略有差异。）

主持人：仁者见仁，智者见智。听了同学们的发言，不知老师有什么看法。下面请老师来说一下意见。

老师：听了大家对两篇作文的点评，我发现同学们读得仔细，品得到位，能各抒己见。我通过翻看全班同学的作文，发现多数同学还是能恰当选材，运用各种技法来表现中心，同时我也发现了多数同学普遍存在的问题，就是在详略得当上做得还不够好，《我努力，我快乐》重点应该放在"如何努力"上，应该把这个过程写具体，这是凸显中心的内容，其他的可以略写。我希望同学们在作文的详略得当上做得更好一些。

活动二：修改典型作文

1. 知识回顾

主持人：感谢老师的提醒！下面让我们简要回顾一下上节作文指导课上，学过的关于详写和略写的内容。

详略的原则：

(1)能强化中心的内容详写；与中心关系较远或不典型的内容略写。

(2)过程详写，起因、结果略写。

详写的方法：

(1)运用各种修辞手法，写好细节。

(2)可用外貌、动作、神态等描写刻画人物。

(3)记叙文体，记叙描写应详写，抒情议论可略写。

2. 修改典型作文

主持人：浓墨重彩详细写，淡笔勾勒妙点睛。刚才同学们在评价两篇作文的时候，都指出了存在的一些问题，特别是详略不当的问题。好文章是改出来的，请同学们对两篇文章提出修改意见。要求是：

(1)注意突出文章中心。

第五章 "学生自主讲评式"作文教学中评价量表的使用

(2)可以修改一个句子、一个段落，或者对整体提出自己的修改意见。

(学生思考，小组交流。)

主持人：下面请同学们来交流一下你是怎样修改的。

学生1：我认为崔铭润的作文第二段和第三段可以略写，特别是那些对话简单写就可以，第四段把学游泳的艰难再描写得细致一些就更好了，这样详略得当，更能突出主题。

学生2：崔铭润的作文第四段描写得不够生动，我想改成这样：爸爸说："你先两腿使劲往后蹬，双手向两边划……"在爸爸的帮助下，我学会了一点点。爸爸见我进步很快，就把手放了。谁知我一下子就沉了下去，还一连呛了好几口水，爸爸连忙把我扶起来。我觉得鼻子酸溜溜的，耳朵好像被什么东西给堵住了，十分难受。爸爸见我这副狼狈样哈哈大笑，我真想一走了之，可一想我是来学游泳的，怎么可以碰到一点小挫折就放弃呢！我不理爸爸，只想自己试试。于是我吸足了气，闭上眼睛，身子往水里一扑，两腿使劲往后蹬，双手向两边划去，耳朵只听见划水的声音，我拼命向前游去，直到筋疲力尽，就站了起来，我离爸爸已经很远了。"耶！"我大声欢呼起来，我居然会游了。

学生3：我感觉结尾比较一般，我想把结尾改成这样："这次收获很大，我不仅学会了游泳，还明白了一个道理：什么事都不能一学就会，需要经过自己不懈的努力才能取得成功。'看花容易，绣花难'就是这个道理。我相信，只要坚持不懈，就没有翻不过的火焰山！"这样一改，就达到卒章显志了。

主持人：刚才几位同学都对崔铭润的作文提了不少修改建议，崔铭润同学，你觉得同学们的建议怎么样呢？

崔铭润：建议都很好，对我启发很大。

学生4：对李琳的作文，我想提一点建议：文中"我一口一口喘着粗气，汗水霸占了我的身体，红红的脸颊就像是在脸上镶了两个熟透了的大苹果，阳光肆无忌惮地射向我，把脸照得生疼。"我觉得有点问题，脸颊像红苹果应该是别人才能看到的，或者是感觉想象的，我觉得应调整一下顺序，"我一口一口喘着粗气，汗水霸占了我的身体。阳光肆无忌惮地射向我，把脸照得生疼，我想我的脸颊肯定特别像两个熟透了的大苹果。"

学生5：李琳的作文，我觉得可以把努力跑向终点的过程写得更生动一些，比如加上同学和老师的鼓励，甚至是调皮男生的嘲笑等，这就像评价量表中说的，能强化中心的内容，详细叙述，细致描写。

主持人：那么老师有什么建议呢？

老师：刚才几位同学提的修改建议我也赞同，崔铭润刚开始学会的游泳姿势可能就是狗刨，但肯定付出了自己的努力才学会的，你应该把此时爸爸教你的动作和语言，以及你学的动作写具体了。李琳的作文，我认为叙事中融入景物描写来烘托人物的心情做得很好。希望这两位同学把自己的作文进行进一步的修改。

活动三：互评、推荐

主持人：通过修改这两篇作文，你们对于如何突出中心是否有了更多的认识？课前老师要求小组内互换阅读作文。下面我们进行互评、推荐。要求是：

（1）作文互评：打分，写评语。

（2）推荐阅读你认为精彩的句子或段落。

（学生阅读互评）

主持人：下面请同学们来推荐交流一下。

（学生的推荐交流内容略）

活动四：修改自己的作文。

主持人：听了各位同学的发言，首先我对如何修改自己的作文已经有了更多的想法，其次我也非常感谢老师给我的这次主持机会，以及同学们的配合。在这节课上，同学们一定会获得新的启发和思考，请结合评价建议，对自己的作文做进一步的修改。

总结：

师：这节课的交流，大家的思想碰撞在一起，肯定会有更多的体会。古人说："文章不厌百回改，反复推敲佳句来"，希望同学们再进一步交流，升格好自己的作文。

（二）教学反思

对于指向思维发展的"学生自主讲评式"作文课，我们一直在探索、实践。

第五章 "学生自主讲评式"作文教学中评价量表的使用

备课之前，我翻看全班同学上交的作文，找出典型的、普遍存在的问题。这次作文训练的重点是突出文章中心。在作文指导课上，对于如何突出文章中心，已经讲过了相应的策略和技巧。当然，学生作文中不可避免地会存在一些问题。我发现存在的主要问题是文章的详略不当。导致文章中心不突出的原因可能很多，但我认为不如重点抓住这一个点，也就是重点突出。我找的两篇典型作文，一篇好点的，一篇差点的，都或多或少存在详略不当这个问题。

这节课我共设计了四个活动：一是评价典型作文，二是修改典型作文，三是互评推荐作文，四是修改升格自己的作文。这四个活动是层层递进的。

评价典型作文：先是引导回顾有关突出文章中心的知识。然后小组研讨，代表发言。一节课毕竟时间有限，因此，我对各小组的评价侧重点做了分工，这样就会有针对性，避免了眉毛胡子一把抓。当然，每一次的作文讲评侧重点可以小组轮换，这样就都会训练到了。

修改典型作文：目的是通过对典型作文的修改，来引导学生如何修改自己的作文。首先是引导学生认识到作文中普遍存在的问题，就是详略不当，中心不突出。然后进行修改训练，学生还是能够提出一些中肯的意见的。

互评推荐作文：通过这个活动，学生互相学习，激发他们写好、修改好自己作文的兴趣。

修改升格自己的作文：如果这个环节所留的时间不够充足了，可以下节课来接着进行，或者是留为课下作业。

在作文评价量表的设计上，因为本次习作是"突出文章中心"，因此"习作重点"部分所设的"精心选材""详略得当""巧用技法""景物烘托""制造波澜"都是围绕着这个主题，并通过不同的分值比重来突出的。语言表达、谋篇布局、书写的目标要求通过等级打分，便于学生斟酌打分。在学生评价作文或者修改作文时，能有的放矢，抓住重点。

培养学生主持人，充分调动学生的自主讲评。为了上好这节课，我与几个学生共同备课，制定上课内容，这个过程也是对学生能力的锻炼。

我认为，学生自主讲评课可以多方面地培养学生的思维，比如发展学生的分析、判断的能力，批判性思维、逻辑性思维、发散性思维、创造性思维的培养，以及发展学生思维的广阔性、深刻性、独创性等品质，都具有很大的作用。

(三) 专家点评

这节课，我认为这几点做得比较好：一是能根据作文训练重点设计评价量表，让学生依据评价量表进行评价交流，找准自己的不足进行作文修改；二是对于每一个环节能提出明确具体的要求，让学生知道该做什么，该怎么做；三是能培养学生主持人，发挥、锻炼学生的才能，这也是本节课的一大亮点。确实，这个过程也是对学生能力的锻炼。四是课堂上尽量调动学生交流的积极性，多让学生发表看法，让学生自主讲评，那么学生在课堂上的收获会更多一些。

同时，这节课也给我们带来一些思考。比如有了学生主持人，老师的作用怎么发挥？这节课上，老师也在其中做了穿插点评。我认为老师还可以发挥更多的作用，比如对学生好的发言应该提出赞赏，对值得商榷的发言也要有所引导，等等。

(济南市教育教学研究院初中语文教研员　齐好芝)

第六章 "学生自主讲评式"作文高阶思维的训练与提升研究

一、高阶思维及分类

高阶思维是发生在较高认知水平层次上的心智活动或认知能力，如分析、综合、评价和创造。美国教育家布卢姆将思维过程具体化为六个教学目标，即记忆、理解、应用、分析、综合、评价和创造，其中记忆、理解、应用是低阶思维，是较低层次的认知水平，主要用于学习事实性知识或完成简单任务。高阶思维倡导从浅层次信息的获取与分析转向深层次的理解与应用，使学生从强迫式的知识技能习得转向有意义的思维学习，有利于深度学习的发生及智慧教育环境的构建。

知识时代的发展对人才素质的要求偏重于以下九大能力：创新、决策、批判性思维、信息素养、团队协作、兼容、获取隐性知识、自我管理和可持续发展能力。这九大能力我们称之为高阶能力。所谓高阶能力，是以高阶思维为核心。所谓高阶思维，是发生在较高认知水平层次上的心智活动或较高层次的认知能力。比如它在教学目标分类中表现为较高认知水平层次的能力，如分析、综合、评价。这些能力在处理未来信息社会中的各类需求时是十分必要的。拥有这些技能的人们将会成为信息时代的强者。因此，现代教育的一个持久的、长期的目标就是帮助学生超越目前较低的思维能力，获得较高水平的思维能力。

哈佛大学心理学教授戴维·珀金斯（David Perkins）认为，日常思维就像我们普通的行走能力一样是每个人与生俱来的。但是良好的思维能力就像百米赛跑一样，是一种技术与技巧上的训练结果。赛跑选手需要训练才能掌握百米冲刺技巧。同样，良好的思维能力需要相应的教学支持，包括一系列有针对性的练习。所以，只要方法得当，学生的高阶思维能力是可以培养和训练的。问题的关键就是，如何培养和训练学生的高阶思维，运用什么工具来培养。因此，探讨促进学习者高阶思维发展的教学设计假设，是当代教学设计研究最为重要的课题之一。

高阶思维能力包括创新能力、问题求解能力、决策力和批判性思维能力。高阶思维能力集中体现了知识时代对人才素质提出的新要求，是适应知识时代发展的关键能力，主要表现为问题解决、批判性思维、创造性思维、元认知、决策、推理、逻辑、反思等。

二、"学生自主讲评式"作文中如何进行高阶思维训练

（一）初中生写作应具备的思维品质

心理学家普遍认为，思维品质主要体现在深刻性、灵活性、独创性、批判性、敏捷性五个方面。从写作实际需要来看，这些的确是初中生最应该具备的思维品质。

思维品质具备广阔性、深刻性，能对命题做全面、深入的分析，能够准确把握题目的内涵和外延，善于抓住写作对象的本质、规律与必然性，使立意自然准确深刻。思维向度单一、思想贫瘠会导致思维方式的雷同，很难写出有深刻见解的作文。只有打开思路，深入思考，才能真正做到有感而发。

写作还应具备思维的敏捷性、创造性。每个人都有自己独特的生活资源，对作文题做过一定程度的分析后，思维就应该迅速行动起来，展开丰富的联想与想象，找出自己的生活资源中与立意相关联的材料，写出自己有创造性的发现。

当然，写作过程中，无论动笔之前酝酿得有多么成熟，真正写起来都会碰到一些预想不到的困难和问题。因此，写作还需具备思维的指向性、严密性。文章中心确定了，思维就应该朝着这个方向运行、展开，不思考任何与之无关的问题，不说与主题无关的话。在思维过程中能保持严密的逻辑性，表达意思周密、确切、完善、鲜明，这样作文才能行文自然流畅，主旨明确，

第六章 "学生自主讲评式"作文高阶思维的训练与提升研究

思路清晰。

因此,思维训练应该成为"学生自主讲评式"作文教学的焦点所在。进行思维训练的目的是为了培养学生的思维能力,提高学生思维的质量,使学生的思维具有良好的品质,使他们的思维发达起来。只有这样,才能使学生的观察能力、想象能力和表达能力得以提高,使他们能够自由地表达、有个性地表达、有创意地表达,获得更广阔的写作空间。

(二) 写作的思维过程

初中生写作是一种复杂的心理过程,它涉及学生的多种心理活动。学生只有充分调动自己的思维,把思维活动的轨迹,用语言文字进行周密表达,才能完成一篇出色的作文。

写作思维过程的第一阶段是审题立意。例如,老师执教《期待辉煌》作文课时,部分学生审题侧重于"期待"的表述,反而忽略了"辉煌"的本质,导致学生作文偏向于"盲目励志"。对于大部分学生而言,"辉煌"更多地与成绩的取得相联系,虽符合学生的角色,却限制了立意范围。在学生优秀作文中,一篇具有独特视角的作文成功吸引了老师的眼球。文章以中国共产党为写作对象,叙述了党在百年间的风雨历程,极富感染力,立意高远,远超同类作文。

写作思维过程的第二阶段是选材。例如,在《热爱生活,热爱写作》作文讲评中,笔者发现学生的选材并不一定是愿意去描写的对象:少数边缘生坚持从身边的亲人、同学乃至老师入手,所写内容套路乏味,细究原因,学生表示自己也厌倦类似选材,但不知如何创新,甚至产生厌倦或恐惧作文的情绪。部分学生有意识地选择时下热门话题,但因自身眼界的限制,很难将话题阐述清楚和顺畅。学生处在一个社会与自然构成的有着千丝万缕联系的庞大网络中,每天接触着社会、家庭、学校不同的人和事,选材的过程就是把这些人、事物、现象作为思维对象,找出自己能够写也愿意写的材料。这首先需要联想、想象,然后还需要比较、分类,把握材料的本质,有效地选择最具表现力的人和事,使自己的主题不仅立意深远而且新颖。然而很多学生却因为思维能力的不足,对自己每天接触的、熟悉的材料,难以洞悉其本质特点和价值,更不知如何将复杂的对象条理化,因而总是令人遗憾地舍弃那些有价值的材料,而去胡编乱造,甚至用一些旧的套路去写一些写烂了的老题材。

写作思维的第三个阶段是构思，也就是将前两个阶段的思维成果按照一定的顺序排列连贯起来，使其构成一个有思维深度的系统。

如果学生在这三个思维阶段能够真正调动自己的思维，综合运用联想、想象、分析、比较等思维方法，就能够解决写什么、如何写、为什么写的问题，行文成篇也就顺理成章了。

作文教学不能忽视学生的心理特点和认知规律，应该抓住各思维阶段学生常见的问题，通过有针对性的训练促进学生思维能力的提高，学生思维能力的提高必将反过来推动作文水平的发展。

三、高阶思维训练与提升的途径与策略

(一) 中学生高阶思维能力的培养策略

1. 整合单元课程，构建"思维兴奋中心"

思维是人脑对客观现实间接和概括的反应，是揭示事物本质特征和内部规律的认识过程。培养思维能力要先构筑良好的思维环境，良好的思维环境是促进学生积极思维的重要条件。课程单元整合即通过有趣多元的教材整合营造良好的思维环境。围绕目标激发、情景激发、探究激发、兴趣激发、问题激发等方法有效合理地编织整合教材，激发学生的思维兴奋，通过构建"思维兴奋中心"，引发注意，激发兴趣，形成思维场，优化思维环境。

通过研究，初步开发了培养学生思维的备课模板，例如：

表 6.1　初中语文备课模板

课题	"学生自主讲评式"作文思维训练与提升		
单位		主备老师	复备老师
备课项目	设计区域		
课标分析	《义务教育语文课程标准》将"表达与交流"作为必修课程，并明确指出，写作是运用语言文字进行书面表达和交流的重要方式，是认识世界、认识自我、进行创造性表述的过程。写作教学应着重培养学生的观察能力、想象能力和表达能力，重视发展学生的思维能力，发展创造性思维。鼓励学生自由地表达、有个性地表达、有创意地表达，尽可能减少对写作的束缚，为学生提供广阔的写作空间。		

第六章 "学生自主讲评式"作文高阶思维的训练与提升研究

续表

教学重点、难点	1. 教材分析 2. 教学重点(含思维训练着力点)侧重学生某一项思维能力的训练(重点在于创造性思维)，也不能忽略了创造性思维的基础，也就是人类思维活动中最基本的形象思维和逻辑思维的训练。 3. 教学难点：
学情分析	(学生已经知道了什么，学生学习本课的基础条件、思维状况等) 　　例如：多数学生能借鉴课内课文进行仿写和自己创作，一小部分同学能用上一些描述性的语言进行描写，运用比喻、拟人等修辞手法，使语言丰富流畅，文意新颖，但大部分学生的标点使用仅仅停留于句号，一部分学生不会使用标点，错别字还比较多，也有个别学生所写的语段存在严重病句或学的字写不出来的现象。 　　1. 根据确定的教学重点、难点内容，预测本班级学生可能达到的程度。 　　例如：对于对比思维、辩证思维、灵活思维等思维由于自身水平所限，认识较为模糊。 　　2. 了解本班学生在写作中存在的思维训练方面的普遍性问题。 　　对于思维训练不理解其内涵，感受不明显。
教学目标	1. 德育目标：要求学生必须重视"文以载道"。 2. 知识与能力目标：在比较、讨论中训练，提高学生的写作思维。 3. 迁移目标：写作时要注意量体裁衣，扬长避短。 4. 思维训练目标：学生的思维能力(逻辑思维、创新思维、发散思维、辩证思维、直觉思维、对比思维、实用思维、谋略思维、灵活思维等)得到明显提升。
教学安排	2 课时

续表

老师活动设计	学生活动设计	设计意图
一、构建动场		
二、自主学习 【思维活动设计一】 　　首先，面对这样一个独词类概念，面对这样一个独词类话题，将怎样立意呢？这就要用到化大为小、避虚就实。其实也就是利用添加语素法，抓概念的外延，以实现"大题小做"。	【预设学生思维活动与疑问】 　　文章的深刻性、适用性分析不够深刻，会出现纠结谋篇布局是否合理的问题。	训练实用、谋略、灵活思维，提升学生的敏捷性、独创性思维品质。
【思维活动设计二】 　　以问带写层进式，局部对比深刻，联系实际思路广。	【预设学生思维活动与疑问】 　　信息筛选不准确，优劣得失寻找不具体，会产生如何筛选文章信息的问题。	训练比较、辩证思维，提升学生的深刻性、批判性思维品质。
三、合作探究 【思维活动设计一】 　　小组合作讨论文章的使用价值、谋篇布局的特色。	【预设学生思维活动及疑问】 　　学生思维活动较为活跃，会对其他同学分享谋篇布局特色观点产生疑问。	训练实用、谋略、灵活思维，提升学生的敏捷性、独创性思维品质。

第六章 "学生自主讲评式"作文高阶思维的训练与提升研究

续表

老师活动设计	学生活动设计	设计意图
【思维活动设计二】 小组合作分享讨论各自寻找的文章优缺点。 四、综合建模 【思维活动训练总结】 本节课，主要通过训练学生的创造性思维、发散思维、逻辑思维、实用思维、谋略思维、灵活思维、比较思维、辩证思维活动，着力培养学生的敏捷性、独创性、深刻性、批判性思维品质。	【预设学生思维活动及疑问】 学生思维活动较为活跃，对他人分享的文章在赏析优点和不足方面有不同的见解。 【学生思维品质训练自主反思】 学生可能存在的思维训练收获、不足。一般由学生表述。	训练比较、辩证思维，提升学生的深刻性、批判性思维品质。
当堂检测	以《新》为题写一段200字左右的片段	
板书设计	1. 化大为小、避虚就实。 2. 添加语素法。 3. 抓概念的外延。 4. 大题小做。 5. 结尾余韵绵绵。	
作业设计	A层：以《等待》为题写一篇600字文章。 B层：以等待为话题完成500字片段写作。	
学生思维训练反思	学生思维训练需要久久为功，坚持不懈，学生的思维能力是在不断训练、自主反思、分享讨论实践中得以提升的，所以应综合考虑学生现有水平，制订目标明确的学生思维训练计划，不断地提升学生的思维能力、思维水平。	

附：

思维种类：形象思维、逻辑思维、发散思维、逆向思维、收敛思维、联想思维、立体思维、直觉思维、灵感思维、辩证思维、独立思维、实用思维、创造思维、谋略思维、细节思维、艺术思维。

良好的思维品质：思维的广阔性、深刻性、灵活性、批判性、敏捷性、独创性。

思维发展：是指通过研究，着力培养学生的思维从低阶思维(布鲁姆认知目标的记忆、理解、运用水平)向高阶思维(布鲁姆认知目标的分析、综合、评价水平，主要指向创新能力、问题求解能力、决策力和批判性思维能力)发展，提升学生思维的深刻性、灵活性、批判性、敏捷性、独创性等思维品质。

2. 运用"认知建构策略"建构认知结构，完成知识内化

(1)运用"同化思维策略"建立知识停靠点。

同化思维策略就是学生在学习新知识时，能借助头脑中原有的信息帮助学生理解、掌握并在头脑中固化下来的思维策略。学生在课堂学习中不能很好地解决问题，是因为日常知识的积累只是机械重复的积累，并没有理解其中的真正意义。因此，帮助学生用已有的知识信息同化新的知识信息，将新旧知识融为一体，进行有意义的学习才能建构好的认知结构。

在学习新知识的时候，注重让学生在理解的基础上识记，建立知识停靠点帮助学生理解，与原有的知识联系起来，形成一个体系，并成为未来新的知识停靠点。

例如，在"热爱生活，热爱写作——学会仿写"的单元主题写作中，教师就单元主题及思维培养进行了如下的分析及重难点设置：

教材分析

热爱生活、热爱写作，写作就源于我们的生活，写作就是用笔来说话。写作教学，应当引导学生去关注生活中的点点滴滴。写作活动，就是要帮助学生不断发现、体验、感悟生活中丰富多彩的经历；同时，引导学生勇敢地表达自己的情感与想法。(训练发散思维、形象思维)

教学重点

培养学生细心观察、勤于思考的习惯；培养学生从书籍、影视、广播、报刊等途径积累内容素材和语言材料的习惯。(训练逻辑思维、逆向思维)

教学难点

第六章 "学生自主讲评式"作文高阶思维的训练与提升研究

培养学生热爱生活、热爱写作的意识。

(2)运用"系统思维策略"掌握知识结构。

系统思维策略就是教师指导学生运用系统、总体、全局的观点,对学习的内容进行综合思考,然后寻找解决问题的方法。在我们的教学工作中,从教的角度来说,把握好整体性,才能有准确的教学目标,教学行为才能"准""精""简",才能充分发挥学科的育人功能;从学的角度来看,注重整体性,才能了解知识的源头、发展和去向,才能掌握不同内容的联系性,又学得兴趣盎然。思维的整体性表现为思维的广度和综合度。培养思维的整体性要注重引导学生掌握知识结构,加强综合训练。

在教学中,要注意帮助学生分析学习内容的系统结构,如归属关系、并列关系、因果关系、阶段关系等,在掌握信息结构的基础上更有利于知识的掌握。

例如,作文讲评课《等待》对学生的学情分析:

(学生已经知道了什么,学生学习本课的基础条件、思维状况等)

多数学生能借鉴课内课文进行仿写和自己创作,一小部分学生能用上一些描述性的语言进行描写,运用比喻、拟人等修辞手法,使语言丰富流畅,文意新颖,但大部分学生的标点使用仅仅停留于句号,一部分学生不会使用标点,错别字还比较多,也有个别学生所写的语段存在严重病句或学的字写不出来等现象。

其一,对于对比思维、辩证思维、灵活思维等高阶思维,由于自身水平所限,认识较为模糊。(根据确定的教学重点难点内容,预测本班级学生可能达到的程度)

其二,对于思维训练不理解其内涵,感受不明显。(了解本班学生写作中存在的思维训练方面的普遍性问题)

(3)运用"类比思维策略"升华创新思维。

类比思维策略是根据两个对象之间在某些方面相同或相似的关系,从已知对象的特点类推出未知对象的相应特点,从而顺利解决问题的思维策路。

运用类比思维时主要通过联想和对比两种方法。联想就是让学生由新信息引起对已有知识的回忆,找到新旧知识的联系;类比就是在新旧知识中找出类似和相异的地方，即异中求同或同中求异。通过类比思维，从而升华思维、创新思维。

例如，在"热爱生活，热爱写作——学会仿写"的单元主题写作中，教师进行了如下设计：

（请同学们阅读《热爱生活，热爱写作》）

艺术来源于生活而高于生活。写作中我们可以从以下几个方面选材：①从家庭生活选取素材。在家庭生活中，主动承担一些力所能及的家务劳动，多和家人沟通、多观察、多思考。②从校园生活中选取素材。校园生活丰富多彩，同学和老师的性格各不相同。注意观察发现、寻找鲜活生动的素材。③从社会生活中选取素材。走进大自然，去看、听、闻、触，并善于联想，体验大自然的神秘壮美。关注社会生活，读书看报，调查访问，去听去想，让多彩的生活滋润心田。

【预设学生思维活动与疑问】

学生就素材进行组合，选取本课的训练重点，学习仿写。结合名家名篇及优秀例文确定自己仿写的重点。如给句子润色，学习修辞手法。

（训练收敛思维，提升学生的形象性、深刻性思维品质）

(4)运用"转换思维策略"获取解决问题的方法。

转换思维策略是在解决问题的过程中，通过事物之间的转换而巧妙地绕过障碍，获取解决问题的方法和思维策略。通常在解决问题的过程中，由于某种原因，常常不能直接分解或组合该事物，导致问题难以解决。这时候就需要另辟蹊径，通过解决其他问题而使本问题得到解决。

例如，《合理安排顺序，叙事有波澜》作文指导中活动二、三的设计。

【活动二】

怎样写出事件的波澜？

明确：①善于利用事件本身的曲折性和复杂性。（选材）

②巧用一些兴波澜、生变化的好方法。（构思、技法）

【活动三】构思技法

①设置悬念，扣人心弦。

②情节突转，出人意料。

第六章 "学生自主讲评式"作文高阶思维的训练与提升研究

③抑扬互变,摇曳生姿。

(5)运用"立体思维策略"提高思维的深度和高度。

运用"立体思维策略"就是指导学生在学习时跳出点、线、面的限制,能从宏观立体的角度思考问题,从而提高思维的深度和高度。

教师在《合理安排顺序,叙事有波澜》的作文讲评中进行了如下设计:

设计一:续写文章

下面一篇文章只展示了开头部分,请续写故事,要求情节有波澜且符合作者的思路和作品主旨,思想意义深刻。

有无教养

我站在公交车里,身旁有个老大娘,两只手扶着椅背,也是站着。旁边座位上却大模大样地坐着一个十五岁上下的小伙子.他使劲盯着窗外,仿佛生平头一回见到这辆公交车沿途经过的街道。我看不惯这种现象,故意对旁边的乘客说:"咳,现在的年轻人可真是缺乏教养啊!"其实是说给那个小伙子听的。"说的是啊,说的是啊"那乘客点了点头,"就是没教养嘛!大概他们的父母也是这种没教养的人吧。"我继续说,又瞪了瞪那个小伙子,可他却无动于衷。"真不像话!年轻力壮的小伙子坐着,却让老太太站在那里!"我的声音已经很高了。

此时,这位老大娘一会儿看着我,一会儿又看着那个小伙子。小伙子始终无动于衷。"喂,你这小青年,"我终于忍不住碰了碰他的肩膀,"说的就是你啊,还不给老人让座!"……

(学生讨论续写)

设计二:实战演练

自拟题目或从下边的题目中任选一个,写一篇文章,不少于 600 字。要求叙事有一定的起伏变化,情节有波澜。

① 我_____(难忘、气愤、惊异)的一件事

②出人意料的一件事

③疙瘩是怎样解开的

④误会

案例解析:通过两个活动的设计,达成了教学目标,学生能体会到叙事

有波澜的神奇，训练了实用性思维和创造性思维。

立体思维习惯是指当我们考虑问题的时候，自觉地站在宏观的角度来考虑，而不是只从微观出发。具有这种思维习惯的人会跳出常规空间去看问题，站在局外处理局内的问题。我们的教育教学也是如此。如果我们没有宏观的立体思维，可能会局限于细枝末节，局限于一字、一词、一句，会陷入"不识庐山真面目，只缘身在此山中"的境地。如果具有立体思维，就能从宏观和微观的角度全面把握学习内容。

（二）"学生自主讲评式"作文高阶思维训练策略

"学生自主讲评式"作文教学的课堂，是鼓励质疑和争辩的课堂，教师大胆放权，学生自主阐述，整个课堂充满了思维碰撞出的智慧的火花。"学生自主讲评式"作文课堂立足于学生思维提升，环环相扣。

1. 作文命题要激发学生兴趣

写作是为了表达，是学生向客观世界敞开心扉传达自己的意志、思想与情感的一种方式。写作教学应该引导学生关注现实社会，关注真实的人生，关注具体的生命。因为学生的精神成长与人格发展是在现实的社会生活与真实的人生磨砺中完成的。①（余党绪《当前写作教学值得关注的几个问题》）作文的命题如果不能激发学生的思维兴趣，学生的写作就不可能去关注生活、表达自己的情感，作文也就成为假大空的道德口号、大而无当的人生讨论以及矫揉造作的造势煽情。

能激发学生思维兴趣的作文命题，首先应该是务实具体的、贴近学生生活的，这样才能要求学生在掌握和研究材料的基础上，对现实或历史问题发表见解。问题是具体的，材料是为自己的观点服务的，这样的作文命题让学生很难去套用成文，让他们有兴趣去思考。

其次，作文命题要发挥每个学生的聪明才智，为他们留下广阔的思维空间。如果命题带有很鲜明的主题倾向性，学生只能顺题演绎，思维必然受到束缚。同时，作文命题时要结合学生特定的心理，这样才能有效激发他们的思维兴趣。初中生随着年龄的增长，独立性、理性思维能力都有了明显增强，

---

① 余党绪. 当前写作教学值得关注的几个问题[J]. 语文学习，2010(05).

第六章 "学生自主讲评式"作文高阶思维的训练与提升研究

如果能通过自身努力去解决问题、明辨是非，就会从心理上获得极大的成就感和满足感。例如，教师在执教《新》作文课时，"新"的义项有：(1)没有使用过的，如新书、新衣服；(2)刚出现的或刚经历的，跟"老""旧"相对，如新鲜、新风气；(3)改变得更好的，如新形象；(4)使变成新的，如改过自新、焕然一新；(5)指新的人或事物，如推陈出新、创新等等。作文提示材料丰富，在预设学生可能"眼花缭乱"的前提下，教师带领学生探讨对"新"的理解，以问开智。"你能用'新'组词吗""你知道哪些'新'事物呢"等等。以师生互动，生生讨论、展示交流的形式，成功激发学生的写作兴趣。

2. "讲评式"课堂要调动学生思维的主动性

作文的课堂训练要充分调动学生思维的主动性，要让学生按照自己的思维去创造一件作品，而不是去完成一项作业或任务。在讲评作文《期待辉煌》时，教师前期将课堂交由学生主导，发现仅能调动部分学生的积极性，少数学生懈怠应付。教师及时干预到"讲评式"环节中，通过暗示、提问等形式带动课堂氛围，并及时给予这部分学生肯定。一般的作文讲评，如果只是读读范文，只有部分写作水平较高的学生能感觉到自己存在的重要性。如果能经常采用学生互批互评的方式，人人动手批改，人人动口评价，并通过小组讨论选出值得向全班推荐的或是不能形成统一意见的文章，形成全班范围的讨论、答辩，那么，每个学生都能感觉到自己存在的重要性，思维的主动性也就被很好地激发出来，写作兴趣增强了，思维活跃了，写作能力也明显提高了。

从学生的个体差异来看，思维能力较强的学生，表达的欲望也比较强烈，对思维活动参与的热情也比较高；思维能力较弱的学生，往往有一种惰性或是不够自信，思考的欲望不够强烈。教师作为引导者，首先应该积极去营造一种课堂氛围，让每一个学生都能在思维上发挥出自己的主动性和积极性。因此，"学生自主讲评式"作文教学的课堂，应该是鼓励质疑和争辩的课堂，教师应该大胆放权，让学生自己去阐述：这个题目可以写些什么内容，我想表达什么，我可以怎么写，他这么写行不行……也许刚开始的时候，有些学生不愿意说，但坚持了几个月或更长的时间，学生就会开始喜欢说了，他们把自己的感受和疑问提出来，使整个课堂充满了思维碰撞出的智慧的火花。每个学生都有思维的能力，良好的课堂氛围能让他们愿意去思维，愿意把思维的结果与同学们分享并产生讨论，进而产生新的思维，这是非常重要的。

3. 课后指导学生反省自己的思维过程

在《我们怎样思维》一书中，杜威认为"思维的较好的方式叫作反省思维"。因此我们在"学生自主讲评式"作文教学中，不仅要利用课堂去调动学生的思维主动性，拓展思路，课后还应该指导学生反省自己的思维过程。学生一旦养成反省思维的习惯，就能调整和修改解决问题的办法，使自己的思维更加成熟。

每一次作文训练的终点，不是教师批改作文后下发学生批有分数的习作，而是指导学生去反省，在这次写作过程中，自己的思维在哪一个环节出现了什么样的问题，为什么会出现这样的情况，今后应该如何避免类似的问题。在《热爱生活，热爱写作》的作文讲评课后，教师与学生的交流不再仅限于分数的获得，学生开始积极思考对于作文的"修缮"，教师从作文的审题立意、选材及构思框架等角度引导学生，不能让学生仅停留在这篇文章出现的问题上，而是反思在审题这一思维过程中出现了怎样的错误，这种错误是否是一种思维习惯，从思维方式上总结规律，自然也就能找到审题的办法。作文中还会出现很多其他问题，比如思路不清、文体不清或是题材陈旧等，教师不能仅仅指出学生本次作文的问题，要引导他们去反思自己的思维过程，只有真正从思维上找出问题，才能真正找到提高写作能力的钥匙。可以尝试重新写作，并请同学和教师再次评价。

当然这种引导往往需要教师与学生个体的交流，因此作文批改若能经常采取"学生自主讲评式"作文课堂或面批的方式，教师和学生能够面对面交流，学生能够在教师的引导下，重现自己的思维过程，也就能够清楚地发现问题所在。

总之，在作文教学的思维训练中，学生虽然是思维活动的主体，但教师也不能只是一味地强调思维的重要性，一味放手让学生"在游泳中学会游泳"、在"思维中学会思维"，而应该肩负起提升学生思维水平的重任，引导学生去思维，指导学生学会思维。

四、"学生自主讲评式"作文高阶思维训练的具体实施

作文教学是实施素质教育的一个重要环节，但是目前中学语文教学的本质还是没有摆脱应试教育的旧模式，教学的最终目的不是为了培养人才，而是为了考试。将思维训练引入初中作文教学既是素质教育对初中语文教学的要求，也是现代教育发展的必然趋势。思维训练既可以拓展学生的写作素材，培养学生的形象思维，又可以引导学生分析、概括、归纳、判断，培养学生的抽象思维；还可以拓展学生的认知方式，培养学生的创新思维。进行思维训练，要遵循思维发展的客观规律，要符合初中生思维发展的特点；进行思维训练，要面向全体学生，更好地贯彻因材施教原则；进行思维训练，要发掘学生的智慧和潜能，为他们的终身学习奠定坚实的基础。

美国教育学家布卢姆按照认知的复杂程度，将思维过程具体化为六个教学目标，其中记忆、理解和应用通常被称为低阶思维，分析、评价和创造被称为高阶思维。把布卢姆理论中的一些条件和相应要求，贯穿到写作指导训练之中，有助于学生高阶思维的发展。

在初中阶段写作教学中培养学生的高阶思维，需要因势利导、循序渐进、有的放矢，力求在初中三年的写作教学螺旋式深入的过程中，同步提高学生的思维能力和写作能力。

以下是以"学生自主讲评式"作文教学促进学生高阶思维发展的实践探索。

本书基于初中生的写作现状，结合《义务教育语文课程标准》的要求，通过案例分析法、文献研究法等方法，形成了"学生自主讲评式"作文中思维训练与提升的特色理论体系。

在研究过程中深入剖析初中生写作的思维过程，通过研究明确了初中生写作过程中应具备的思维品质。初中生写作经历了一种复杂的心理过程，它涉及学生内部的多种心理活动。学生只有充分调动自己的思维，把思维活动的轨迹，用语言文字进行周密表达，才能完成一篇出色的作文。可以从审题立意、选材以及构思的角度出发，抓住各思维阶段学生的常见问题，通过有

针对性的训练促进学生思维能力的提高，学生思维能力的提高必将反过来推动作文水平的发展。

通过研究明确：思维品质主要体现在深刻性、灵活性、独创性、批判性、敏捷性五个方面。从写作实际需要来看，这些的确是初中生最应该具备的思维品质。通过实践，大大地丰富了思维品质的内涵，从思维的广阔性、深刻性、敏捷性、创造性、指向性、严密性加以论述，明确了思维训练的目的，旨在提高学生的观察能力、想象能力和表达能力，使他们能够自由地表达、有个性地表达、有创意地表达，从而获得更广阔的写作空间。

在"学生自主讲评式"作文教学的实际开展过程中，教师要认真总结梳理作文训练体系，确保课堂立足于学生的思维提升，环环相扣。"学生自主讲评式"作文教学的课堂，是鼓励质疑和争辩的课堂，教师大胆放权，学生自主阐述，整个课堂充满了思维的火花。研究着力于课前、课中及课后，并进行系统阐述，即作文的命题要激发学生的兴趣，"讲评式"课堂要调动学生思维的主动性，课后指导学生反省思维的过程。

(一) 形象思维的训练及策略

1. 形象思维的重要性

形象思维是用直观形象和表象解决问题的思维，从信息加工的角度，可以理解为主体运用表象、直感、想象等形式，对研究对象的有关形象信息，以及贮存在大脑里的形象信息进行分析、比较、整合、转化等形式的加工，从而从形象上认识和把握研究对象的本质和规律。

初中生已经具备了很多情感的体验，在他们的头脑中也已经储备了很多与这些情感密切相关的形象和画面，比如母亲的一根白发、父亲的一个背影、朋友的一张笑脸，对这些形象、画面进行一些加工改造，把头脑中的表象、画面，转换为语言，用语言表达出来，就是一篇充满了真情实感的佳作。在一次以《新》为题的作文训练中，一位同学就用充满深情的语言，描绘了小时候和母亲一起逛商场，自己充满渴望地盯着一个水晶音乐盒、母亲愧疚地望着自己无奈地拒绝的画面，通过这些形象，将母爱的细腻伟大表现得具体可感。像这样具体形象、充满画面感的写作更显真实、更具感染力。

第六章 "学生自主讲评式"作文高阶思维的训练与提升研究

我们常说"一粒沙里见世界,半瓣花上说人情",其实就是强调形象思维在写作中的作用。对于一些诸如世界、人生、情感等比较宽泛的话题,不可能在600字的作文中面面俱到,不如借助形象思维,把话题浓缩为一两个画面,对具体的形象进行描绘,来表现自己的立意。例如,对于《热爱生活》这个庞大的话题,我们应该怎样去驾驭呢?一位学生就将话题浓缩为"晚自习放学后巷口"这个画面,调动自己脑海中对晚自习放学后的记忆,写自己恐惧黑暗,尤其是怕走夜路,又刻画了母亲平日里的工作辛苦,回复我时的语气坚决,同时设置了母亲生病依旧亮灯等候的情节,通过对这些形象的加工与表达来凸显母亲对我的关爱。

运用形象思维进行写作,关键在于能否找到最典型的形象来思维,表达出自己的情感与认识,这既需要丰富的形象储备,更需要联想与想象的能力,调动形象储备,进行加工与再创造。因此,形象思维训练的重点应放在如何培养学生联想与想象能力方面。

2. 联想和想象

联想是人们根据事物之间的某种联系,由一事物想到另一有关事物的心理过程,它是由此及彼的一种思维活动。在优秀范文《橘黄色的灯光》讲评中,学生提到结尾处可以尝试"虚写",想象母亲的橘黄色灯光,升华主旨。因为有了联想,简单的形象有了丰富的意蕴,抽象的情感有了具体的依托,文章充实动人。

在平时写作训练中,要加大联想的训练力度,引导学生勤用联想。拿到一个作文题不必急于动手,而应凝神遐想,将一些与之相似、相反或具有这样那样关联的信息写出来,这样展开联想后获得的写作素材、立意角度自然丰富了,然后再根据作文要求和立意来遴选甄别,随心驾驭。例如《新》作文习作中,提示材料丰富,老师在预设学生可能"眼花缭乱"的前提下,带领同学们探讨"新"的理解,联想到"新风尚""新时代"等话题。在集中交流后,学生选择合适的素材完成写作。

想象不能脱离现实,它是阐明事实,使事实多彩的一种方式。它能使人们面对一个新世界时建构起一幅知识的图景,并通过展现令人满意的效果而使人们保持探索生命的热情。因此，作文教学的思维训练，应在培养想象力上下功夫，这不仅关系着学生写出有个性的作文，更为他们创造力的培养与发挥提供基石。

3. 形象思维的训练策略

要想灵活地运用形象思维，学生必须有一定的形象记忆，这与平时对日常生活的观察、积累密不可分。平时的形象积累是自由的、多元的，而作文训练就应该给学生确定一个思路或方向，有指向性地进行思维训练。当确定一个写作话题的时候，应该给学生足够的思考时间，由话题展开丰富而有创意的联想与想象，并且将自己脑海中调动出来的形象记忆一一列在纸上。

心理学研究表明，学习思维的最佳方法是通过示范把内在的智力活动外化为学生可以具体观察、感受的活动过程。成熟的思维者运用语言描绘展现其熟练启动和运转思维的过程。老师可以在黑板上写出自己由作文话题展开的相关联想与想象，把自己的形象记忆也逐一列出，既对学生起了示范作用，又能与学生的思维产生交流与碰撞。

(二) 逻辑思维的训练及策略

在学生的作文中，我们经常看到这样一些文章，有的文思混乱，条理不清，有文而无章；有的思维阻塞，思路狭窄；有的列出题纲，到写文时却用不上，不懂得怎样去开拓思路，不会有条理地去展开思维活动……长此以往，就会对作文失去兴趣，产生畏惧感。所以，必须加强对学生逻辑思维的训练。

(1) 利用课文进行思维条理性的训练。一篇优秀的作品，无论语言运用、表现手法、还是结构安排，都应称得上典范。对于学生来说，最直接的范文就是教材。因此，要训练学生思维的条理性，可通过范文引路，以仿写、改写、缩写、扩写等手段进行训练。比如学习了抒情散文《白杨礼赞》就写《赞×××》，模仿文章写法，不仅掌握了所学课文的条理，而且也使自己写的文章能有值得借鉴的思路。再如，学习了古体叙事诗《卖炭翁》和《石壕吏》，把它改写成记叙文，这样不仅能理清诗歌的线索、条理，而且对表达方式和语言运用等各方面的不同也会有比较深刻的认识。又如，《驿路梨花》这篇文章构思精巧，运用了侧面描写，老师可以要求学生改成直接描写，并且根据课文中有关内容,重新组织材料进行训练。

(2)通过掌握各种文体的基本结构方式进行思维条理性的训练。七年级的学生在学习中已掌握了如时间、地点、人物、事件、起因、经过、结果等记叙的要素,那么怎样将记叙的要素比较自如地运用到所写的文章中去呢?这就需要老师通过教学使学生逐步掌握记叙文的基本方式。记叙文的基本结构方式,大致可分为三种:第一种是按时间先后或事件发展顺序来安排段落层次;第二种是按事件性质来安排段落层次;第三种是按空间方位的变换、地点的转移来安排段落层次。在写记叙文前,老师应指导学生认真审题,找出题眼后,列出提纲,确定中心,选好材料。学生完成这几项之后,文章大体脉络已经出来了,行文时就顺手多了。

(三)创造性思维的训练及策略

(1)通过一题多做、一事多写,训练创造性思维的流畅性。在写作教学中,要随时给学生提供创造性思维培养的机会,并帮助学生选好思维切入点,以求得在教学的最近发展区上尽快发展,让学生的思维从不同角度、不同方向、不同层次去创新,从而取得预期的效果。这种能刺激学生创造性思维的环境,在作文教学上就是指"一题多做、一事多写"。立意不同,是个性的体现,能够力避公式化和雷同的不良倾向;取材角度新,实际上就是"横看成岭侧成峰,远近高低各不同";形式新,独辟蹊径,可以多样化地反映生活。在具体的作文指导过程中,可采取由易到难的办法,先提供一些触发学生思绪的材料,然后逐步放手让学生写放胆文。例如,《期待辉煌》写作训练中:作为一名学生,你期待什么?哪些是"辉煌"的呢?除了一名学生,你还有什么身份?"亲人,朋友,中国人"。老师引导学生选择其中更有新意更有深度的一个方面,写作完整的文章。学生们通过诸如此类的训练,便可以逐渐摆脱习惯思维的束缚,进而选取最佳角度或最佳观点。

(2)通过寻找联系举一反三,训练创造性思维的变通性。在写作教学中,可通过引导学生举一反三,触类旁通,不断拓宽其思维的空间,训练其寻找联系的创造性思维。

(3)通过换元运思,反弹琵琶,训练创造性思维的独特性。众所周知,任何事物都是由各种因素按一定的顺序排列而成的，这就是事物的多元性。事物的多元性决定了思维的多元性。如果在思维过程中换掉思维的某个元素或改变一下排列次序，那么事物就会起变化。对于写作来说，它要求写作者不人云亦云，敢于发表与众人不同的意见、设想，用前所未有的新角度、新观点去认识事物，反映事物，对事物能提出超乎寻常的独特见解。例如在《新》作文写作时，学生普遍都在赞美新事物，歌颂新变化。老师便引导学生：所有的"新"都是好的吗？你有哪些自己不理解的"新事物"？在写作教学中，可以运用"反弹琵琶"的方法来训练学生换元运思的创造性思维。

例如，改编寓言故事的结尾：

对七年级学生而言，其年龄决定其认知程度，切不可光列出个题目，就算布置了。此时由老师为学生选择一个浅显有趣的载体，使多数同学能够较为充分地发展自己的思维能力，是很重要的一环。翻阅统编教材，课本中就有《寓言四则》。寓言的特点是浅显易懂，因为小故事中蕴含着大哲理。笔者的想法是，结合教材，在完成寓言本身的教学内容后，进而在发展学生的创造性思维方面下功夫。

具体做法为：要求学生先读懂寓言，再改编结尾，从而阐明一个新的道理。这样要求，旨在培养学生的思维和表达能力，并且让他们了解寓言的主题，有时会因为结尾的改变而迥然不同。

通过改编，学生的创造性思维能力会有较大提高，初步具有了"主题多元"的意识。他们在改编的结尾中，既表达了自己的想法，又享受了创作的乐趣，很是开心。例如《老鹰和猎人》这则寓言，原本的结尾只写到了狐狸对老鹰的教导，寓意是"对恩人应该以德报怨"。而学生续了一个结尾："老鹰听信了狐狸的话，送给了旧主人，于是再次过上了鸡一般的生活。"改编后的寓意变成"要提防小人谗言，以免错失报恩机会，再次陷入万劫不复之地"。

由上例可见，学生的创造性思维能力在这种训练中得以大幅提升，且在潜移默化中逐渐明白：语文的世界，是一个鲜活、多元的世界，因此，语文的思维，也该是多元思维，不该是僵化的、教条的。学习时需要更自主、更灵动才能收效更大。

第六章 "学生自主讲评式"作文高阶思维的训练与提升研究

(四)评价性思维的训练及策略

批判性、评价性思维指能够抓住问题要领,善于质疑辨析,基于严格推断,富于机智灵气、清晰敏捷的日常思维。当今社会,具备批判性思维能力和精神气质,对于应对复杂多变的世界,提升现代社会生活的人文精神,都是必要的。

要改变作文教学的现状,培养学生的批判性思维,教师在指导写作时可以从以下几方面努力:

1. 写作立意:鼓励个性追求

立意,就是作者思想感情和写作意图在作文里的集中体现,是全文的统帅。当今社会异彩纷呈,以人为本、个性张扬已成为时代的呼唤。在这个思想、文化多元的时代,那种价值观、审美观一元化的作文思维模式遭到了挑战。而代之以"作文的审美多元化、价值标准多元化"的作文教学和作文训练,鼓励学生在立意上体现个性。

要引导学生打破常规,多层次立体地思维、逆向思维。在生活中,面对同一事物,人们往往会有不同的感受和看法,只有善于思考的人才有新奇独立的感受和心得。同是对冬日开放的梅花,陆游是"无意苦争春,一任群芳妒,零落成泥碾作尘,只有香如故",而毛泽东却是"俏也不争春,只把春来报,待到山花烂漫时,她在丛中笑"。立意虽不同,但同样脍炙人口。作文训练也都是面对同一个题目进行创作,因而更需要鼓励学生打破常规,从更多的视角进行审视,多侧面、多角度地思考。反其道而行的逆向思维也可以获得不同寻常的新的思想成果。总之,在写作立意的过程中,我们应该鼓励学生多思考、多质疑,运用求异思维、逆向思维等方式找出分析问题、解决问题的新角度、新方法,培养学生的批判性思维能力,建构学生的个性化作文。

2. 写作指导:善于质疑,在探究学习中进行高阶评价思维训练

学生的写作过程需要教师以高涨的情绪、探究的心态激发其兴趣和批判精神。"设疑、解疑"是一个有效途径,它可以解除以往作文模式的统一套路,唤醒学生沉睡的思维品质。可以将完整的写作分成四个部分:命题选材、作前讨论、写作落笔、作后总结。如在第一部分可设计问题:(1)看到题目后,

你想讲哪些内容？(2)在所有选材中你是最好的吗？(3)与别人讨论后，在切入的角度中，你觉得谁最显优势？(4)你为什么拟这个题目？在疑惑点"提出——解决——再提出——再解决"的循环过程中，增强学生面对分歧争鸣较量的能力。

师生设计的疑问贯穿整个课堂教学，使一节本来寡味的写作操作课变成了学生思维碰撞、智慧闪光的竞技场，学生的写作角色实现了从被动接受到主动探求的转变。

总之，设疑对于培养学生广泛的兴趣，磨炼独到的眼光，走向更好的写作境界，是一种有效的尝试。

3. 写作讲评：自主、合作、探究式的讲评方式

现行主流的作文讲评方式依然是教师的一言堂，教师首先煞费苦心地批改，再用一节课的时间讲评优秀习作，指出作文中的普遍问题。教师劳心劳力，但收效甚微，就像一个顺口溜所言："作文评语不用看，'内容''结构'各占半；作文讲评不用听，审题切题扣中心。"显然学生对这种讲评方式毫无兴趣。由此观之，传统的作文讲评方式亟待变革。

叶圣陶先生曾说："学生作文老师改，跟老师命题学生做一样，学生都处于被动地位。能不能把古来的传统变一变，让学生处于主动地位呢？假如着重在于培养学生自己改的能力，老师只给些引导和指点，该怎么改让学生自己去考虑去决定，学生不就处于主动地位了吗？养成了自己改的能力，这是终身受用的。"而新课改的基本理念是倡导自主、合作、探究的学习方式，大家不妨把这一理念贯彻到作文讲评中去。

首先，要确定修改方法。叶圣陶先生说："评改的优先权应该属于作者的本人。"①但一开始可能无从下手，老师就应指导学生如何修改自己的作文。笔者认为这样的修改方法比较有效：一看中心，中心思想是文章的灵魂，中心不明确，要重新确立；二看内容，内容是文章的血肉，内容空泛，要重新充实；三看段落，段落是文章的骨架，段落紊乱，要重新调整；四看叙述是否

---

① 叶圣陶. 叶圣陶语文教育论集[M]. 北京：教育科学出版社，1980.

第六章 "学生自主讲评式"作文高阶思维的训练与提升研究

具体,说理是否充分,不具体,不充分,要重新写具体,讲充分。修改局部之前,要反复地大声朗诵,凡是觉得不顺的立即画上记号,往往就是需要修改的地方。修改局部的方法很多,可以归纳为四字经:删、增、调、换。

其次,要由师生共同评定。仅有理论的引导,可能还不够直观、快捷。教师可以先选择一两篇具有代表性的作文(佳作或病作),拿到课堂上集体修改。然后教师再加以引导,让学生按照同样的修改方法进行评定,共同讨论,评议优劣。肯定成功之处,提出修改意见,最后根据评改意见,师生共同给文章写出评语。

除了让学生自评外,还可以选择小组互评的讲评方法。把学生分成几个小组,传阅其他同学的作文,把自己认为精辟的地方勾画出来,并写上赞赏评语。"精辟的地方"一般指活学活用的词语,凝练传神的描写,真挚感人的抒怀,精美绝妙的想象,起承转合的结构等。教师可适当放手,只略加点拨,让学生自读自悟。这样,评价者为具备伯乐般的慧眼会努力提高自己的鉴赏水平,习作者基于求胜心也会更精心地完成每次的习作。总之,这种评定方法不仅能让学生积累宝贵的写作经验,还能让学生学会倾听、学会观察、学会发现、学会欣赏、学会批判、学会评价、学会共享,有助于学生内在学习动机和批判性思维品质的形成。

"学生自主讲评式"作文训练模式,由师生共同完成,在讨论中触发学生对作文内容、构思、语言、立意等多方面的反思。久之,学生养成了反思的习惯,为今后的阅读写作提供了可资借鉴的理论支撑、实践样式和思维通道,也为批判性思维的形成打好了基础。

学生个体是千差万别的,我们也不应该用一把尺子去衡量所有的学生,应实事求是地、因人而异地看待他们,让不同的学生都能得到成功的激励,促使他们在各自的特长上得到相应的发展。张万化老师曾说:"写作不光是语言学习的需要,还是为了健康、自然地宣泄感情,和别人沟通。学生的作文必须有更多的倾听者,欣赏者,让学生得到情感上的满足。"[①]因此,在作文讲

---

① 达芳红. 谈写作教学的有效评价策略[J]. 甘肃教育, 2016(08).

评课上可以让学生在小组内互相交流、评议，把写得好的习作挂在"学习园地"中展示，让学生学习别人的优点，自改作文。在进行作文评价时要注意采取各种形式来让学生体验成功的乐趣，不断鼓励学生，让每个学生都能真切地感受到"我能行！我是优秀的！"不要吝啬你手中的高分。"哈，我也是作文的高手！"学生有了这样的一种自我认识，就有了成功的激励和体验，必然会产生巨大的内驱力，从而自信地迈出习作的第二步、第三步。

笔者坚信通过"学生自主讲评式"作文思维训练与提升的研究，改变传统的作文教学观念和方式，少一点功利性，多一点兴趣，在"学生自主讲评式"作文教学中让学生学会怎样去思考，教给学生思维的方法，我们的教学才能真正起到培养人才的作用。

五、"学生自主讲评式"作文高阶思维培养应注意避免的倾向

作文讲评是作文教学的一个重要环节，它对于总结和推广写作经验、培养学生的写作兴趣、提高学生的写作水平有着举足轻重的作用。要有效地开展"学生自主讲评式"作文，教师必须指导学生精心选择讲评的方式方法，科学、艺术地组织和开展讲评。为此，在作文讲评中必须注意以下几个方面：

(一)重视引导，切忌为评而评

讲评作文的目的之一就是总结学生作品的成败得失，为学生的写作指明方向。为达到这一目的，教师既要客观公正地点评学生的作文，又要千方百计地引导学生认识写作的规律，掌握写作方法与技巧，而不应当停留在对学生作文"好"与"差"的评价上，甚至对较差作文及其作者进行诋毁，打击学生写作的积极性，造成学生害怕和厌恶作文的心理。

(二)形式多样，避免粗放单一

心理学研究表明，变动的东西易引起学生的注意。作文讲评的形式多种多样，老师应根据学生写作的实际情况变化使用，使学生对讲评产生兴趣。不可以只根据个人喜好偏用一方，把讲评课变成"八股"似的刻板品评；也不能只是粗略地对学生的作文做简单的教条式的概述。为此，应该精心设计讲评课，整合讲评的内容，并且根据内容优选最适合的表现形式，在讲评过程

中融入多样化的教学手段。

(三)宜张扬个性色彩,忌苛求千篇一律

许多语文教师为提高学生考分,让学生练习某几种作文模式,更有甚者让学生背诵几篇作文来应付考试,这就严重限制了学生自由发挥的空间,学生写出的作文也就只是一些"新八股",这是对学生思想的约束,是对学生创造力的扼杀。当代中学生思想活跃、个性鲜明,他们在写作当中往往会使用自己喜欢的方式来表现生活中的见闻感受,传达思想感情。对于这种现象,教师不应按照习惯的思维模式妄加评说,而应该有智者风范,以宽广的胸怀去坦然接受作品,以积极的态度和敏锐的眼光去发现亮点,并且在这个亮点上做文章,鼓励学生写出形式多样、个性鲜明的作品。

(四)强化层次意识,避免不同层次同等对待

一个教学班的学生写作水平参差不齐,讲评时要针对不同层次的习作给予相应的指导,切忌混淆各种层次作文的界限,多个层次的作文采用同样的评价标准,造成学生思想混乱、无所适从。讲评时,对于优秀作文,要评出亮点所在,并且指出好的理由;对于不足之处也要适当点出,使作者本人知不足而精进,使其他学生受到启发。对于问题作文,教师也要指出其优点,对于存在的严重问题,最好私下里与作者面谈,给学生留面子。

(五)肯定鼓励为主,不要动辄批评训斥

多肯定,多鼓励,可使学生享受成功的喜悦,获得前进的动力。不鼓励,学生不能产生积极的情感反应,他们就会兴味索然,渐渐对作文失去兴趣。当然,不足的方面也要指出,只是指出错误、缺陷要讲究方式方法,要把握分寸,仔细斟酌措辞,应当用语委婉、点到即止,忌用"胡扯""废话"之类有伤学生自尊的词语。

(六)宜发扬民主,忌大包大揽

中学生已具备初步的鉴赏作文的能力,他们对作文往往有自己独特的看法。讲评作文时教师可把学生分成若干小组,让他们各自谈谈对自己作文的认识,并且相互交流。这样做可调动全班学生的积极性,发挥集体优势。在此基础上,教师再对学生的评价加以整理,形成比较合理的评语。这样做尽

管程序繁杂一些，但比起教师一言堂式的讲评效果要好一些。

(七) 系统指导、分步推进，切忌零敲碎打、杂乱无章

教师的每次作文指导和讲评都应该是整个作文教学链条中的一个环节，只有扎实地抓好每个环节，环环相扣，稳步推进，才能取得最佳效果。那种"东一榔头、西一棒槌"的做法是很难取得好的效果的。为此，教师应该对作文教学进行整体设计，使作文讲评有目的、有次序地进行，进一步培养学生的逻辑思维与创新思维。

(八) 开放吸收、博采众长，不自我欣赏、故步自封

教师固然应该有自己的讲评模式，但信息时代要求我们必须紧跟时代步伐。因此，教师要不断吸收新信息，加强创新意识，不断探索新路子、新方法，使讲评不拘一格，以适应现代学生的心理需求，而不是以权威自居，故步自封。要指导学生敢于尝试，大胆探索，促进学生高阶思维的发展。

结语：

写作，是一种综合性的能力，是学生认知能力、情感态度、价值观和语言文字表达能力的综合体现，是语文教学中的一个重点和难点。"学生自主讲评式"作文通过思维训练能够提升学生的作文水平，学生的作文水平得到提高，那么其思维能力也会得到发展。通过对"学生自主讲评式"作文思维训练与提升的研究，改变传统的作文教学观念和方式，少一点功利性，多一点兴趣，在作文教学中让学生学会怎样去思考，教给学生思维的方法，我们的教学才能真正起到培养人的作用。

六、"学生自主讲评式"作文高阶思维培养教学案例及反思

【教学案例】

访谈开讲，让课堂活起来

——"学生自主讲评式"作文《不该错过的风景》课堂实录

师：今天，我们7.4班全体做客节目《非正式会谈》，一起畅谈"不该错过的风景"。今天的宗旨就是"打开心扉，将畅谈进行到底"。掌声有请今天的主持人小馨。

第六章 "学生自主讲评式"作文高阶思维的训练与提升研究

主持人：各位观众大家好，我是本期非正式会谈的主持人小馨，再次欢迎大家的到来。本期我们邀请特约嘉宾王老师到我们节目现场，大家掌声欢迎。

主持人：说到不该错过的风景这个话题，我想我们应该重点聊聊风景吧，像山川日月，草木荣枯，这些都是风景。

主持人：说得让我此刻有些心动。浪漫的自然风景固然令人向往，不过，记忆中的人和事，也让我心生感慨。

主持人：说了这么多，让我们一起来听一听观众的想法吧，在你的心中，你理解的风景是什么样子的？

学生：在我的心中，我们窗外飘飞的云朵，学校外面的青山，都是风景。

学生：我认为不仅仅是自然风景，就像刚刚主持人所说的，人和事情也可以成为心中的风景。比如，我们身边的同学，我们课上传出的朗朗的读书声，这些都是美丽的风景。

主持人：说得真好，这两位观众就已经概括了风景的概念，节目进行到这里，我们想请教一下我们的特约嘉宾王老师，对于话题中风景的理解，我们解析的是否到位呢？

师：写作时就要处处围绕"风景"来下笔，人物的外貌美、精神美、气质美、心灵美……自然万物的情态美、人生感悟的哲理美，都是可以浓墨重彩、大肆渲染的。要强调"不该错过"，不能只拘泥于对"现在"某人某事的叙写，而要将笔触伸向"过去"，最好将这两个时段的经历进行比照，从而凸显出"不该错过的风景"这一主旨。在选材构思方面，要围绕自己的生活实际，比如写自己画画、舞蹈、学钢琴、长跑等的经历和体验。也许有的人还会想到老家的庭院，奶奶做饭时眯起眼睛的样子等，这些都可以成为很好的写作素材。写作时，可选用日记体、书信体、对话体，在形式上别具一格。

主持人：感谢王老师的鼓励，关注了对风景的理解，我们还是要细细地说风景。刚刚谈到自然风景和人物场景，我在思考如何把风景描绘得更加吸引人，更加抓人眼球，观众朋友们有没有好的想法呢？

学生：我先来说吧，我们学过朱自清和老舍先生的写景散文，在那两篇文章中，我们学过了许多写景的写作手法，比如说拟人、比喻这一类的修辞，恰当地运用修辞，能够把景物的特点写得更加形象生动。

学生：除了用修辞来生动形象地表现景物的特点，我们还可以运用虚实结合，同时在写景之前，我们先要确定写景的顺序，这样我们写景才能更加富有层次。

师：刚刚我听到观众们的表达中，不管是使用修辞，还是使用虚实结合等写作手法，包括通过顺序让景物特点展现得更加富有层次，大家都抓住了核心，或者说都抓住了"关键就是要写出风景的特点"，这一点是非常重要的，大家把握得很好。

主持人：根据大家的理解，我们何为风景对做了整理，请看大屏幕。

请大家齐读。

一草一木、一山一水

一字一句、一颦一笑

主持人：我们回到刚刚的话题不该错过的风景，请我们的观众朋友们来思考，除了关注风景之外，我们还需要关注什么。

学生：还应该关注前面的修饰词"不该错过"。

主持人：没错，风景是一方面，同时我们还要关注不该错过。所以我们要一边说风景，一边悟成长。接下来，我为成长代言，请观众来谈一谈对于不该错过的理解。

学生：我想不该错过很明显就意味着已经错过了，现在想想，内心感觉有些后悔。

学生：我跟他的观点不是很一致，我觉得不该错过，也包括一直到未来都不会错过。

学生：对于叙事我们应该把事情叙述清晰，并且应该写具体。

学生：要塑造出人物的形象就要恰当使用人物描写，如语言、动作和神态等语言描写。

主持人：大家的解决办法真的很多，我们本期节目约定几个说风景的原则，大家请看屏幕：

风景的自白

①有顺序、有条理。

第六章 "学生自主讲评式"作文高阶思维的训练与提升研究

②全方位、多感官。

③人物形象、丰满立体。

④风景具象，画面可感。

请大家根据以上原则对屏幕上展示的习作进行打分，并说出你的打分依据。

屏幕显示学生习作一：

不知怎的竟对这些花草有了兴趣，眼睛移到了一片花丛中，绿油油的叶子包裹着一支玫瑰，它如高傲的公主般仰起头，娇艳却更加让人爱慕。淅淅沥沥的雨从天空落了下来，打在玫瑰花上，又增添了几分魅惑。

学生：可以打8分，首先在他的笔下花丛像高傲的公主般，通过拟人让我感受到了公主的骄傲和美丽。

学生：我也注意到了拟人，但我也感受到作者内心情感的变化，由失落到欣喜，"娇艳却让人更加爱慕"，这种变化就是通过拟人感受到的。我打12分。

屏幕显示学生习作二：

一天下午，我要留下来打扫卫生，他和同学约好放学去打篮球了，没有等我，我打扫完卫生后已经五点了。我走到家门口时，发现他正在给可乐喂东西，心里想：哟，他今天怎么那么好心呀？可当我走近看时，发现狗狗在吐白沫。我看到他手里的巧克力时，心里一颤，马上抱起可乐打车去医院，可检查结果却是食物中毒死亡。我拿着报告单扔到了他的脸上，质问他为什么给可乐吃巧克力，你难道不知道狗狗不可以吃巧克力，可他始终都不回我。

生1：打6分吧。选段写人叙事，人物特点不突出，陈述句多，没有恰当的人物描写。

生2：可以连续使用动词来表达情感的，我看到狗狗口吐白沫时内心的着急和得知狗狗中毒时的难过都可以用富于表现力的动词来表达。

主持人：看来这个习作大家评分不高，我们的小作者可要好好改改了，请我们的嘉宾王老师支个招，怎么改比较好呢？

师：其实刚刚发言的两位同学说得很好，巧用动词可以让人物在特殊情境下的情感更富有表现力；还可以丰富语言描写，让我和他的冲突更有冲

·275·

击力。

学生习作修改二：

那天下午我要留校值日，回到家时已经五点多了。走到家门口看到他抱着我的狗狗可乐，手里还拿着一个袋子，我边走边想：不错嘛，高冷的人也有这么暖心的时刻啊。可是狗狗为什么这么反常，不像平时那么活泼好动呢？"我心里不安起来，小跑几步冲向前去，一把抱过可乐，只见它嘴里吐着白沫，眼睛也半闭着。我的心跟着提到了嗓子眼，抬头看到他手中的袋子，那分明是狗狗的克星——巧克力，我狠狠地瞪着他，用力推了他一把，抱着可乐冲到路边打车。医院的走廊上，医生告诉我狗狗食物中毒时间太长。眼泪瞬间就落了下来，我拿着报告单扔到了他的脸上，大喊着："为什么要给他吃巧克力？为什么？"

主持人：风景如此醉人，一定是动了真感情，让我们继续为成长代言。现在我们把时间留给每位观众，请大家交换真情，一起来评一评。

请看大屏幕：

1. 动真情
2. 深思考
3. 赋能量

主持人：也就是说在不该错过之外，我们还要深入思考不该错过的原因或者说错过之后的体会。

请大家看屏幕中的习作三：

但我又在赏荷花时忘却了什么？也许是来的路上的蘑菇，又或许是草团里的野花呢！在我们一生成长的路上，总会为了眼前美好的风景而错过路旁的美好，但相信自己的选择，大胆向前，去追求你心里认为不该错过的风景，去追求心里的那份高雅，足矣。

生1：我能感受到作者由欣赏荷花产生思考，从而发出要珍惜眼前美好的感慨。

生2：写得很好，文笔好。

主持人：可以说说哪里好，对于荷花的欣赏你想到了我们学过的哪篇文章？

第六章 "学生自主讲评式"作文高阶思维的训练与提升研究

生3：《爱莲说》是通过托物言志表现作者内心高洁的志向，但是这里读完觉得哪里有些疑问，还没思考出来。我想问一下嘉宾王老师。

师："但我又在赏荷花时忘却了什么？"如果说因为赏荷花而错过了其他的风景，我们难免会产生疑问，我们总会因为眼前的风景错过其他的风景，这个逻辑不能打破，事实上我猜作者想要表达的就是要坚守住心中的那份执着、坚守住内心的那份净土。这应该是作者想要做的思考。

学生修改后：

我一直沉醉在那满池的荷花里，被它们的芳香所诱导、被美丽的荷花所迷倒。夏风阵阵，这满池的花随着风摇曳，不时吹来阵阵清凉。恍惚间，这满池的荷花不正应了那句"出淤泥而不染，濯清涟而不妖"吗？

这朵朵荷花清丽端庄而不妖媚，浓妆素抹而不大红大紫，缕缕清香而不浓烈扑鼻。是它们在夏日用自己的高洁、自己的美丽带给人多一份赏心悦目，多一份沉醉。也许我们会因欣赏眼前的风景而错过身边其他的风景，可是那又如何？相信自己的选择，大胆向前，去追求你心里认为不该错过的风景，只要坚守住心中的那份执着、坚守住内心的那份净土，足矣。

屏幕显示习作四：

在这个世界中，我们与时间赛跑，我们不停地错过美丽的风景，只是为到达某一终点，我们就浪费了许多时间，后来发现那也并不是终点。一片叶落下，我捡起了它，我看着那片叶，不禁沉思着人生。

修改后：

在这个快速的时代，人们为了到达某一终点而不停地与时间赛跑，到最后发现并非是自己想要的结果，以至于错过了生命中不该错过的风景，最终浪费了自己的时间。秋分吹起，一片叶落下，我看着那片叶，陷入了久久的沉思。

主持人：观众朋友们，访谈进行到现在告一段落，接下来请大家根据屏幕中的评价量表，根据刚刚我们的展示为自己手中的习作进行打分，并说出你的理由。请大家自由讨论。

学生1：我修改的是我同桌的，与大家分享一下写景部分："终于，它开花了，一朵朵白色的小花儿散发出阵阵迷人的清香。渐渐地，花儿往下落，孩子们在树下嬉戏，尝着妈妈做的槐花饼，喝着槐花蜜，多么惬意呀。"

风景部分我打13分，写到花，他用到了嗅觉和视觉的结合，由花写到妈妈的味道，感受到了妈妈的爱意。

习作修改五：

"盼望着，盼望着，终于，它开花了，只见一串一串洁白的槐花缀满整个树枝，远远望去像一位位衣着素装的仙女似的，常引来一只只蜜蜂围着它们跳舞。一朵朵白色的小花儿散发出阵阵迷人的清香。渐渐地，花儿往下落，孩子们在树下嬉戏，尝着妈妈做的槐花饼，喝着槐花蜜，多么惬意呀。"

加了一句拟人、比喻，这样更能突出花洁白的特点。

生2：我也是分享我同桌的："本还下着的雨也停了，放眼望去，全开的，半开的，还是花骨朵的，它们经过雨水的滋润比平时多了一份童趣，如天工雕刻的宝石。粉红的花蕊泛青，稚嫩的花苞有些开得早些，露出碧绿的莲蓬。远看荷花池上笼了一层薄纱，在阳光的照射下，反射出耀眼的光芒，我端着茶杯，小品一口，人生中谁能一生贞洁不染，高雅淡丽呢？我也想成为古时高雅的诗人，如诗仙李白。"

我给他14分，景物描写非常细致。有色彩的搭配，还有拟人的修辞，让我头脑中产生了画面感。唯一一点缺憾，就是思考的点有些少，我们做了修改。

习作修改六：

雨停了，放眼望去，全开的，半开的，还是花骨朵的，它们经过雨水的滋润显得更加娇嫩，白色的花瓣纤薄如仙女的裙纱，粉红的花蕊点缀在中心像一颗颗珍贵的宝石，在阳光的照射下，反射出耀眼的光芒。稚嫩的花苞有些开得早些，露出碧绿的莲蓬。细雾弥漫，远看像是给荷花池上笼了一层薄纱。我久久驻足，若是诗仙李白面对此情此景必定会吟诗一首，来赞美荷花一生贞洁不染、高雅淡丽的品质。想到这里我不禁想到做人。

主持人：互评环节到这里告一段落，请嘉宾王老师做总结。

审题中，大家关注到了话题中的关键词是"风景""不该错过"，由自然风景到写人叙事，而后阐发自己的所思所想，审题切中要害。并且一起整理了写景叙事的方法，有了方法的指引，在选材构思方面，大家围绕自己的生活实际，选取身边的景、身边的事进行写作，比如家中的荷花，与同学的交往

第六章 "学生自主讲评式"作文高阶思维的训练与提升研究

等。这些都可以成为很好的写作素材。根据评价量表大家也明确了自己的改进方向,对"不该错过的风景"有了全面深刻的理解。大家情绪高涨,完成得很好。

主持人:感谢嘉宾王老师的总结,节目到这里就结束了,我们下期再见。

【教学反思】

走一步,再走一步

——"学生自主讲评式作文"《不该错过的风景》教学反思

《义务教育语文课程标准(2022年版)》指出:注重写作过程中搜集素材、构思立意、列纲起草、修改加工等环节,提高独立写作的能力。根据表达的需要,借助语感和语文常识修改自己的作文,做到文从字顺。能与他人交流写作心得,互相评改作文,以分享感受,沟通见解。根据课标要求,对本节课的反思如下:

1. 关注对学生高阶思维能力的培养

根据布鲁姆认知目标的分类,高阶思维侧重分析、综合、评价水平,主要指向创新能力、问题求解能力、决策力和批判性思维能力。

综观本节课,高阶思维能力体现在通过分析题目,培养学生的问题求解能力。

本次作文《不该错过的风景》是一篇全命题作文。全命题作文就是依据所给题目,确定中心,选择材料,写出符合题意、内容表达具体充分的文章。因此,我们作文前要认真读题、审题,明确题目的范围及重点,找准题意。

我们首先要抓住"风景"一词。风景的含义可以分为两类,一类是指自然风光、人文景观,这是实指。如果从这个角度出发,可将文章写成游记,写景抒情类作品;二是指人间真情、生活场景,这是从风景的比喻义立意的,其中前者虚指美好的情感,后者实指美好且让人难忘的生活场景,也就是说使用风景的比喻意义,既可以写生活场景,也可以写人间真情。

高阶思维能力体现在通过对学生习作的评价,培养学生的决策能力和批判性思维能力。

例如,学生对习作二的评价:

生1:打6分吧。选段写人叙事,人物特点不突出,陈述句多,没有恰当的人物描写。

生2：可以连续使用动词来表达情感的，我看到狗狗口吐白沫时内心的着急和得知狗狗中毒时的难过都可以用富于表现力的动词来表达。

高阶思维能力体现在通过对学生习作的修改，培养学生的创新能力。课堂上学生对呈现的同伴的六段习作进行了修改。

2. 基于学生的感受与疑问的课堂

义务教育语文课程培养的核心素养，是学生在积极的语文实践活动中积累、建构并在真实的语言运用情境中表现出来的，是对文化自信和语言运用、思维能力、审美创造的综合体现。因此，在课堂设计中，以学生的疑问为主线串联整节课。将自己的疑问通过主持人的身份提出，如"怎样理解风景的含义""怎样把风景写得生动具体""怎样写出自己的思考"等问题，尊重学生的疑问、尊重学生的理解，引导学生自主解决疑问，从而帮助学生完成习作的审题。

3. 关注学习情境，设置情境任务

新课标明确提出，围绕立德树人根本任务，以促进学生核心素养发展为目的，以识字与写字、阅读与鉴赏、表达与交流、梳理与探究等语文实践活动为主线，从学生语文生活实际出发，语文学科需要创设丰富多样的学习情境，设计富有挑战性的学习任务，激发学生的好奇心、想象力、求知欲，促进学生自主、合作、探究学习。

本次作文讲评课，通过访谈节目的形式，设置"风景的自白""我为成长代言"和"看量表互评"三个环节来激发大家的表达欲望，引导学生思考身边的人、身边的事、身边的景，联系生活中的实际问题从而完成习作的构思和选材。

4. 充分发挥学生的主体作用

学生是语文学习的主人，语文教学应激发学生的学习兴趣，注重培养学生自主学习的意识和习惯，为学生创设良好的自主学习情境，尊重学生的个体差异，鼓励学生选择适合自己的学习方式。本课以访谈形式，让大家畅所欲言，从习作审题到选材、到互评环节，充分发挥学生的集体智慧，尊重学生的所思所想，让学生真正成为课堂的主人。

5. 重视情感、态度、价值观的正确导向

新课标指出培养学生高尚的道德情操和健康的审美情趣，形成正确的价值观和积极的人生态度，是语文教学的重要内容，不应把它们当外在的、附加任务，应该注重熏陶感染，潜移默化，把这些内容贯穿于日常的教学过程之中。在本课设计中，审题环节引导学生抓住"风景"这一关键词，从大自然的花草、云朵到校园中朗朗的读书声，再到生活中人与人的交往都是风景。从而引发学生对大自然的美好向往，对人间真情的美好追求。

对于"学生自主讲评式"作文的探索，我们一路追寻，走一步，再走一步，一直走向作文教学的深处！

参考文献

[1]《义务教育语文课程标准(2022年版)》[S].北京:北京师范大学出版社,2022.

[2]徐新颖.初中语文自能作文教学的实践研究[D].苏州:苏州大学,2017.

[3]王栋生.作文讲评,多让学生说[J].中学语文教学,2021(01).

[4]孙洪霞.于漪作文教学思想及实践研究[D].济南:山东师范大学,2009.

[5]王宇.初中语文作文教学改革实践初探[J].成功(教育),2011(16).

[6]姚冬芬.聚焦·支架·修改——提升作文讲评的关键[J].中学语文教学参考,2021(22).

[7]马孝东.让学生改出作文的靓丽来[J].科学大众(科学教育),2011(07).

[8]徐廷琼.作文评改教学及反思[J].新课程学习(中),2013(11).

[9]郭社锋.作文升格技巧[J].新课程上,2011(12).

[10]赵炳辉.新课改视域下教师课程意识研究[D].长春:东北师范大学,2009.

[11]赵春玲.巧用错误,提高学习成效[J].江苏教育,2014(17).

[12]纪明泽.学校:弘扬现代人文精神的家园[D].上海:华东师范大学,2002.

[13]陈瑞生.学校精神的研究[D].上海:华东师范大学,2010.

[14]龚朝霞.如何把课堂主动权交给学生[J].文学教育(中),2011(10).

[15]何甫敏."读"改文一法[J].江西教育,1993(04).

[16]唐九林.指导学生修改作文一二三[J].现代语文(教学研究版),2010(08).

[17]余党绪.当前写作教学值得关注的几个问题[J].语文学习,2010(05).

[18]达芳红.谈写作教学的有效评价策略[J].甘肃教育,2016(08).

[19]叶圣陶.写作常谈[M].北京:北京人民出版社,1984.

[20]苏霍姆林斯基.给教师的建议[M].北京:教育科学出版社,1980.

参考文献

[21]王枬. 成己成人：叶澜教师观解读[M]. 北京：人民教育出版社，2022.

[22]钟启泉. 对话与文本：教学规范的转型[M]. 沈阳：辽宁人民出版社，2004.

[23]叶圣陶. 叶圣陶语文教育论集[M]北京：教育科学出版社，1980.